U0621823

上海三联人文经典书库

编委会主任　　陈启甸

主　　　编　陈　恒　黄　韬

编　委　会　（以姓氏笔画为序）

于　沛	王　旭	王晋新	王晓德
王海利	王晴佳	卢汉超	刘　昶
刘北成	刘津渝	刘新成	向　荣
江晓原	宋立宏	张绪山	张　强
李剑鸣	杨巨平	杨熙楠	汪民安
范景中	陈　新	陈仲丹	陈志强
陈　淳	林子淳	林在勇	金寿福
侯建新	查常平	俞金尧	贺照田
赵立行	夏可君	徐晓旭	晏绍祥
高　毅	郭小凌	郭长刚	钱乘旦
黄　洋	彭　刚	彭小瑜	韩东育
魏楚雄			

This is a Chinese edition of the following title published by Cambridge University Press:

Enlightenment & Despair : A History of Social Theory (Second Edition) (ISBN 978-0521-337212)
by Geoffrey Hawthorn
First published by Cambridge University Press in 1976
Second edition 1987.

This Chinese edition for People's Republic of China (excluding Hong Kong SAR, Macau SAR and Taiwan Province) is published by arrangement with the Press Syndicate of the University of Cambridge, Cambridge, United Kingdom.

Cambridge University Press & Shanghai Joint Publishing Company Limited in 2018

This Chinese edition is authorized for sale in the People's Republic of China (excluding Hong Kong SAR, Macau SAR and Taiwan Province) only. Unauthorized export of this Chinese edition is a violation of Copyright Act. No part of this publication may be reproduced or distributed by any means, or stores in a database or retrieval system, without the prior written permission of Cambridge University Press and Shanghai Joint Publishing Company Limited.

此版本仅限在中华人民共和国境内（不包括香港、澳门特别行政区及台湾地区）销售

国家出版基金项目
NATIONAL PUBLICATION FOUNDATION

上海三联人文经典书库

94

启蒙与绝望：
一部社会理论史

[英] 杰弗里·霍松 著

潘建雷 王旭辉 向 辉 译

ENLIGHTENMENT
& DESPAIR：
A HISTORY OF
SOCIAL THEORY

上海三联书店

"十三五"国家重点图书出版规划项目

国家出版基金资助项目

本书亦列入"中共北京市委党校 北京行政学院学术文库系列丛书"

总　序

陈　恒

　　自百余年前中国学术开始现代转型以来,我国人文社会科学研究历经几代学者不懈努力已取得了可观成就。学术翻译在其中功不可没,严复的开创之功自不必多说,民国时期译介的西方学术著作更大大促进了汉语学术的发展,有助于我国学人开眼看世界,知外域除坚船利器外尚有学问典章可资引进。20 世纪 80 年代以来,中国学术界又开始了一轮至今势头不衰的引介国外学术著作之浪潮,这对中国知识界学术思想的积累和发展乃至对中国社会进步所起到的推动作用,可谓有目共睹。新一轮西学东渐的同时,中国学者在某些领域也进行了开创性研究,出版了不少重要的论著,发表了不少有价值的论文。借此如株苗之嫁接,已生成糅合东西学术精义的果实。我们有充分的理由企盼着,既有着自身深厚的民族传统为根基、呈现出鲜明的本土问题意识,又吸纳了国际学术界多方面成果的学术研究,将会日益滋长繁荣起来。

　　值得注意的是,20 世纪 80 年代以降,西方学术界自身的转型也越来越改变了其传统的学术形态和研究方法,学术史、科学史、考古史、宗教史、性别史、哲学史、艺术史、人类学、语言学、社会学、民俗学等学科的研究日益繁荣。研究方法、手段、内容日新月异,这些领域的变化在很大程度上改变了整个人文社会科学的面貌,也极大地影响了近年来中国学术界的学术取向。不同学科的学者出于深化各自专业研究的需要,对其他学科知识的渴求也越来越迫切,以求能开阔视野,迸发出学术灵感、思想火花。近年来,我们与国外学术界的交往日渐增强,合格的学术翻译队伍也日益扩大,同时我们也深信,学术垃圾的泛滥只是当今学术生产面相之一隅,高质量、原创作的学术著作也在当今的学术中坚和默坐书斋的读书种子中不断产生。然囿于种种原因，人文社会科学各学科的发展并不平衡，学术出版方面也有畸轻畸重的情形（比如国内还鲜有把国人在海外获得博士学位的优秀论文系统地引介到学术界）。

有鉴于此，我们计划组织出版"上海三联人文经典书库"，将从译介西学成果、推出原创精品、整理已有典籍三方面展开。译介西学成果拟从西方近现代经典（自文艺复兴以来，但以二战前后的西学著作为主）、西方古代经典（文艺复兴前的西方原典）两方面着手；原创精品取"汉语思想系列"为范畴，不断向学术界推出汉语世界精品力作；整理已有典籍则以民国时期的翻译著作为主。现阶段我们拟从历史、考古、宗教、哲学、艺术等领域着手，在上述三个方面对学术宝库进行挖掘，从而为人文社会科学的发展作出一些贡献，以求为21世纪中国的学术大厦添一砖一瓦。

启蒙与绝望

　　这是一部社会理论的批判史,涵盖了从 18 世纪直至当前的英、法、德、美等国的社会理论。杰弗里·霍松从学科和思想脉络的"史前史"入手,特别是卢梭、康德和黑格尔等人的思想,讨论了社会理论的一些基本特征与假设。一般学者在研究马克思、涂尔干和韦伯等社会学的传统"缔造者"时,往往对这些特征与假设的来源语焉不详,事实上是忽视了它们的存在。本书的特色在于,霍松根据主要理论家的意图及其身处的社会、政治和文化环境来解释社会理论的知性历史。欧美思想之间,乃至英、法、德三国的思想之间在风格、个性方面都有悠久而显著的差异,霍松对此特别敏锐。

　　这部著作既服务于社会理论,也对历史做出了贡献。霍松认为,从许多明显重要的方面看,社会学史是部失败史,且其中某些角度显示这种失败已然命中注定。在本书再版的新结论中,霍松认为,任何一种社会理论,不论它曾被筹划得多么无懈可击,都会囿于理论与经验而难以继续自圆其说。

　　作者是剑桥大学社会学和政治学高级讲师(Reader)①。

---

① 在剑桥大学,Reader 是低于教授的学术职称。——译注

目　录

序

在本书中,我力图重新揭示一些人的意图,正是他们提出了当前我们视为社会理论的东西。我希望能以这些意图的本来面目来理解它们。当然,我失败了。原因之一,就如本纳德·威廉姆斯[①]在他讨论笛卡尔一书的开篇所言,即便一个人能够用古乐器弹奏古乐曲,他也不能用古人的耳朵来听。我们无法理解他人的观点,因为他人的表达方式总是或此或彼,或多或少与我们有所不同。转译无法避免这一问题。奎因[②]曾明言,转译是不确切的;只有通过假定他人与我们自己拥有某些共同的兴趣,具有某种心理学的或者是社会学的相似性,并通过人们所说的推己及人,我们才有可能减少翻译的不确切性。我们可以理解他人,并且只有通过假设他人本身就在某方面或某些方面与我们类似,才能理解他人。据说奎因在与其他人讨论这一问题时,他们曾一致认为,别人的观点"越荒唐或者越异类",我们转译他人的观点的"资格"越值得怀疑。当然,轻易同意奎因的这一看法可能有些仓促。但是,如果我们过于轻易地尝试伽达默尔在《真理与方法》中倡导的"视域共融"(confusion of horizon),这也有碍于理解他人的观点。唯有提出观点的人才能以其本来的视角来理解它。我们自己的视角只属于我们自己。我们只能预设是以他人本来的视角,而非我们自己的视

[①] 本纳德·威廉姆斯(Bernard Williams, 1929-2003),英国哲学家,著有《道德运气》等著作。——译注

[②] 奎因(Willard Quine, 1908-2000),美国哲学家,著有《从逻辑的观点看》等。——译注

角，来理解他人的观点。

尽管如此，我还是希望尊重观点的提出者。对一种思想或一个论断，我们不能期待或者不能立即期待"它对我们有什么意义"；相反，我们能期待的是"对持有该思想或论点的人以及知道它的人来说，它是什么意思，它可能意味着什么"。不过，若说我们对"尊重"兴致盎然，那既是言重了，也是言轻了。如果尊重意味着崇敬，那是言重了。即使我们在古乐器上弹奏古音乐，我们也不必崇拜它，也就是喜欢而已。如果尊重意味着我们能够避免曲解，那是言轻了；我们的个人兴趣与事后聪明导致了对他人观点的曲解。其中一些曲解是显而易见的。我们局限于剩下的观点，并从中选择。可其他人未必如此。我们理解一个前人的论点的动机和意图，有时甚至只理解论点本身，是从理解论点的动机不是什么开始的，是从它没说什么、当时可能说什么，以及为了驳斥已有的观点，现在应该怎么说开始的。我们试图发现作者与当时的听众可能不知道或者不可能知道的事情。显然，在发现这些东西之后，我们就可以尝试忘却这个论点。我们可以转而试着从作者本人当时感觉与思考这个论点的方式来理解他的感受与思想；并以作者可能认可的方式来描述它。我已经说过，这是不可能的，但即便有可能，也很难产生差异与距离所带来的启发。

我想找到这种距离。我想让自己摆脱一种强制的亲密关系，以赛亚·伯林（Isaiah Berlin）在同情赫尔岑（Herzen）时，曾亲切地称之为社会理论的"均衡幻觉"。我也想避免约翰·巴里（John Bayley）所谓的"英式恶习"与苏维埃式恶习，前者为了国家的信誉而修改已往，后者则把已往打磨成"政策与广告的一件工具"。"让已往变得陌生"，这是巴里对批评家斯克罗夫斯基（Shklovsky）的评论，我也试图能更清楚地视已往为已往，一种对我有影响的已往，身处其间的我是一个偶尔恼怒、经常困惑，并总是不安的陌生人。按照理查德·罗蒂[①]最近关

---

① 理查德·罗蒂（Richard Roty，1931 - 2007），美国哲学家，当代实用主义的代表，著有《哲学与自然之镜》《偶然、反讽与团结》等。——译注

于这一问题的论述，我意识到自己曾经试图避免罗蒂所谓的"观点堆砌"（doxography），即"企图把一个问题强加给一项与之无关的总原则，或者相反，把一项总原则强加给一个与之无关的问题"。有一种社会理论史认为，社会理论是没有争议、理所当然的东西，这是我要努力避免的。相反，我试图对社会理论进行历史的重构，在一定程度上，这必然是一种理性的重构，而且我想使之成为罗蒂意义上的"知性史"；据说在二战之前，牛津大学曾经提出了一个非常精彩的问题，"为什么法国的音乐会是那样的？"同样，我也试图回答，在那些社会之中并为它们撰写的社会理论，为什么会是那样。可即便只是为了提出这一问题，我也必须预先判定某种社会理论是什么。我必须决定总原则。一些人认为，理论其实就是某种自然而然的东西，可以视之为一种没有问题的、庄严肃穆的东西，在我构思本书的这一时期更是如此，为了避免滑向这一观点，我必须决定提出哪些问题以及如何提问，对我来说，这就是总原则。用罗蒂的话说，我必须成为一个精神历史学家（Gesteshistoriker）。

正如罗蒂所言，精神的历史（Geistesgeschichte）"是一种蕴含是非道德的知性史"，"从中提炼的是非道德决定了我们现在提出的问题是否正确"。十年前，我意识到当时的提问思路有些问题。但我就是不知道问题是什么。现在，我清楚些了。我更加清楚，如果说社会理论曾是一项事业（project）①的话，那它到底是什么。我更清楚地知道，社会理论的筹划为什么出了问题。而且我也相信，社会理论作为一项筹划已经完成了。因此，我撰写了一篇新的论述，我希望它能更清晰地阐明总原则，也能成为一只智慧女神密涅瓦（Minerva）迟飞的猫头鹰，作为本书更透彻的导言。

此外，我还修改了第十章的末尾，改正了一些本可以避免的错误和模糊之处，在参考书目里增加了新近的著作。一位美国的评论家称我是"地方狭隘主义"，但我对此坚持不懈，无怨无悔。这本

---

① project 也可译为"工程"，现代性的本质维度之一即为"以思想之筹划（project）创造新世界"，本书按当前阅读习惯译为"事业"。——译注

xi

书源自 20 世纪 70 年代的不列颠，而不是同时代的纽约，也不是其他时代的其他地方，更不是源自一种"普世的视角（如果我可以这样说的话）"，亨利·西季威克①曾热情地向往这种普适观点，他从事写作的地方离我写书的地方不到几百码。的确很遗憾，我没能深入讨论美国思想的多样性。但我仍然相信，如果有一本书比较了欧洲与美国的思想，那就是我的作品（即，德·托克维尔式的）。不过，如果我重写这本书，我会涉及意大利的一些思想。19 世纪末期，自由主义者热情地复兴了意大利古老的怀疑传统及其悠久的人文主义历史，这有力地解释了一个事实，即，尽管共同关注的问题促进了意大利与北方国家②社会思想的发展，包括自由主义和社会主义，但是意大利社会思想的调子却截然不同。当然，在这一历史时期，意大利的经济和社会特征也不同于北方。如果要研究这些差别，我认为，关于英、法、德三国的社会思想的一些讨论就可能需要精炼。

二十年前，我曾在彼得·汤森德创办的著名的埃斯科大学（Essex）社会学系授课，这本书一开始是授课的讲义。我非常感谢埃斯科大学的学生，以及到剑桥之后的学生。我十分感谢在哈佛大学有幸与乔治·霍曼斯（George Homans）进行了交流，他对我的问题视角表示赞同，当然他的同意非我之功。罗斯·霍松和约翰·杜恩在我写作的过程中给了我巨大的支持；本书刚刚脱稿之时，很多朋友都不辞辛劳地进行了评论；耶米里·米诺特对本书第一版的完稿呕心沥血，并鼓励出第二版；今天，我关于理论是什么、人世是什么以及其他很多事情的理解，全都归功于本纳德·威廉姆斯（这在第二版里十分明显）；在加拉加斯（Caracas）③与刘易斯·卡斯丘的谈话，以及在写作第二版之前与理查·德罗蒂、阿兰·李

---

① 西季威克（Henry Sidgwick，1838－1900），英国哲学家，著有《伦理学方法》等，本书第八章有相关论述。——译注
② 指英、法、德。——译注
③ 委内瑞拉首都。——译注

恩、罗伯特·盎格的谈话,都在本书中留下了印记;我在剑桥与朱迪思·斯卡拉有长达一年的交流,在很长一段时间里,斯德芬·柯林尼、约翰·杜恩、安东尼·帕格登在社会政治思想的历史与观点方面给了我相当多的启发;后三位同仁和耶米里·米诺特还阅读了我所作的修正并提出了意见。

于剑桥
1986 年 3 月

导　言

撰写社会理论史的社会学家，在动笔之时就想收笔。为了写一部社会理论史，他首先必须确定社会理论是什么。如果这位社会学家给出了一个社会学的答案，那他既预设了他要解释的事物的有效性，同时他关于必须决定何谓社会理论的主张就没那么理直气壮了。如果他给出了其他的答案，他似乎奇怪地让自己及其学科回避了确定性问题，但他又要考察其他学科的确定性。这位社会学家在循环论证、自我否定和不良信念之间苦苦挣扎。这是一部贯穿不良信念的历史。这部历史承认，社会学家已经提出了重要的问题。但它怀疑，社会学家们迄今尚未给出圆满的答案。而且，就"社会理论到底是什么"这个问题而言，问题和答案之间的距离最远。现有的全部答案都不能回答社会理论是什么，尽管正因其不能，反倒令答案更清晰了。

马克思主义者的答案是最早的一组答案之一，也一直是最直截了当的一组。马克思主义者的基本主张是，一切社会理论都是意识形态，当然他们自己不在其列，超越知性的阶级利益是这些虚假观念的根源，它提出、秉持、维护这些信念。马克思主义者的主张有两个明显的困境。第一，正如戈德曼在《隐蔽的上帝》一书中所言，马克思主义的真理只不过是关于历史结果的一场赌博，关于被剥削者能在经济、政治与知性方面获得胜利的一场赌博，尽管被剥削者其实是资产阶级社会的排斥对象，但他们是唯一有资格完全理解资产阶级社会及其必然取代资产阶级的命运的人，马克思主义的所有观点都以这一真理为基础。今天要做这种赌博更难了。

第二，在几乎所有的资本主义社会中，意识形态已经纷繁多样，而且还在持续增多，即便还有马克思主义者要赌博，这一事实也要求他们，要么假定有同等多样化的资产阶级，要么承认本质的资产阶级的观念就是纷繁多样的，这样阶级更迭遇到的意识形态障碍本身也是多种多样的。任何一种退让都会大大削弱最初赌博的力量。有人可能会说，这太粗略了；阶级斗争的本性、经济基础和上层建筑特征的本性都是复杂的、变化不定的。可这样就退让得更多了，这与非马克思主义者认为的事物的真实状态没什么区别。如果社会之间的差异真这么大，那马克思主义的历史哲学就所剩无几了，它只不过是一种散乱的目的论，一组有趣的概念，一种相当粗糙的知识生产概念。

涂尔干及其追随者提供了另一组答案。大体而言，这组答案就在关于宗教信念的解释之中，尤其是在关于原始分类的解释之中。这组答案指出了一个社会与其观念之间的结构相似性。至于如何评估二者之间的相似性，涂尔干本人只留下了只言片语，他的追随者更精细一些，但即便是他们也无法令人满意地回答以下三个显而易见的问题：第一，某种观念的结构，它的前提的分类秩序，以及源于或基于其结构与分类秩序的争论，为什么要比观念的内容更重要；第二，社会到底是什么；第三，我们如何准确解释社会结构与知识结构之间的关联；关于复杂社会的异质性，涂尔干本人的看法十分武断，他认为那只是一个过渡阶段，而且他还夸大了简单社会的同质性。这不是一个简单的学术观点。按照涂尔干的研究方法，我们就应当认为，每个观念或每组观念都各有特点，若真如此，我们就必须解释，为什么观念有这么大的异质性？为什么观念的联系这么凌乱？为什么社会群体是以某些方式而非其他方式发生关联？为什么一个社会的某个面向是这样而不是那样？如果回答是，这正是涂尔干方法的优点，它从经验的混沌中厘清了分析的次序，那我们又回到了第一个问题：为什么人们是以这样的方式安排秩序？涂尔干的研究方法不可能给出他所承诺的更满意的答案。众所周知，涂尔干关于同质性如何产生的解释是没有说服力的。

在一些地方（例如《原始分类》），涂尔干没有混淆知识的组织化能力与特定社会中的特定分类，这个时候（例如《宗教生活的基本形式》中）涂尔干诉诸一种观点，认为源于特定社会关系模式的情感，能让人产生一些概念，这些概念转而再造、强化与宣扬特定的社会关系模式。其他人则诉诸更有说服力的解释。列维－斯特劳斯采纳了更直接的康德哲学观点，认为人类的心智具有某种普遍的组织化习惯，至于最终的产物则取决于特定社会的现实紧迫性。玛丽·道格拉斯[①]同样也从人对认知秩序的需要具有某种受到抑制的心理学基础着手，而且她还假定，认知秩序和严密的社会控制之间存在因果关系。但是，她的理论策略是在武断的宣称和临时的发明之间走钢丝，这不可能成为一种正确的观念理论，因而也不可能作为关于社会理论之理论的合理起点，尽管在很多方面，她的策略与列维－斯特劳斯所谓的修补术（bricolage）[②]一样吸引人。

　　严格来说，关于社会理论是什么，以及如何解释的第三组答案，根本不是社会学的，但这个答案的抱负是相同的，至少，它承诺要解决上述两组答案的困境。这个答案是由图尔明[③]给出的。图尔明论点的要义是把达尔文的物种演变学说拓展到知性史当中。图尔明认为，人们任何时候都能辨识出他所说的"传播"（transmits），概念种群必然要经历充分的变异，而且总是根据适应性优胜劣汰。图尔明的论点有其吸引力。他承认，任何一个社会在任何一个时点，都会存在各种不协调或不适应的观念，相反，多数马克思主义者与涂尔干主义者不承认这一点。图尔明还承认一

3

---

① 玛丽·道格拉斯（Mary Douglas，1921－2007），英国人类学家，著有《洁净与危险》等。——译注
② 列维-斯特劳斯（Levi-Strauss，1908－2009），法国人类学家，结构主义集大成者，著有《结构人类学》等。这里的"Bricolage"是指原始民族的思维方式与认识方式，与作为工程师的现代人截然不同，他们是通过"修修补补"的方式持续弥合世界图式的裂痕，用有限的旧元素融合新事物。——译注
③ 图尔明（Stephen Toulmin，1922－2009），当代英国哲学家，著有《回归理性》、《十七世纪的科学与艺术》等。——译注

个不可辩驳的真理，即，在很大程度上，观念的变化方式取决于这些观念能让人们相信的东西。但这一组答案也有困境。其中之一来自物种变异和观念的多样性与可变性之间的类比。我们能用概率发生的模型描述物种的变异，并机械地解释之。至于观念的多样性和可变性则不能。另一个困难在于"适应性"的拓展。在生物学中，人们约定俗成地把"适应"狭隘地规定为繁衍成功，尽管以相同的方式规定一个观念的适应、成功或适应性本身没有什么错，但这样一个定义可能忽视动物繁殖和观念生存之间截然不同的方式。事实上，图尔明肤浅但诱人的计划在每一点上都是支离破碎4 的。他的理论至多也就是能为描述观念种群变化的纯粹统计学提供基础。

大体而言，马克思、涂尔干及其多数追随者，都只注意到了非科学的观念，或者说，以涂尔干主义者为例，他们只看到了西方人眼里称之为原始的原型科学（primitive proto-science）。显然，图尔明想把他的解释拓展至所有类型的观念。然而，还有两个人，一位是法国哲学家巴士拉①，一位是美国物理史学家库恩②，他们只讨论了科学的观念，两人似乎都没有想过他们的理论也可以拓展至社会科学（库恩谨慎地否认了他的理论可以这么做），但其他人提出了不同看法。阿尔都塞③窃用了巴士拉的理论来解释马克思本人与列宁对马克思主义的发展，其他人也或多或少剽窃库恩的观点来推崇、评判或仅仅是描述自然科学和社会科学的异同。巴士拉的思想框架是不妥协的理性主义（但也是非正统的）。库恩则是传统主义的框架，与库恩笔下的科学家一样，这一框架是与一个执拗世界的妥协。但作为历史，结果却惊人地相似。除非有人妄称，没

① 巴士拉（Gaston Bachelard, 1884 - 1962），法国科学哲学家，著有《新科学精神》等。——译注
② 库恩（Thomas Kunn, 1922 - 1996），美国科学哲学家，著有《科学革命的结构》等。——译注
③ 刘易斯·阿尔都塞（Louis Althusser, 1918 - 1990），法国哲学家，"结构主义马克思主义"的奠基人，著有《保卫马克思》等。——译注

有任何理由认为，理解社会实践与自然实践有什么相似之处，否则库恩与巴士拉的理论也是社会学的，至少初看上去（prima facie），它们都是关于社会学本身之社会学的备选方案。

对库恩和巴士拉来说，科学本质上是社会的。科学是由一个共同体组成的，这个共同体拥有共同的观点，库恩称之为一种"范式"，即一种概念图式，它规定了研究对象和研究方法。在他们两人当中，巴士拉在哲学上更极端，他似乎认为，科学家是一板一眼地建构他们的研究对象的，而且他把这个既是社会的、也是知性的纪律化行为等同于理性本身。库恩承认一个外部世界，而且承认外部世界最终能用无法容忍的异物（anomalies）来对付所有范式，进而促进范式的变化。库恩和巴士拉都暗示，科学家相信的事物其实是社会压力的结果，后者反对想象和幻想，并通过心理学的方式实现自己的影响，至少一定程度上是心理学。因此在他们看来，科学的悖论在于科学的理性建构独立于世界的各种属性，即便不是一直都如此，至少也是长期如此，然而理性建构本身却是非理性力量作用的产物。但对巴士拉来说，科学的历史必然是理性的历史，是某种理性行为的理性历史，人们不可能在其外部发现任何理性的解释，因为它已经拥有了全部的理性。根据这个假设（ex hypotheis），别的历史都是某种无效（périmée）的历史，根本不可能成为一部理性的、如此清晰的历史，它是那些尚未进入科学王国（cité scientificque）的人，凭着他们混乱且毫无根据的遐想（rêveries）写成的历史。对库恩来说，科学的历史就是科学革命的历史，是一个范式向另一个范式转变的历史，一部可以由重复发生的事实来解释的历史，即，理性人之所以是理性的，是因为他们作为人而不是作为科学家，遇到了他们的范式无法解释的事情。通过拓展巴士拉与库恩的哲学，若忽略他们的差异，那么他们的思想就暗示我们，社会学的历史是一部关于社会生活的诸种解释的系统化与封闭化的历史，这一系统化与封闭化的过程发生在边界清晰、控制严密的共同体之中。

同样，这一说法也有三个困难。首先，也是最明显的，正如库恩自己所言，它与事实不尽相符。各种社会科学，特别是社会学，很少像自然科学那样高度制度化，即使有些学科是，社会科学家似乎也更能抵抗来自同行的压力。事实上，这几乎是一个质的差别。在自然科学中，人们忽视标新立异的人，而且他们无法得到回报。在社会科学里，至少在欧洲，标新立异的人会得到奖励和尊重。近年来，随着美国社会学的专业化，出现了一部关于社会学专业化的著作，也就是弗里德里希的《社会学的社会学》，它是一部彻头彻尾的库恩式作品，毫无疑问，这显示了现代美国社会学的高度专业化。第二个困难与第一个困难相关，即，不是社会的东西就不是科学的，对此库恩言词闪烁，巴士拉则十分坚持。事实上，巴士拉极力证明，前科学的东西不仅是非社会的，而且是非理性的，它们仅仅是无意识遐想的产物。当然，人们可以根据巴士拉的思路重新塑造社会理论演进的历史，但要完全按照他的规定，这可能会产生一种奇怪无比的解释，事实上，关于社会理论演进史的解释必须是共同斟酌与公开承认的结果，否则它本身就是无效的。第三个困难，也是最严重的，在库恩和巴士拉那里，理性的东西，不论是社会的还是非社会的，在一定程度上，总有那么一部分要悖谬地由非理性的东西来解释。

其实，在任何所谓的"知识社会学"里，有一个困难是最根本的。如果观念是源自外部世界的，那我们似乎很难理解，它们为何又是理性的。或者，如果观念是理性的，那就很难理解，它们为何又是源自外部世界的。有人认为，理性也是人为规定的，因为理性是对外部世界发展趋势的正确理解，而且这是一个迈向无矛盾、普遍性，也就是理性的世界，这就是黑格尔及其晚辈马克思提出的解决办法，尽管马克思的重点有所不同，在本书第二章和第三章中我会指出，他们的解决办法也是无效的。既然不承认黑格尔与马克思的解决办法，我们就必须承认，观念是对外部刺激的情感回应，这一看法有可能否定观念是理性的（同时也是自我否定），或者，理性的自主性存在于一个人们不承认的世界之中，尤其是社会学家不承认。我们不得不做出选择。

选择很清楚。如果历史是理性的,那历史必然假定理性存在于它的主体之中,并放弃社会学。我们必须直截了当地提问,所有之前的思想家觉得自己都说清了什么,他们的理性认为他们说清了什么。这些问题必须要问,但还不够。因为要想准确理解为什么所有的思想家都认为,弄清那些有必要弄清的事情很重要,而不是其他事情,历史学家还必须揭示这些思想家的意图。柯林武德(Collingwood)泛泛地讨论了这一问题,而且近来杜恩(Dunn)又依据行为分析哲学进行了讨论,并得到了昆汀·斯金纳(Quentin Skinner)的肯定,行为分析哲学产生于20世纪50、60年代的英国,由奥斯丁①创立。简而言之,争论在于政治哲学乃至各种社会理论,既没有被视为空洞的抽象,也不是社会处境的混乱机械的认识论后果,相反,它们被视为行动。也就是说,其中的内在意向在现实中或多或少构建了这些政治哲学与社会理论。因此,要准确理解一个社会理论家的东西,不仅要理解他实际上说了什么,以及他这么说的动机,而且还要理解理论家本人认为他在说这些东西的时候表达了什么。这简单、有力,也令人向往。观点不能与它们的作者分离,也不能绕过作者而隶属于社会群体或者悬在半空,当然就此而言,我们必须提前了解作者身处其中的社会传统,否则就很难理解他的意向。我们不能预判作者的意图。观点源起的经验复杂性要得到应有的重视。

正如我所言,这并没有解决"知识社会学"的根本问题。它简单而巧妙地避开了这个根本问题。我们仍然需要解释观点的意向和社会的传统,而这势必还要面对如何与显而易见的外部原因相协调的问题,除非我们无止尽地回溯别的意图和传统来解释。但是,与我已经讨论的"知识社会学"不同,这一方法不预判外部原因,正如它也不预判作者的意向与社会的传统一样,而其他的知识社会学就可能去阐释。于是,这一研究方法成了最敏感的知识社

① 约翰·奥斯丁(John Langshaw Austin, 1911-1960),英国著名语言哲学家,牛津学派的代表人物,著有《感觉与可感物》等。——译注

会学。

这一方法也允许历史学家的批判。当然，与其他方法不同，尤其是与那些源自黑格尔客观唯心主义的方法不同，它不要求历史学家为了批判而形成任何标准，它自身也没有形成任何标准，除了它预先认定的理性标准本身。但是我认为，倘若不明白 18 世纪以来的欧美社会理论进程的历史，到底在何种程度上已经是一部失败的历史，就很难理解它，而我发挥了这一优势。我的方法无可比拟的优点是，它可以让人们在一定程度上进入历史本身，但这不是必需的。我本人最坚定的意向是撰写历史，这样别人就可以得出自己的结论。

第一章 启蒙与怀疑

在中世纪的欧洲思想中，上帝的言语是认识论的权威，它通过罗马教会的教导得以彰显。其间，自然法和神圣法确实是泾渭分明，人们认为自然法与神圣法不同，并可以通过理性来把握，但一般并不认为自然法独立于神圣法。人们相信，唯有神圣法才能让人重新获得在堕落中失去的真知。因此，理性所能做的事情，就是引导人们通向启示并为启示奠定基础。

文艺复兴激进地修正了中世纪的认识论，但它还是有所止步，教会至少在原则上还能调整自身与之调和，改变并维护自己的权威。在中世纪的思想中，自然被视为是上帝的造物，人们可以通过运用理性来部分理解自然王国，但只是部分，因为要完全理解自然王国，就必须理解上帝创造它的意图，而这只能通过启示获得。但到文艺复兴时代，人们开始认定，就如布鲁诺的观点一样，"对［上帝］①来说，较之他的身体之中应当有尽可能多的实体在运动，不如成为运动的内在原理更有价值，这才是上帝本身的天性，他的面目，以及他本身的灵魂"。这就是说，强调的重点似乎发生了转变，尽管当时这种转变并不是很清楚，但无论如何，尤其是当我们回顾历史时，这确实是一个根本性的观念转变，上帝已经从自然的造物主变成了上帝在自然之中得以表达。于是人们关于自然法的重要性和理性的力量的观念也随之变化。在中世纪的观点中，理性总是而且必然屈从于启示，唯有启示能够彰显上帝的意图。然而，由

---

① "［］"内的内容为霍松本人所加，下同。——译注

1

于人们开始认为上帝是在自然中得到表达，而非有别于自然并先于自然，所以理性变得更重要了。上帝在自然中得到表达；自然可以通过理性来把握；因此上帝就可以通过理性来把握。或许，理性是充分的。

9　　　虽然一直以来，诸如此类的解释都不可避免地是以各种伪装的形式出现，但这种概念转换的完成远早于我们今天称之为启蒙的那个时代，我们也很容易理解，当时的知识界遭受了巨大的压力，这正是文艺复兴时代的特征。这种压力是来自更清楚地了解自然的需要，而且它促使人们从依赖信仰逐渐转变为依赖理性与经验。教会意识到了人们的迫切需要，但有意思的是，伽利略等人反倒没有意识到。伽利略努力调和自己的发现与后中世纪的教会认可的框架，似乎没有充足的神学理由可以证明，这就一定不可能或基本不可能。只要有强大的意志，任何一个神学家都可以证明，就显示上帝神迹和证明上帝而言，哥白尼的体系比托勒密的体系更是神迹，而伽利略的工作帮助哥白尼体系取代了托勒密的体系。教会的敌意更多是来自所谓的认识论政治。长期以来，教会都宣称，唯有它有特权知道根本的神圣终极因，但教会清晰地认识到，另一种可供选择的制度——科学，严重动摇了它的宣称，通过我们现在直接称为自然主义的方法来描述自然，科学就能够彰显自然中的神意。这是教会无法容忍的。

　　因此，大体而言，理解欧洲启蒙运动特征的起源与内容不是很难。首先，人们强化了理性作为了解自然法则的方法这一长久以来的主张。第二，既然人们一直都认为，自然本身不是一个完全的形而上学王国，但至少表面上是一个物理王国，既然现在对自然的研究具有至高无上的重要性，所以人们就可以，并认为应该，更关注有助于理解物理现象的方法。正因为如此，人们坚持借助经验和实验补充已经充分验证的理性力量。

　　很明显，在中世纪到18世纪一步一步的知识演进过程中，并没有什么东西必然意味着挑战宗教信仰，尽管如此，在过去的两百年里，人们还是形成了一种约定俗成的看法，认为18世纪是理性战胜信仰、经验战胜直觉的时代,其实这主要归功于 19 世纪初期浪漫派的过度反应,下文还要进一步讨论之。他们的反应即使不是错的,也有误导性。当然,在 18 世纪,教会的权威在社会、政治、道德事务以及知识等诸领域都受到了直接的挑战。然而,我们不应该把这一情况与信仰相混淆,而教会一直混淆二者。事实上,而且颇为讽刺的是,在很大程度上,正是欧洲内部的宗教和政治传统的差异造成了欧洲启蒙运动的不同思潮。这些差异对 18 世纪以来的社会思想史至关重要。

人们通常认为,启蒙运动是法国的事情,英国已经在 17 世纪与政治革命一起完成了他们的知性革命,而其他民族,例如德意志人,依然沉睡于教义之中,直到 19 世纪,德意志人才走出了一条略有不同的道路,而且常常是对法国人的直接反应。德意志人的反应是一种过度。显然,牛顿和洛克,这两位英格兰新知性激进主义的巨匠,给予了法国哲人(*philosophes*)巨大的启发,而苏格兰的休谟与法国的卢梭也对康德产生了重要影响,并为 18 世纪末的德国唯心主义思潮指明了方向。但是休谟的怀疑主义足以证明一个事实,即,苏格兰人在 18 世纪并没有止步不前,而且只要我们不囫囵吞枣地曲解整个康德哲学,那就不会认为,康德反对启蒙运动的理想。德意志人对法国人的理想热情洋溢,他们起初认为,法国人的这些理想已经在 1789 年革命中实现了,这种热情引发了后来德意志的诸多事件,至少法国人的热情是这些事件的导火索。尽管如此,英、法、德三国之间的差异还是十分明显,而且这些差异需要解释。

法国更多是一个理性主义而非经验主义的国家,因为法国的哲人更倾向于依赖理性的裁断而不是他们感觉的证明。因此,他们更趋向于知性体系。达朗贝尔①于 1759 年断言,“我们已经认识、

---

① 达朗贝尔(Jean le Rond D'Alembert, 1717 - 1783),法国思想家,百科全书派代表人物,著有《数学手册》等。——译注

形成并完善了关于世界的真理体系",十一年之后,霍尔巴赫①指出,宇宙,这个"现存万物的巨大集合",处处都在向我们展示它"只是物质和运动;宇宙整体让我们思考的正是广袤无垠、连续不断的因果链,而非其他"。这与英国盛行的观点形成鲜明对比。洛克曾经暗示,人类的知识从来都只是部分的、碎片的、不确定的。或许有个别出类拔萃的人物,比如"无与伦比的牛顿先生",可以有资格获得一种关于神圣秩序和和谐的宇宙的启示。可是,普通的灵魂应当满足于拼凑他们能发现的碎片。用更正式的术语来说,倘若主张理性主义的法国人更倾向于认为,知识是从几个基本的公理中演绎出真命题的过程,那么主张经验主义的英国人则更倾向于认为,知识是对特殊事实及其相关事物的经验观察的归纳,从而获得真理的过程。

法国过去曾是一个重要的天主教国家,当然现在还是;英国则是新教国家。对法国人来说,知性权威和制度权威的模型是等级化的、专制的天主教教会;而对英国人(例如洛克这位受到加尔文主义启发的人)来说,知性权威和制度权威的模型是个人。对法国人来说,权威凌驾于个人之上。个人受制于权威的命令,在权威之下没有自主权。这表明,冉森主义者(Jansenists),他们的神学强调知性自治和精神自决,正是在这种氛围中培养了其中一些声名显赫的哲人,例如伏尔泰。毫无疑问,他们也鼓励了知性独立的预先倾向。对英国人来说,要求人们服从的集体权威已经封印在历史之中。个人与集体之间的关系在朝着相反的方向发展。原则上,一个人在知性事务上能自己做主,正如他在属灵事务上能自己做主一样。他与自然的接触以及他与上帝的接触都是直接的,无需中介。

政治差异加剧了宗教和知性的差异。路易十四驾崩之后,法国贿赂成风,法国资产阶级能够而且的确花钱担任高官。但资产阶级并没有什么权利,所以它要求更多的权利,贵族自身的权威受到了资产阶级的威胁,这激怒了贵族。相反,在英国,资产阶级革命

---

① 霍尔巴赫(D'Holbach,1723-1789),法国思想家,百科全书派代表人物,著有《自然的体系》等。——译注

已经发生过了。因此到 18 世纪初,英国人已经不是很关注英国政治秩序的基础了(尽管苏格兰人并非如此),当然,英国人还有很多关于权利和义务的个别问题有待解决。英国人已经把注意力转移到了更局部性的实践事务,转移到了具体的特殊问题,而不是抽象的普遍原则。英国和法国的差别在于,在法国,天主教会虽遭嫉恨,但仍然提供了权威的模式,而资产阶级在其中几乎没有什么权利;在英国,个人独立自治的新教模式占有支配地位,英国的资产阶级修正了政治体制,确保了自己在其中的利益。在法国,知性倾向是理性主义和体系建构,这与它挑战的教会和君主体系一样彻底、无所不包、一元论。在英国,知性倾向则是经验主义和耐心获取的局部知识,人与经验的直接接触映射出人与宗教上帝的直接接触,自由和权利的平等让这成为可能,新兴国家至少在形式上保证了自由和权利的平等。

德国又是独辟蹊径,较之英法之间的差异,德国可能更特别。当然,正如上文所言,如果说德国没有人支持启蒙运动的理想,那是夸大其词了。在 18 世纪,德国人日益主张,自然是善、美、真的试金石,而且更强调知性自决的重要性。康德哲学作为 18 世纪末德国思想的主要成就,即使在它限制启蒙运动理想的地方,也承认并坚持理性主义和经验主义的优点。可是,与英国或法国同时代的哲学家相比,康德在德国更是一个离群索居的人物,康德之后的那代德国人完全抛弃了他思想中坚持这些优点的部分。

可事实仍然是,尽管启蒙运动绝非法国一家的事情,但各种理论几乎都来自 18 世纪的法国(也有一些来自苏格兰),这些理论试图把物理科学的经验方法推广至社会,以此保持总体的世界观,而图式理性主义(schematic rationalism)使之得以可能。只有在法国和苏格兰,人们才有兴趣为个人、个人的地位及其与国家的关系,而且为个人在其中获得地位并维持他与国家关系的那个社会,提供一套自然的解释。即使在当时,两大最具影响力的理论①,也绝

---

① 指卢梭与孟德斯鸠的理论,参见下文。——译注

非是抽象哲学理论的机械应用，其中之一对同时代人产生了无与伦比的影响，另一理论则修正了18世纪那些想当然的正确观点，其影响深远之至。最典型的哲人也是最无趣的，从长远来看，也是最无足轻重的。

据说，启蒙运动是一个乐观的时代。当然，法国最典型的哲人，如达朗贝尔、霍尔巴赫以及爱尔维修①，都坚信自己已经一劳永逸地解决了善恶本性之谜，他们普遍表达了反教会的观点以及文人阶层的观点。这些哲人的方法无非是拙劣的逻辑推理和聪明俏皮话的混杂，休谟清楚地认识到了这一点，并作了犀利的评价，但他们在那个时代却风靡一时。在古代关于善、正当以及真的等式中，法国哲人加入了自然，去掉了神圣。他们认为，如果善的是正当的，正当的是真的，既然科学研究已经宣布，正当的也是自然的（因为自然显然是遵从理性的），所以自然的一定是善的。若真是如此，那似乎很清楚，恶的就是不自然的。法国哲人们认为，用理性区分自然的事物和不自然的事物的同时，你也就区分了善与恶。人们不再需要依赖那些声称唯有他们有资格知道善的个人和机构。现在，通过人类独特的、普遍的理性与经验能力，所有人都能知道善。哲人们的逻辑非常直白，俏皮话也只是略微有些晦涩，但我们很容易就能看到，古老的道德词汇和新科学词汇的联姻产生了巨大的力量。当时一位哲人的资助者（patronne）写道，"这个国家的人，就像笼中的狮子"。挫败感哺育了哲人的观点，这些观点又转而抚慰他们的挫败感。

多数人不知道休谟对法国哲人观点的怀疑，但这并不是唯一的怀疑源头。因为人在自然之中立足于何处的问题依然存在。亚历山大·蒲柏②写道，"他在行动还是休息之间犹疑不决；在认定自己

---

① 爱尔维修（Claude Adrien Helvétius, 1715 - 1771），法国思想家，著有《论精神》、《论人的知性能力和教育》等。——译注

② 亚历山大·蒲柏（Alexander Pope, 1688 - 1744），英国古典主义诗人，牛顿墓志铭的作者，代表作是讽刺长诗《鬈发遇劫记》。——译注

是神还是兽之间犹疑不决；在偏爱心智还是偏爱身体之间犹疑不决。"不论理性主义的宇宙学在其他方面如何让人欣慰鼓舞，它都无法就人在自然立足于何处这一问题给出一个清晰明了，或者至少不矛盾的答案。如果人世真有理性的进步，而且人们也觉得，必须有理性的进步，那就必须回答这个问题。尽管18世纪的法国社会理论都忠于自然和理性的学说，但它们关于这一问题的答案却五花八门，其间隐含着相当重要的差异。当时最受青睐的政治理论，就其修辞用语而言，也在自然与理性学说的传统之中，而且根本不能提供一个一以贯之的答案来解决这个问题。有些理论确实提供了答案，正因如此，它们也摧毁了自己起初赞同的传统，这些理论对后来的数代人都产生了持久的影响，首先是孟德斯鸠的理论，在其封笔之作《论法的精神》中，孟德斯鸠十分详细地阐述了他的理论，虽然有时不是很清晰。其次是卢梭的理论。

　　在哲人之中，孟德斯鸠在许多方面都与众不同。他是一个贵族，出生时名为查理·路易，德·拉波烈男爵①，他一生都非常活跃，大部分时光是作为波尔多议会的成员度过的。但孟德斯鸠绝对没有疏远那个光芒四射、躁动不安，而多数人又无权无势的哲人群体。恰恰相反，孟德斯鸠有一位亲密的女性朋友，她本人主持巴黎一个最知名的沙龙，1748年她协助孟氏出版《论法的精神》并通过审查，据说达朗贝尔还是她的私生子，她甚至还在巴士底狱待过一段时间，名义上是指控她致使她的一位情人自杀。不过，孟德斯鸠与这些人呆在一起的时间，和他与之疏远的时间差不多。相对而言，孟德斯鸠似乎是一个比较有良知的公共人物，就连爱尔维修，这位极力嘲讽《论法的精神》的人，都赞扬孟德斯鸠与拉波烈②

---

① 此处作者霍松有误。孟德斯鸠不是色贡达家族的嫡系，本无资格继承爵位；1716年其伯父去世后，孟德斯鸠才获得男爵头衔，并继任了波尔多议长一职，所以并非一开始就有爵位。——译注

② 孟德斯鸠的出生地，也是他的姓氏。——译注

农民的良好关系。无疑，他的阶级地位提供的保障、他的职务以及他与各色人等的关系，都促成了他有名的温文尔雅的脾气，以及作品干瘪的现实主义。而且，直到他的视力无法工作为止，孟德斯鸠一直是一个业余从事科研的实验科学家，其他人（例如，卢梭就曾经写过化学原理的论文）也撰写过科学论文，但几乎没有人从事过实际研究。因此，孟德斯鸠是偏爱经验研究的，但他比任何人都坚信理性的力量；据说孟德斯鸠一生都忙于实际事务，以及以吹牛的语调与他庄园的农民谈话，但他也进行了大量的阅读和抽象思考；孟德斯鸠忠于既定的政治秩序，却对政治秩序的批评者抱有同情；在所有这些方面，孟德斯鸠都代表了某种矛盾的事物。这反映在他的著作中，这是作品的缺点，也是优点，也是让后人兴致盎然的地方。

15

这些矛盾在孟德斯鸠关于法律与正义的论断里最明显，这些论断的含糊不清是众所周知的。孟德斯鸠在《论法的精神》开篇就说"一般法是人类的理性，它统治着所有居住在地球上的人"，而特殊法"修改的方式应该根据特殊法服务的人而定，因此一个国家的法律如果也适用于另一个国家，那是罕见的巧合"。同样，"正义是永恒的，不依赖于人们的传统，当正义看上去是依赖传统时，人们就该掩饰之，以使它看上去不像是"，然而"正义与传统的实际关系也是一种权宜关系"。在这些明显矛盾的论断中，孟德斯鸠似乎在探索一种他本人的知性假设不可能赞同的区分，即，关于普遍原则与关于这些原则的特殊解释的区分，任何一部法律，如果它要成为正义的和理性的，就必须包含普遍原则，至于对普遍原则的特殊解释则要视法律为之构建的社会的规则而定。显然，这是一个很难应用于实践的区分。但是让我们感兴趣的是，孟德斯鸠为什么非要做这样一种区分。为了这一区分，孟德斯鸠善意批评了同时代人对理性主义日益厚重的信任。正如上文所言，他们的信任是以理性和自然之间的等式为基础的：理性的被认为是自然的，自然的被认为是理性的。但如果人们要维护这个等式，就要求必须只有一个自然。否则，它就得承认有多少个自然就有多少理性。在物理世界的自然中,这个要求是容易满足的。规定物体运动的法则在剑桥和东西印度群岛同样适用。但孟德斯鸠表示,社会世界的自然无法满足这个要求。不同的社会有不同的自然。因此,在不同类型的社会里,理性的应用会产生不同的解决办法。

16

在18世纪,人们日益认识到存在各种不同的社会,这是那个世纪的整体特征,在法国当时流行的各种知识源流中,孟德斯鸠并非出类拔萃。不过,孟德斯鸠既没有把他所见所闻浪漫化,也没有把它们削足适履地纳入一个预先设计的模式,比如说,一些模式认为,越原始的民族自然而然(*ipso facto*)是更自然的。至于人类误入歧途的缘由、人的不自然性的起源等问题,孟德斯鸠并没有提出相应的起源理论。有人宣称,在《论法的精神》中发现了历史感的苏醒,后者盛行于19世纪的社会理论,其实不然,更准确地说,孟德斯鸠的信念差不多完全是旧式的,他坚信每个社会都有适合自己的形式,它与该社会的内在精神最契合。自古以来,人们赋予了这种古老的信念一种形而上学的表达,在某种程度上,孟德斯鸠依然支持这一传统。但孟德斯鸠也倾向于相信他认识到的证据,他试图为他的论题确保经验的基础,这是极具时代色彩的。

早在拉波烈庄园做实验时,孟德斯鸠就曾评论说:"有人可能会说,在17和18世纪,自然的行为像处女一样,她们一直保持她们最珍贵的贞操,细心地呵护之,坚定不移地保护之,然而就在一瞬间,就允许人们的侵犯。"在表达一些最激动人心的杰出成就时,孟德斯鸠的口气也是和声和气的。他注意到,寒冷会导致舌头上的纤维收缩,在《论法的精神》中他解释道:"这一观察证实了我所说的事情,在寒冷国家神经腺扩张得少一些:它们在身体表面隐藏得更深一些,或者说它们远离了外部世界的行动;结果寒冷国家的人的感觉就没有那么活跃。"孟德斯鸠从这里得出一个推论,英国人和意大利人截然不同的敏感性可以归因于他们的气候(他说他曾经在戏剧中观察过这两个国家的人),孟德斯鸠在《论法的精神》该部分的其余篇章详细论述了气候引起的各种后果,包括审美的、感情的、宗教的、政治的以及道德的,所有这些都是不同地域的气

17

候差异使然。

但再强调一次，孟德斯鸠并不是一元论者。他没有断言说，每个社会的物理环境都是社会精神的主要决定因素。相反，"人类受到各种因素的影响：气候、宗教、法律、政府的格言、先例、道德与习俗；这一切组成了各民族的总体精神（a general spirit of nations）。在每一个国家，这些因素此消彼长，其中一个因素较为有力，其他因素就相应弱化。在野蛮人那里，几乎只有自然和气候的法则在产生作用；习俗统治着中国；法律控制着日本；道德的影响力曾在斯巴达发挥得淋漓尽致；政府的格言和古老淳朴的行为举止曾经在罗马占有支配地位"。因此，"法律应该考虑到各国的气候、土壤的质量、地理位置和领土规模，本地居民的主要职业，不论是农夫、猎人还是牧羊人；法律还应该考虑到国家可以承受的自由程度；考虑到当地人的宗教，他们的性情、人数、财富、商业、行为举止和习俗。总而言之，各因素之间纵横交错，与它们的起源、立法者的意图以及它们构建的整体秩序盘根错节；人们应该从所有不同的视角来考虑法律"。

在所有这些讨论中，孟德斯鸠并没有清楚区分个体自由和社会自由，并根据它们各自的本性或精神进行立法。根本不存在什么先于乃至独立于社会的个别人性。人似乎仅仅是反映了他们所属社会的精神。适用于某个人的法律也适合于另外一个人。但从普遍的意义上来说，人在自然秩序中的位置是什么？用蒲柏的话说，人到底是"万物的上帝"还是受"万物的蹂躏"？孟德斯鸠没有给出答案，因为他认为这不是问题。自然就是一切，如果理性能够拆解它，那也不意味着我们必然推论说，人，唯一能运用理性的人，在一定程度上是脱离自然的。相反，就算人与自然之间存在某种同质性或者确有某种同一性，难道一切困难就都解决了吗？孟德斯鸠把社会分为四类，君主制（表现为荣誉精神）、贵族制（节制精神）、共和制（公民德性）以及专制主义（恐怖精神），他这么分类时甚至都没有暗示，是从一种类型演化到另一种类型，即，一种从物理自然的统治到意志统治的进步，孟德斯鸠的其他一些论断倒可能有

18

此嫌疑。相应地，孟德斯鸠没有要求一种类型社会的人必须努力把他们自己变成另一种类型的社会。每种社会都是自我维持的、独立的、整全的，在不同社会中人们追求不同的目的，那就是他们的精神，唯一可以容忍的改革就是进一步向他们的精神靠拢，而不是颠覆独特的精神。理性对有效的改革是必需的，然而理性，如果应用得当的话，是让人们进行调整而不是颠覆。孟德斯鸠支持法国重建贵族制度，反对法国滑向不义且腐败的君主专制主义，因而，孟德斯鸠是在两种意义上宣扬节制：节制是贵族制的精神，也是他自己理论的精神。

　　然而，节制并不是 18 世纪法国知性生活的特征，虽然英国人以极大的热情欢迎《论法的精神》（沃尔朴勒①认为，"这是历史上写得最好的书"），但法国哲人们对《论法的精神》一书更多的是失望，这不足为怪。爱尔维修问道："这么说，难道我们要继承自人类族群诞生以来累积的全部错误吗？"对于任何一个盼望彻底变革的人来说，答案必然是否定的。但是孟德斯鸠不会认可爱尔维修的问题，因为他并不赞同，凡是不符合法国哲人一元论标准的东西本身都是错误与罪恶的。我们必须区分两种标准，一种标准适用于所有时代的所有人与所有社会，另一种标准适用于根据各自独特的因素集合而成的特定社会。就某一点而言，这是一种现代区分。它承认了社会和文化的多样性。但这只是说，我们据此部分回到了古人的观点，要理解一个波斯人，或者一个雅典人，或者一个法国人，要尽量把他们作为一个具有历史或文化必然性的波斯人、雅典人或法国人来理解，那些毫不妥协的理性主义哲人就是通过反对这一观点来标榜自己的。孟德斯鸠，远不是期待当下，而是回想过去，回想一种观点，即，人们考虑合适的伦理与政治时，必然考虑到它们身处其中的特定民风（*mores*），对一个希腊哲学家来说，这可能再寻常不过了。孟德斯鸠与正统的哲人只是在其理论用语等表面

19

----

① 贺拉斯·沃尔朴勒（Horace Walpole, 1717 - 1797），英国艺术史家、文学家，著有
　《关于理查三世的生活与统治的历史困惑》。——译注

文章上保持一致而已。卢梭也一样，但他的方向正好与孟德斯鸠相反。

卢梭在他最早的《论艺术和科学》一书中就攻击了当时学界的行为举止，他在《爱弥尔》某处指出，他希望深化孟德斯鸠而不是反对他，并赞同理性与自然的传统措辞。然而，就爱尔维修的问题，卢梭给出了一个广为传颂的否定性答案，1748 年在担任杜平夫人的秘书时，卢梭就撰写了一部抨击《论法的精神》的书（有人说服杜平夫人在最后时刻阅读卢梭的这本书，并把书从印刷商那里拿了回来）。卢梭对思想界的革命性影响是在他辞世之后，尽管他可能会坚定不移地宣称，人们并未充分理解他的才能，然而就连卢梭本人也不曾预料到他的才能引发的后果。卢梭的才能到底带来了什么东西，这一直是人们思考和争论的话题。理性主义和情感主义、个人主义和集体主义、无政府主义和极权主义、共产主义和反动、新教主义、天主教主义和无神论、法国革命及其倒退：人们总是时不时地认为，所有这些东西都是卢梭著作的观点，或者源自卢梭的著作，或者是卢梭的著作强化了它们。不过，有一个论题现在就可以解决。单靠观念并不足以引起社会与政治的变革，我们并没有什么证据可以说明，卢梭对 1789 年之前的事件产生了多少重要的影响，就如我们没有证据说明他对 1789 年之后的事件产生了多少重要的影响一样。至于其他的论题，只有两种解释似乎还算合乎逻辑：要么卢梭的模棱两可与含混不清已经到了严重自我矛盾的地步，以至于几乎所有观点都能在他作品的某个地方找到证据，要么卢梭的确有原创性，他通过变换范畴以进入新的论辩领域，但他仍然在进行相同的论辩，因此导致他的批评者头晕目眩。卢梭本身当然有不清楚的地方，但他并不是最不清楚的，他比孟德斯鸠清楚多了。可孟德斯鸠并没有像卢梭那样受到阐释者的蹂躏。因此，卢梭的原创性才是多数争吵与论辩的真正原因。卢梭无疑是一代宗师，他的言词是一种意思，他的意图则是另一种意思，而他的影响又是某种截然不同的东西。最重要的是，尽管卢梭没有充分运用他的洞察力进行有力的学理申辩,可他的洞察力至少部分解决了 18 世纪的典型哲人未曾解决的问题:人在自然中的位置。

卢梭在《爱弥尔》中恳求读者:"读者绝不要忘记在这里说话的人,既不是学者也不是哲人,而是一个单纯的人,一位真理的朋友,他没有偏见,也没有体系。"这句话太不真诚了。卢梭的出发点可能是单纯的,但他的性格并非如此;卢梭确实是真理的一个朋友,但不像是一个毫无激情或者没有偏见的人;卢梭可能拒绝诸如达朗贝尔或爱尔维修,甚至是他的朋友狄德罗等人所理解的知性体系,但他自己理论无所不包的教条化倾向却是别人难以企及的。有人说,相对而言,典型的哲人是有话直说的人,但即便是他们也没有使用相同的措辞来描述卢梭。卢梭的复杂性相当一部分是因为一种三维的边缘性。他不是一个法国人,而是瑞士人,来自日内瓦。他既不是贵族也不是资产阶级,而是一个工匠的孩子。他在新教文化中成长,而非天主教文化。理性主义者在天主教的信条之中成长,他们对理性信心十足,用自己的信条来攻击天主教,但与理性主义者相比,上述三个因素本身或许足以让卢梭更具内省精神,也更游移不定;但这很难估量,因为卢梭在精神上也非常焦虑,他总是不安于他所处的世界,正如他所言,"做不可为之事"。而且,卢梭不是一个政治家,不像孟德斯鸠、爱尔维修或杜尔哥①。卢梭是一个政治哲学家,这是当时撰写有关社会著作的人的通称。在 18 世纪后半叶,"政治"仍然是指古代关于家政和城邦的分野,也就是说,一切和"家庭"私人领域无关的东西都是政治。评论家一直认为,卢梭的政治纲领无法付诸实践,卢梭可能也同意,但卢梭的意思可能是,倘若他的纲领真行不通,严格来说,社会也就没有希望了。卢梭行将就木之际十分痛苦和沮丧,此时他认为自己倡导的东西"更多是一种禁欲道德而不是行动道德"。他仍然坚信自己的诊断是正确的,然而正是过分激进的诊断让卢梭无法乐观　21

---

① 杜尔哥(Anne-Robert-Jacques Turgot,1727 - 1781),法国政治家,曾任路易十四的财政大臣,著有《论财富的形成与分配》等。——译注

地看待他提出的解决方案。

卢梭的诊断在《论人类不平等的起源》一书中最为清晰，尽管这本书没能赢得 1755 年第戎学院举办的论文比赛。在这本书中，卢梭以传统的写法开篇，完全是对笛卡尔著名的《谈方法》陈述方式的拙劣模仿。卢梭写道："那么，让我们把事实放在一边，并以此作为起点，因为事实对问题没什么影响。人们千万不要认为，我们对这个主题的研究是历史的真相，它只是有条件的、假想的推理，这项研究试图解释事物的自然本性，而不是确证它们的现实起源；我们的物理学家每天都在形成关于世界如何形成的假设，本研究与之类似。"从表面上看，这是一个无懈可击的理性主义计划。然而，卢梭的拙劣模仿却更显眼了。"因此，抛开一切科学著作吧，它们只是教导我们观察人类已经自我造就的模样，与此同时沉思人的灵魂最初的、最简单的运作，我认为，我可以在其中观察到两种先于理性的原动力（效仿笛卡尔），其一是我们深切关注自己的健康与保全，其二是当我们看到任何其他有感觉的存在物，尤其是我们自己的同类遭受苦痛或者死亡之时，我们会产生一种自然的厌恶情绪。"萨瓦牧师在《爱弥尔》中说道："有时我感觉十分强烈，我总是热爱真理……我要做的一切，无非就是说出我内心的简单想法。"这席话同时也是卢梭自己的知识哲学和人性本质观点的精确总结。与自我保存和同情这些与生俱来的能力相比，理性并不是主要的，而是次要的。要知道人到底哪里出错了，因为（卢梭无疑认为）人肯定是出错了，我们必须考察自我保存与同情心到底经历了什么。卢梭在他的《忏悔录》中写到，1753 年他与他的情妇、情妇的女房东，以及情妇女房东的朋友在圣日耳曼森林中漫步之时，心中思考的正是这个简单的问题，这也是《论人类不平等的起源》的意图。"我在森林的深处徘徊，试图寻找并发现原始时代的景象，我在[《论人类不平等的起源》中]深究这些时代的历史。我驳斥了人类不值一提的谎言；我敢于赤裸裸地展现人类的本性；沿着时间的脚步，追溯扭曲人性的事物；通过比较自我造就的人与自然造就的人，我向人展示了痛苦的真正来源就在他伪装的完善之中。”

　　人的扭曲与痛苦都源于文明社会。在《论人类不平等的起源》中，卢梭以一种确切无疑的思考方式，追溯了文明社会迄今为止经历的四个阶段。在第一个阶段，人，根据本质的人性具有自我保存和同情的能力，但他并没有超过身体需求的欲望。“他在万事万物中唯一认识到的好东西（goods）就是食物、女人与睡眠；他感受到的唯一的恶就是痛和饿。”第二个阶段是一个漫长的阶段，其间，人与人之间与生俱来的生理差异开始发生自然的不平等，人口的增长以及随之而来的人与人之间简单接触的增多加剧了不平等。“他与各式的存在物反复发生各种关系，持续不断，这必然使人的思维产生关于人与各种存在物之间特定关系的知觉。我们是用大、小、强、弱、快、害怕、勇敢等类似词汇来表示这些关系，而自然人几乎完全是根据需要进行相互比较，这些关系最终能在他的思维中产生一种反思或者说机械的谨慎，后者能告诉他什么是安全最必要的预警措施。”在这个阶段，人学着进行比较，这产生了语言；他们也学着在狩猎中进行合作，家族的避险地就是第一份财产。“第一个人划了一片地方，想到说‘这是我的’，他发现人们幼稚之极，以至于相信了他，他就是文明社会的真正创立者。”随着家庭群体成为最初政治结构的基础与举行正式仪式的地方，第三个阶段就逐渐从中产生了。社会组织的组织化程度日益明显。第四个阶段的标志是农业和冶金业的引入。这场“伟大革命”是当前这种真正罪恶状态的先导。“从一个人开始需要他人的帮助开始；从一个人只要有足够的农业和冶金的储备就有优势开始，平等就消失了，产生了财产，工作变得不可或缺了，广袤的森林变成了微笑的田野，人们不得不用脸颊的汗水灌溉这些田野，奴役和痛苦与人类群体一起在田野里落地生根，滋生蔓延。”

23

　　人们经常说，卢梭的道德很简单：历史越遥远的社会，道德就越好。也有人认为，卢梭美化了“自然状态”。但卢梭清楚说过，道德判断的能力本身是社会的一种功能，是接触、比较与评价等整个过程的功能，它形成于第二和第三阶段，并在第四阶段的经济发展中得到了加强，如果说卢梭更喜欢哪个阶段的话，那就是第三阶段，这个阶段也有恶，但"在我们原始状态的惰性和我们自我主义的狂躁状况之间，它保持了一种中道状态，所以一定是最幸福、最稳定的阶段"。矛盾是显而易见的，就原理而言，卢梭认为，唯有抽象的、非社会的个体具有纯粹的德性，就实践而言，卢梭认为，具有一定组织程度的第三阶段最接近德性，其实这是理解卢梭理论的核心悖论的线索，它既区分了卢梭和哲人，也区分了卢梭与其他一些人，前者认为自然、善和社会并没有必然不相容的地方，后者则在原始社会中发现了绝对的完美和未被玷污的善，并主张谴责现代社会，用德莱顿①的话说，"无辜的人们，时光在舞蹈中悄然流逝，与丛林一样生机勃勃，与大地一样欢乐"。

　　卢梭的悖论是，虽然是社会产生了不平等、依赖和压制，但也只有社会能够消除这些最大的恶。后来卢梭又指出，这是贯穿他所有作品的"一个原则"。逻辑很简单。正是自然人构建的社会关系促使他进行比较，由此形成了道德观念。在有社会关系之前，他根本没有感受到恶。当然，他也没有感受到善。在自然状态中，自然人只受到同情和自我保存的倾向的推动，而不是道德观念。因此他若想除恶扬善，就必须有道德感，所以就必须借助社会，因为只有继续生活在社会中，他才能保持道德感。但迄今为止，社会都是根据私有财产与不平等的原则组织的，这保证了罪恶的延续，所以不可能除恶扬善，这一点也很明了。

　　正是卢梭本人关于这个困境的解决办法引发了诸多争论。原则上说，他的办法很清楚。卢梭在《爱弥尔》中写道："只要是有感觉和智力的地方，就会有某种道德秩序。差别在于好人把自己纳入总体，而坏人把总体纳入他自己。坏人是让自己成为一切事物的中心，好人则考察自己的界限，把自己安放入周遭环境之中。"问题是，作为一个个体，我如何生活在社会中，又保持我个人的完整

---

① 德莱顿（John Dryden, 1631－1700），英国著名诗人，第一位"桂冠诗人"，著有《奥利弗·克伦威之死》等诗歌。——译注

和自由呢？卢梭的答案是，传统的个性观念不可能与社会生活相协调，必须改变这些观念。在《社会契约论》中，卢梭以闻名遐迩的政治方式给出了答案。卢梭从 1756 年开始就在思考解决的办法，他相信，正如他后来在《忏悔录》中所写，"所有事情的根源都在政治，不论进行什么尝试，唯有政府为人民塑造的自然本性是最好的。"在这个信念中，卢梭显示了他关于政治的传统观点：政治是超越家庭领域的，它与公民社会（civil society）是同一的。事实上，卢梭曾经想把书名最终定为《社会契约论，关于公民社会》。因此，如果答案在政治之中，问题一定是："最有能力造就最好人民的政府是什么样子的，这里的'最好'是无与伦比的意思？就其本性而言，什么样的政府能永久保持最接近法的状态？最后，法是什么？"卢梭一直坚信确实存在某种法则（law），他比孟德斯鸠更坚信这一点。从这个角度说，卢梭与古代传统是一致的。

　　有一种传统的论断认为，法必须基于人的自然本性，卢梭也同意。契约理论家们曾假定，存在一种本质的、不可违反的人之自然本性，它独立于人们所处的社会关系。他们认为，为了调整这些社会关系，人们相互之间必须缔结契约创造一个国家，国家则以秩序的名义在个性表达和拒绝个性之间保持平衡。卢梭也同意这一点。卢梭也假设一种独立于社会、先于社会的人性。但在卢梭看来，被传统理论家视为是人性基本要素的那些特征，其实是社会的产物。其实，正是社会发展的特定方式产生了孤立个人（separate）的概念，他的利益必然与其他孤立个人的利益不一致。在改变社会和政治关系的同时，人们也就改变了孤立个人的概念，因此正确的理论和最好的政府不是改变某一个因素，而是同时改变社会与个人。维护普遍与恒定的个人主义的错误见解，就等于让邪恶长存，就等于保持整体围绕个人而非个人围绕整体的秩序。孟德斯鸠也曾看到了传统理论的错误，但卢梭与孟德斯鸠不同，他并不认为人性会随着地方差异而变化万千。他对社会之间的差异不太在意。对卢梭来说，一切社会都曾经历，而且仍然要进入相同的过程。

25

　　为了改变这一进程，新的契约必须使"每个缔结契约的人完全异化，把他的一切权利（他已经习惯视这些权利为己物）都交给整个共同体"。每个人都完全交出了他自己，每个人"在向所有人交出自己的同时，并没有交付给任何他人"。为此，传统的众意（volonté detus），即个人意志的叠加，必须为了公意（volonté générale）而被抛弃。在其核心观点的末尾，卢梭总结道，"让我们用比较容易测算的方式来总结全部的收支表吧。人们在社会契约中失去的，是他的自然自由及其对一切事物的无限权利，这些事物是他试图获得并且可以获得的。通过社会契约，他所得到的是，公民自由及其占有的全部东西的所有权。为了在权衡得失时避免错误，我们必须清楚区分自然自由和公民自由，自然自由只受到个人体力的限制，而公民自由则是受制于公意；占有，只不过是强力的结果或者是首占者的权利，而唯有基于实定名分的东西才是财产"。卢梭还说道，不要忘记，人让自己服从于公意时，他也获得了道德自由，"只有道德自由才能让他真正成为自己的主人"，并丧失原来的自然自由，后者只是"身体欲望的冲动"，是一种奴隶状态。个性的最高形式也是社会的最高形式，其中个人充分超越他的动物状态，由此成为"万物的伟大主人"。

　　不难理解为什么人们会从各种不同角度来解释卢梭的理论。卢梭既赞成遵从理性法则，又说它与关于正当的直觉是一致的。卢梭宣称，他已经解释了如何完善个性，又说为此每个个人必须把自己完全异化于共同体。但卢梭所做的事情是改造传统论断的中心问题，即个人与社会，这一点毫无疑问。从自然的角度说，个人是截然不同的；从社会的角度说，个人并不是完全不同。仅仅重组传统要素是不够的。人们必须重新定义这些要素。借用更古老的定义与卢梭进行争论，可能很有效，但若用这些定义来理解卢梭的意思，那必然导致误解。

　　批评者说，卢梭本人认定惟有科西嘉有希望实现他的理想，这是一个关于卢梭批评者的老笑话。如今这个笑话又重现了。卢梭在《忏悔录》中解释了 1756 年他是怎样想到要解决《二论》提出的困境,就必须要采取政治的办法,但就在同一段落中,卢梭继续承认,他后来又觉得,政治的解决办法也是无望的,坦言自己的作品一直都在阐述"一个原理",即,社会同时是人类邪恶的唯一原因与唯一的治疗方法,这些作品包含的可能"更多是一种禁欲的道德,而非行动的道德"。卢梭已经退回到了一个精神孤立的唯我主义的宇宙之中。卢梭发现,良知的指令难以实现。这一困难表现在好几个层面上。卢梭本人感到力不从心、痛苦与失望,不能走完个人事业的最后一段路程。卢梭所生活的社会期盼充分的自然自由,对它的到来欢呼雀跃,而对与自然自由相对立的新自由无动于衷。此外,卢梭缺乏概念工具来清晰阐述他的意思,尽管卢梭不承认这一点(或许他没有意识到)。自然与理性、自由与法、个人与国家,人们之所以发明这些耳熟能详的术语,正是为了提出卢梭曾经驳斥的那些解决方案。卢梭能做的事情就是大声疾呼,在他以前的朋友[①]看来,比如狄德罗(Diderot),以及很多后来的评论家看来,这一举动进一步证实了卢梭心智混乱、妄自尊大、偏执狂,甚至是　27
精神错乱。

　　无论如何,孟德斯鸠,还有同时期缺乏原创性与洞察力的法国人与苏格兰人,他们曾经语焉不详的东西,在经过卢梭之后,就更加清楚明确了,纵使卢梭本人不清楚。善的就是自然的、自然的就是理性的、理性的就是善的,这些我们耳熟能详的自证等式,不能解释人在万物图示中的位置,它要么把人类置于兽群之中,因而剥夺了人的理性,要么让人与上帝亲近,这样人又远离了自然。这些等式似乎意味着一个悖谬的论题:人同时是社会的创造物与创造者。

---

① 之所以说以前,是因为卢梭后来与狄德罗绝交。——译注

第二章　心智决定的历史

康德是同时代十分认真对待卢梭的人。与卢梭一样,康德认识到"人真正需要的科学,正是我所教导的科学,是关于在造物之中,人如何正确占据指派给人的位置,以及为了成其所是,人如何懂得自己的必然归宿";康德认为,正是卢梭,只有卢梭这位"人世的牛顿",为这门科学奠定了基础。卢梭已经向我们说明,其他人认为的各种人性常态,很大程度上都是社会的产物,《论人类不平等的起源》最明确地说明了这一点。然而,在《爱弥尔》和《社会契约论》中,卢梭指出,无论如何,人确有一种神圣的道德感,如果他能运用它,让自己在社会的历练中出淤泥而不染,那他就能认识正确的法则。正是卢梭的这第二个论断给康德留下了深刻的印象。康德试图给这个论断确立一个更坚实的基础,他的成就确实实现了这一点。可是,在论证神圣道德感的过程中,康德完全从卢梭的第一个论断中自我解放了,其结果是一个更大的困境。启蒙的信念是人在很大程度上是社会的产物,可是人们却发现启蒙为这一信念所作的辩护,是基于一种认识论的混乱。既然如此,这一信念有什么意义?我们能否用另一种方式为之辩护?它能否给康德的伦理学注入实质的道德内容?

在 18 世纪的苏格兰,已经有人提出这些问题了,问题的答案从本质上规定了后来称之为"社会学"的事业。其中一组答案来自大卫·休谟,尽管他的答案与卢梭大相径庭,却吸引了康德,但康德对休谟答案的喜爱与不满程度差不多。在 18 世纪后半叶的苏格

兰,人们为何这般热衷于思考道德与政治问题,这必然与苏格兰社
会的特征有一定的关系,但对此我们依然不甚清楚。较之英格兰
或法国,苏格兰要异常得多。18世纪初的统一运动①使苏格兰处
于英国议会的管辖之下,但在某些方面,苏格兰的体制仍独具特
色。苏格兰的法律仍是罗马法,而英格兰不是。直到最近,苏格兰
高地本质上还是封建制,而高度资本主义化的农场经营方式早就
开始改变英格兰的乡村社会结构了,而且在此之前,乡村的社会结
构就已经面目全非。苏格兰的大学是活跃的知识中心,它们受到
了加尔文主义的自由和独立精神的鼓舞,而英格兰的大学依然故
步自封,蛰伏沉睡。不过,苏格兰低地与英格兰的一些地方比较相
似,也成了活跃的工商业中心。内外的对比必然大大刺激了苏格
兰人,他们试图理解周遭如此剧烈但不平衡的社会发展。可以肯
定,这会促使他们去讨论法国人几乎全然无视的事情,即,工商业
活动的道德及其相互之间的关系。尽管苏格兰人的假设与孟德斯
鸠类似,但他们更直接地关注了工商业活动,这一事实促使苏格兰
人提出了孟德斯鸠未曾提出的问题。

　　可是,苏格兰人的问题也不尽相同。弗格森②和亚当·斯密讨
论了劳动分工的过去形式与现在形式的问题,米勒③讨论了社会的
"等级"(Rank)④的起源与本性问题。其他人则关注语言或法律。
尽管如此,他们都提出了相似的假设。苏格兰人认为,我们绝不能
把社会解释为某种特定契约的结果,相反,用斯图沃特(Stewart)的
话说,社会作为一种现象有一部"自然的或理论的历史"。人的自

---

① 苏格兰于1707年正式并入英国。——译注

② 亚当·弗格森(Adam Ferguson,1723-1816),苏格兰启蒙运动的代表人物,是苏
　格兰启蒙运动主要思想家中唯一与苏格兰高地有渊源的人,著有《道德哲学原
　理》《市民社会史》等。——译注

③ 约翰·米勒(John Millar,1735-1801),英国哲学家,苏格兰启蒙运动的重要人
　物,著有《论社会中的等级区分》(Observations concerning the Distinction of Ranks
　in Society)等。——译注

④ rank和estate都译成"等级",但前者强调后天获得,后者强调既定的血统出
　身。——译注

然本性处处都相同，但表现却并非如此，弗格森解释说，因为"各种各样的因素和环境条件，人类形式无限多样，例如，各个社会的人数、共同体行动的指南、共同体追求的目标等各不相同"。这一观点一直被人们视为"无可辩驳、合乎逻辑的箴言"。斯图沃特指出，所有苏格兰人都承认，这一观点在当时的影响力全拜《论法的精神》一书所赐，该书的英译本出版于 1750 年。与孟德斯鸠一样，苏格兰人认为，研究当前的环境和条件就能揭示出合适的道德和正确的法律。但与孟德斯鸠不同，苏格兰人是更彻底的经验主义者。他们把自己相信的东西追溯为某种"心理"（mental）科学和"道德"科学的联合。心理科学能提出关于人性的正确理论，而道德科学能提出行动的纲领。节点在于经验对人产生的影响力。我们的身体有产生激情和欲望的潜能，有产生各种需要的倾向，这些都是本能，但经验为它们注入了内容。因而，不同类型的社会就产生了不同的激情与不同的需要、不同的同情和不同的效用。当然，这里已经有较强的保守主义色彩了。我们可以认为，这一观点意味着，既然是某一个社会创造了我们的需要和欲望，那就只有这个社会才可能最好地满足这些需要与欲望。不过，苏格兰人的保守主义是不彻底的，因为与孟德斯鸠相比，休谟和其他人更清楚地意识到，社会一旦发生变迁（至于如何发生，他们从未说明），就会创造出新的欲望。对某些人来说，例如弗格森和斯密，私有财产和劳动分工的发展是其中最重要的变迁。它们刺激了个人主义的倾向，抑制了真正的社会倾向，在这一点上，弗格森以赞同的态度引用了卢梭的观点。正因为如此，这些变化促进了自由，却导致压制、依赖和不平等取代了合作。休谟写道："自由是市民社会的完美状态，但是……权威必须得到承认，这对市民社会至关重要。"因此，"新人应该让自己遵守既有的体制，几乎是沿着他们先辈为他们指明的道路亦步亦趋。"于是，保守主义就以自然主义律令的面目重现，这值得我们注意。社会变迁如果过快，就不能与人的需要与欲望的进步相协调。快速的变迁催生了人们对自由的激情并满足了它，但却阻碍了更多既有需要的满足，尤为重要的是，它阻碍了社会合作需要的满足,后者是根植于家庭等"要素形式"之中的。

　　然而,这种自然主义在两个层面上令人不满。它既没有提出关于"自然史"变迁前后一致的解释,也使得自由概念陷入困境。第一层不满比较清楚,第二层可能不那么清楚。自由的困境来自一个悖论,即,共同经验产生共同的欲望,但是人们在新兴的劳动分工中拥有财产或地位这一特殊的共同经验,导致了个别的欲望,后者的满足可能有损于社会团结的建立和维持。大体而言,为了解决这个困境,苏格兰人要么诉诸一种非自然主义的伦理观点,这样就破坏了他们建立统一的"道德"科学与"心理"科学的计划,或者求助于亚当·斯密"看不见的手"之类的策略,这个内心的监管者在一定程度上平衡了离心的趋势,由此确保了和谐与秩序。于是,"关于市民社会的自然主义解释,与关于个人主义的现实重要性与道德困境的逐步认识"之间的紧张再一次显现出来。当时的法国也面临相同的问题。法国和德国通过重新规定个人之于社会的地位,化解了其中的紧张,尽管它们的方式截然不同。可是苏格兰以及后来的英格兰却没能化解这一紧张。在苏格兰和英格兰,人们在两种水火不容的观点之间摇摆不定。其一是利益的历史确定性与利益的最终结果无关。其二是人们想要的结果,也就是每个人最大的好(good)和所有人最大的好,完全取决于对历史决定论的力量及其必然性的认识。第一个观点后来被定义为功利主义,第二个则不那么准确地称为善意的演进(beneficent evolution)。不论是哪种观点,苏格兰人都丢掉了18世纪历史学的洞察力,如果有人喜欢的话,也可以称之为社会学的洞察力。

　　休谟在其哲学著作(他曾抱怨,因出版社的缘故他的书没能出版)中十分怀疑当时约定俗成的哲学观点,其实一开始休谟也同意其中某些观点。正是休谟的怀疑主义,加上卢梭不严谨的洞察力,促成了哲学的发展,后者既保留了卢梭的洞察力,也能让休谟走出绝境。正是休谟本人把经验哲学引入了死胡同。这种哲学就是康德的哲学,按照康德本人的论证结果,他的哲学很大程度上是要回答今天我们称之为严肃的认识论与伦理学问题,尽管事实上康德在德国的第一门课程是人类学。1791年，康德自己总结了自视为精华的观点，这时距离他去世还有十三年。他写道："我作为我自己意识到我自己。""这一思想包含了两个层面的'我'(I)，一个是主体，一个是客体。我们的力量根本无法解释，我(I)，这个思考的主体，是如何成为我自己的知觉客体的，以及如何能进行自我区分。尽管如此，这却是一个不容置疑的事实。这个事实表明一种超越一切形象知觉的能力，它是知性的基础。这种能力标志着人与所有动物的彻底分离，因为我们没有理由认为，动物也有自己言说'我'(I)的能力。这开辟了概念进行无限自我创造的前景。但是我们并没有据此假定一种双重人格：只有思考和知觉的我(I)才是人(person)。作为一个客体的我(I)，也就是那个被知觉的我，只是一个物，如同所有外在于我(me)的物一样。"康德非常明确地把他的哲学灵感归之于休谟和卢梭，正是休谟把康德从他所谓的"教条睡梦"中唤醒。

休谟坚信自己的观点。他在《人性论》中写道："要解释我们心理行动的终极原因是不可能的。""倘若我们能根据经验和类比，对人的心理行动做出令人满意的解释，这就足够了。"这就是休谟试图给出的解释。休谟据此反对当时的形而上学玄思，认为后者已经朽坏不堪，他以一项原则作为自己解释的基础，即，"我们所有的观念都源于印象的复制"。在休谟看来，"心理行动"最直接的原因是经验向一个被动的知性存在物(intellect)施压造成印象，以及多组这类印象，通过联合与类比，提供给这个知性存在物。人如何知道某个事物的哲学问题，与人如何相信某件事情的心理学问题，二者的过程类似。康德深受休谟理论的影响。他也认为，当时的形而上学已经朽坏不堪，并热切希望能维护新兴科学思维的地位，康德希望其他人也仰慕科学思维。同样，休谟的论证也很吸引康德。康德认为，休谟已经就"世界如何可能"的抽象命题进行了最严肃的思考，它们是"纯粹理性的真正问题"，既不是纯粹的分析，也不是简单的综合。然而，康德对休谟的结论并不满意，尤其是休谟关于因果律的讨论。休谟认为，一切把积累的经验扩展为原理的做法都是幻觉，它是老式信念的一次无理跳跃，只不过是蒙昧主义自视为"理性"罢了。相反，康德认为，"我的一切表象（representation）在任何给定的直观（*Anschauung*）中都必然受制于一个条件，唯有这个条件能让我联结我的所有表象，就如联接表象与同一自我，进而，通过我认为（I think）这样的普遍表述，把所有表象综合纳入到一个统觉（apperception）之中。"因此，纵使康德与休谟一样，也怀疑发现"我们心理活动的终极因"的可能性，但他还是认为，休谟关于何谓心理行动的解释太极端了。为了理解自己的思维实际发生了什么，以及那些受人景仰的数学家和物理学家的思维实际发生了什么，我们有必要假定康德所谓的"先验综合"（synthetic a priori），一组命题之所以是综合，是因为它们的否定不是一种矛盾，之所以是先验，是因为它们并不直接来自感官世界的印象。康德认为，"客体通过感觉呈现给我们，只有感觉能给我们提供知觉（*perceptions*）；通过理解，我们思考客体，而概念（*concepts*）就源自理解"。一切思考都预设了用于思考的概念，如空间、时间、因果关系等等。没有先验综合，我们的感观印象仍停留于感官印象，我们根本不能把它们组成命题。

　　这一论点让康德对自己后期哲学的描述更清晰了。概念的库存就是这个"思维的主体"、"知性的基础"、作为主体的这个"我"（I）。正是卢梭引导康德去更明确地把握关于这个"我"（I）的本性。康德对这个思维主体的起源及其本性的已有解释感到不满，这与他对休谟关于经验命题的起源及本性的解释不满一样。康德写道，"柏拉图用'神圣存在'这个古老概念作为原理的源泉和纯粹的理解概念，而［笛卡尔］则采用了至今仍十分流行的'上帝'概念……但是用某个救星（*Dues ex machine*）①来确定我们知识的起源和有效性，这是我们能够做出的最荒谬的选择；而且，根据这个救星产生的推理次序蕴含着邪恶的循环论证，更糟糕的是，各种虚假虔诚、忧郁沉思的突发奇想都来自这些循环论证。"邪恶的循环

_____

① 原意是希腊神话中的解围之神，此处为引申义。——译注

是显而易见的。我们的观念是由上帝植入的。我们的观念足以理解自然。因此自然反映了上帝的意志。要理解自然，我根本不必要研究自然。我只要反省并发现上帝的命令就可以了。这为那些虚假虔诚的突发奇想大开方便之门。然而，既然康德认为所有自然主义的解释都预设了思维主体，那他自己的知识哲学也就不能以一种自然主义的方式来解释思维的主体。康德的答案是，在道德领域中，犹如在概念形成过程中一样，人都独立于上帝和自然。康德认为，正是卢梭发现了这个简单的观点，这个"我们时代的伟大发现"。

康德在卢梭的理论中注意到了卢梭的一以贯之，尽管卢梭的一贯性并不是完全清晰，而且显然也不是以一种确定的方式构建的，然而，卢梭一直强调人在道德上具有自我引导的潜能（康德后来称之为自主），强调人独立于上帝、独立于社会、独立于自然，强调人行动的能力而不是被支配的能力，强调人作为至高无上的自由能动者的本质，当这个自由能动者摆脱了依赖和压制之后，就能够凭借他的理性知道他的道德义务是什么。康德指出，人的道德义务正是在无条件的或绝对命令之中，在指导行动的命令之中，我们可以认为这些命令无条件适用于所有人，而这正是卢梭语焉不详的地方。如果认为绝对命令是普遍适用的，那它们就应该是理性的，前后一贯，因此它们应当遵从某种法，康德曾认为是一种自然法，但无疑是我们自身自然的法。我们的道德是我们的义务，而我们的义务就在于遵守我们自己创造的理性法。卢梭曾在一篇关于政治经济学的论文中问道："没有上位者发号施令，人们也遵从，没有主人，他们也提供服务，当每个人在一种外在强制的作用下，仅仅放弃了能伤害他人的那一部分自由，他们所有人都更加自由，这如何可能？这些奇迹是法的杰作。正义和自由只能归功于法；正是这个所有人意志的有益器官，使人与人之间的自然平等具有强制性；正是这种天堂之音指引每个公民认识到公共理性，教导他依据自己的判断的命令行事，不自相矛盾。"这种答案是康德主义的。他们之间的相似性显而易见。

当然，较之卢梭的思路，康德的思路要精确得多，也正因为如

此,它的缺陷也更清晰。其中之一是,在规定一个道德命令必须满
足的条件之时,道德命令只是规定了不能接受的条件。道德命令
并未指出我们要实现的目标。第二个缺陷与第一个相关,康德的
伦理学是寄生性的。它为各种命令提供了一种检验,但并不产生
命令。类似的批评也适用于卢梭。法的必要条件是清楚的,但法
的内容是什么呢? 对一般意义上的市民社会的道德困境来说,这
依然是一个抽象的解决办法。尽管如此,康德确实曾提供了一套
关于个人的概念的清楚解释与合乎逻辑的辩护。康德笔下的个
人,一部分是自然的并取决于自然,同时且更重要的是,另一部分
是自由的,独立于上帝、自然与社会。通过区分个人概念与关于人
在现实社会中的现实关系的一切问题,康德精确地解决了个人概
念的问题,尽管他确实曾暗示,普遍理性法则的先决条件是人作为
文明存在(civilised being),作为市民(Bourgeois man),他的私人物
品让他成为自主的人。

　　因此,康德学识的力量也正是他的社会性弱点。康德创立了诸
多范畴为他的个人主义辩护,而德意志继承康德思想的哲学家们
则试图在这些范畴之内超越康德严苛的个人主义。这些哲学家为
什么要这么做呢? 他们为什么不完全抛弃康德的思想呢? 德意志
在世纪之交的状况可以给我们部分答案。德意志在很大程度上是
个新教国家,但德国并非如此。当然,英格兰也是一个新教国家,
一个人在精神事务上是自己的权威,这是新教信念的知性激进发
展的结果。但英格兰有两大因素限制了它的发展,并努力促进人
们的团结。其中之一是,经验主义气质在英国知性生活中占有主
导地位。另一个因素是英国的政治统一,而且经历了快速、激烈的
社会变迁。经验主义的论证确保了理智的一致性,同时它的方法
也力图确保个人的独立性。人们认为,每个人通过他的感觉都能
独立形成关于自然的印象和观念,但既然自然对每个人来说都是
一样的,那么所有人都会形成同样的印象。正如上文所言,英国18
世纪的政治统一使得英国的思想家从社会的基础问题转向了更实

际的问题。此外，政治统一还促使人们明白，不论人在某一方面如何独立，他们在另一些方面是日益相互依赖的，与此同时，整个 18 世纪英格兰市镇和乡村日新月异的变化强化了这一观点。人与人日益相互依赖这一观点，几乎是古典政治经济学理论心照不宣的假设。主张其他观点显然不切实际。但在德国并非如此。德国既没有经验主义的传统，没有政治的统一，更没有巨大的社会变迁。德国为何没有经验主义的传统，这仍然是个谜，或许与一些实际情况有关，这个国家四分五裂，古老的社会结构随处可见，但几乎看不到贸易和商业，而且知识分子阶层各自为政，几乎老死不相往来，思想家很少遇到实际问题。尽管如此，德国还是有关于通过经验获得统一知识的可能性的思想，这一点我们不能否认。德国也有自己的一些认同感。在 18 世纪后半叶，德国分裂为 300 多个政治实体，王国、公国、君主—主教辖区、自由城市以及一些不清不楚的领地，其中多数实体的治理，即便按照当时的标准都很糟糕，它们是一池封建的死水。"德意志，它在哪？"歌德和席勒在 1796 年如是问，"我的地图上找不到它。政治德意志终结的地方，是真正的德意志开始的地方。"当时甚至宫廷的文化都是法国式的，唯一共同的因素就是德语。那里几乎没有什么社会变迁，这不足为奇。我们在德意志找不到那些改变法国和英格兰的力量。德意志有关于销售和土地占有的严格法律限制，其权限为古老的等级会议（Stände）所把持。几乎没有什么贸易。没有任何资本从海外殖民地流入德意志。

因此，德国的新教没遇到任何阻碍。它的神学原则把人从自然中解放了。康德把新教的神学原则世俗化了，因而也把人从上帝和社会中解放了。热情但粗略地说，康德已经宣告了观念的至尊力量。正如康德自己所说，他开辟了"概念进行无限自我创造的前37 景"。但这确实是一种拙劣的解释，康德也会毫不犹豫地这么认为。康德主张经验与理性同样都是本质，而这一解释忽视了康德为此所作的细致努力，因此也忽视了一个事实：康德并不想放弃科学思维而是想维护它。很难用言语形容康德哲学在德意志的解放力量,因为德意志唯一可以紧握的就是德意志的观念,德意志的作家们已经开始赞颂精神和想象力高于其他一切能力。席勒在1797年的一首诗的手稿中写道,"抛开政治,德意志已找到了它本身的价值,纵使帝国灰飞烟灭,德意志的尊严也屹立不倒。德意志是一种伦理的伟大,它蕴涵在这个民族的文化和品性之中,独立于任何政治命运"。人已经从造物变成了创造物。一方面,德意志什么都不是,另一方面,德意志就是一切。

这场杰出艺术和理智创造运动,根据施莱格尔[①]当时所作的定义,通常称之为浪漫主义,但浪漫主义本来就很难说清楚。浪漫主义假定的精神和理智自由产生了一系列的观念,这些观念蔑视一种清晰综合的解释。作为一种信念,或许可以用两个命题最能描述浪漫主义:其一,正如时人所言,"我们生活在自己创造的世界之中";其二,创造的原理丰富多彩,具有无限的多样性。即便如此,人们也必须立刻证明一点,因为诗人、小说家、音乐家、画家,乃至哲学家和政治理论家都坚信,丰富多彩之中蕴涵着统一,但到底是想象力的统一、感觉的统一,还是理论和实践在社会中的统一,人们总是争论不休,莫衷一是。

康德的体系主张,人具有不可化约的社会性,赫尔德(Herder)是第一个为之辩护并试图解决康德伦理学困境的人。赫尔德曾是康德在哥尼斯堡(Königsberg)[②]的一个学生,他坚信自己是在拓展老师的哲学。赫尔德的拓展符合浪漫主义的两条原理,并受到了个人游历的启发。赫尔德去了法国,他认为法国已经病入膏肓了,他还去了德意志的几个公国,也很让他失望。在赫尔德看来,不论是自上而下的政治改革,还是通过国家重组现存社会的秩序来推进政治改革,都毫无可能。相反,赫尔德形成了一个信念,他认为

38

---

① 奥古斯特·威廉·施莱格尔(A. W. Schlegel, 1767 - 1845),浪漫派领袖之一,与弟弟弗里德里希·施莱格尔并称为施莱格尔兄弟。——译注
② 哥尼斯堡是当时东普鲁士的首府,现为俄罗斯境内的加里宁格勒,康德在此地出生并终老。——译注

变革必定自下而上，来自内部，来自人民，来自人民实现他们心中的憧憬。赫尔德在若干本著作中都表达了他的观点，包括《关于人类历史哲学的思考》(*Ideas for a Philosophy of History of Mankind*)，这本书让康德感到不快，因为书中一些论点用了康德的名义。从某些方面来看，赫尔德 1770 年撰写的关于语言起源的获奖论文最能体现他的看法。[①] 这是赫尔德最有条理的一篇论文，其他国家的思想家也曾涉及语言起源问题，但都不能与德意志等量齐观。哈曼[②]在 1784 年写给赫尔德的一封信中说道，"要是我能与狄摩西尼[③]一样雄辩，我就只需一句话重复三遍：理性就是语言，是逻各斯(logos)。我要反复思考这精辟之语，直至耗尽生命"。赫尔德对此表示赞同。

在这篇论文中，赫尔德提出了四条"自然法则"。第一条是人"有语言的固有倾向"。赫尔德以康德主义的方式说道，"我们意识到的一切心智过程，都包涵了语言的使用，若不使用语言，心智过程根本无法想象"。不过，第二条自然法则借用了 18 世纪思想的陈词滥调。"人在本性上是群居的动物，生来就要生活在社会之中；因此对人来说，语言的发展既是自然的，也是必然的。"赫尔德细致区分了鸟类筑巢的"自然"本能和语言的"自然"发展。但语言的"自然"发展模糊了康德的区分，因为康德在《实用人类学》开篇就指出，"从生理学的角度来说，人类学描述了大自然要把人造成何种样子；从实践知识的角度来说，人类学讨论了一个自由行动的存在，能使他自己成为什么，应当成为什么"。赫尔德的第三条法

---

① 赫尔德《论语言的起源》(姚小平译)，商务印书馆，1998 年，此处译文参考中译本。——译注

② 约翰·格奥尔格·哈曼(Johann Georg Hamann, 1730 - 1788)，18 世纪后半叶德国最重要的基督教思想家之一，"狂飙突进运动"(Sturm und Drang)的导师，有"北方的魔术师"之称。他是赫尔德的老师，康德的好友，他倡导的非理性主义信仰理论与流行的启蒙哲学截然对立。赫尔德于 1764 年离开哥尼斯堡之后曾宣扬他的思想。——译注

③ 狄摩西尼(Demosthenes，公元前 384—前 322)，古希腊演说家、政治家、将军，他通过嘴含石子的方法根治了口吃，曾率领雅典人抵抗斯巴达和马其顿。——译注

则是"因为整个人类并不是一个单一同质的群体,所以他们并不操有同一种语言。因此,各种民族语言的形成是人类多样性的自然结果"。这似乎是完全抛弃了康德主义的图式,不过赫尔德在之后的第四条,也就是最后一条法则中指出,"从各方面看,人类都组成了一个进步的总体,他们有共同的起源,有一种普遍的秩序,因此所有的语言及其中的文化链条,都来自一个共同的源头"。这是赫尔德混乱的地方。他赞同启蒙的假定,认为人性是恒常不变的,认为理性的潜能是人性必不可少的东西,尽管人性因各地环境差异而表现得有所不同。此外,赫尔德还把康德的结论和他自己的看法加入其中,康德认为,理性是在某些基本范畴内运动,赫尔德则指出,这些范畴蕴涵在语言之中。接着,赫尔德又说语言是纷繁多样的,这是"人类多样性的自然结果"。这些法则承认语言是一种社会事实,由此把康德社会化了。在赫尔德提出这些法则之后,他本人的假定就迫使他主张普遍性的必要条件是一种普遍的语言,赫尔德称之为人的本质(Humanität)。然而,期望一种普遍的语言,这又是在强调人的统一性而不是多样性,强调一个"同一普遍秩序中的共同起源",而且不得不假定一个普遍的社会。赫尔德自然主义色彩太强了(虽然表面上是非自然主义的),以至于他根本无法抛弃前康德主义的假定,即,统一性产生于一个预定的过程而非意志(赫尔德假定了各种文化之间的联系机制)。而康德本人在一篇针对《关于人类历史哲学的思考》的愤怒书评中指出,不放弃这种假定就不可能认识到理性和意志的运用对实现康德主义普遍性的至关重要性。赫尔德则认为有可能。为了保持思想的一贯性,赫尔德要么为范畴和理性蕴涵在语言之中与语言的多样性这两个事实辩护并驳斥康德的哲学,要么主张尽管语言多种多样,但理性的范畴仍是普遍的。同时持有两种观点是矛盾的,因为前者意味着不同的理性,后者意味着共同的理性。

　　赫尔德的历史重要性很难有定论。一方面,正如多数现代评论家所言,赫尔德对唯心主义哲学的发展与卢梭政治困境的细致阐述都无建树。他的贡献是给唯心主义哲学带来了混乱,给卢梭的

39

政治难题注入了直觉。赫尔德没能解释清楚康德主义关于大自然与人的意志所要造就的人与人之间的差别，他也没能说明这一差别如何在市民社会的法则中得到解决。这是人们事后的结论，而且十分准确。但另一方面，赫尔德既是令人感兴趣的，也是重要的。他之所以令人感兴趣，完全是因为他非同寻常的天真。赫尔德以其天真阐释了其他德国人正在视之为难题的东西，同时他没有在自己的解决方案中把这个难题弄得模糊不清。赫尔德之所以重要，是因为他用实例说明了社会理论在过去两百多年中反复出现的一个现象。他对当时学术潮流反复追问人与自然的关系、人在社会中的位置的措辞十分敏锐。同时，他对社会实在、社会实在棘手的多样性、无可否认的坚韧性也一样敏锐，或许更敏锐。此外，他对社会问题不可能根据几条抽象原则得到解决这一事实也很敏锐。这样的人几乎总是二流的理论家和一流的观察家，常常意识不到他们自封的理论统一性与他们的实践感之间的紧张。

然而，赫尔德清晰地说明了德国唯心主义努力促成的一大重要变革（尽管不是竭尽全力）——一场关于历史的重要性的变革。至于启蒙是否是一场具有历史学思想的运动，乃至称之为一场运动是否明智，迄今都众说纷纭。一些人认为，既然哲学家们的理想是大自然（包括社会）各种要素的理性和谐，既然他们相信这一理想具有立即实践的可能性，那么这些哲学家就是非历史的。另一些人则认为，无论如何，这些哲学家发展了环境如何改变人的强烈意识，这种意识是历史学的。借用斯图沃特的话说，难道他们不是经常把他们力图实现的东西称为"自然的、理论的历史"吗？他们引用孟德斯鸠、卢梭与很多其他思想家来证明各自的观点。有人把具有明显历史学意味的历史学家，例如吉本①，从启蒙运动中分离出来，以证明第一种观点，或者把他们纳入启蒙运动以证明第二种观点。这里，我们可以说明一些显而易见的事情。18世纪的人，并

① 爱德华·吉本（Edward Gibbon，1737-1794），英国历史学家，著有《罗马帝国衰亡史》等。——译注

没有像我们今天这样研究历史,他们只是认为,人受制于身处其中的自然因素,而正是在探索人与自然的联系的过程中,他们考察了社会和人性在历史中的变化。这在赫尔德身上是很明显的。但在赫尔德的作品中,同样明显的是德国人对一个自明之理的改造:因为"我们生活在一个我们自己创造的世界中",所以我们创造了一系列前后相继的世界。我们不仅遭遇历史,我们也创造历史。

康德本人已经描绘了一个"关于普遍历史的观念",在这部普遍历史中,他认为迄今为止人类都是自然环境的产物,正是在现代文明化的进程中,人类走到了启蒙的边缘,唯有此时人类进入了一种状态,他们能够用自己的理性创建一个充分自由的法治国家。这一纲要不是关于理性历史的纲要。理性历史的纲要是后来者完成的。更确切地说,这是康德把他的哲学历史化的一种尝试。在哥尼斯堡授课时,他也曾以同样的方式把他的哲学"人类学化",其目的是为了指明自然在过去的力量与理性在未来的任务。康德的理论信念是理性意志能够创建理性的法则。但理性意志并不必然如此。康德认为,倘若人可以(在此意义上)成为理性的人,此时,也唯有在此时,历史才可以产生普遍法则。我们只能在这个意义上说康德的理论是一种目的论的观点。至于这一过程何时发生,乃至它是否会发生,康德的表述都十分谨慎。康德(或者说康德的哲学)对人认识到自身义务的能力没有信心。康德的历史哲学还只是他的伦理学的抽象世俗化,与卢梭类似的做法不同,他稳如磐石的伦理学给历史提供了一个更坚实的基础,因而也改变了时间在人世的力量。这一改变在赫尔德那里一目了然,赫尔德企图赋予它实质内容,却再次弄乱了自然和非自然、预定和自我决定之间的关系。

因此,到18世纪末,康德已经得意地创立了三条至关重要的信条:为了能有更稳固的基础,关于自然的科学要求先验综合的假定;理性的意志的运用可能产生一种普遍法则;历史是人运用理性的意志超越他的自然决定因素的过程。但在1798年的《四季女神》(*Die Horen*)上,席勒①,这位充满浪漫睿智和热情的核心人物,认为我们不应该从字面上理解康德。重要的是康德字里行间暗示的意思。席勒认为,这就是知识和感觉的超验统一性是人类理解力至高无上的境界,它可以整合历史。后来席勒写道,"每个民族在历史中都有她辉煌的时刻,但德意志的辉煌是人类全部历史的果实"。席勒诗性的任意激怒了康德,他在 1799 年 8 月发表了一份正式的决裂书,声言要与所有装作较之他本人更理解自己的人决裂。康德告诫说,"愿上帝让我们免受我们朋友的戕害,考虑到我们的敌人,我们要照顾好自己……[我的]批判哲学,因它不屈不挠地实现理性,不仅是在历史学意义上,也在道德实践的意义,所以必定感受到一种召唤:我的哲学并不暗含任何观点的变化,任何改进,或者任何其他形式的学说体系"。可是,费希特(Fichte)、谢林(Schelling)、黑格尔、马克思,还有许许多多已经为人遗忘的人们,却都预备了此类学说体系。其中,黑格尔和马克思的学说体系最是惊人,不仅是后来的几代人,甚至是他们的同时代人都惊叹不已。

黑格尔与席勒有同样的幻象。这源自他们对古典希腊的共同理解,黑格尔称古典希腊是"人类精神的天堂",具有"神秘的统一性"。这是关于一个社会的幻象,其中政治、艺术与宗教都自成一体,而且相互一致。根据黑格尔的描述,古典希腊是一个伦理(*Sittlichkeit*)和谐的世界,其中所有的习俗或者说伦常礼俗(*Sitten*)都融合入了一个前后一贯的完满总体,这是一种精神气质(*ethos*),希腊古典世界呈现的矛盾比之前或之后的所有世界都少,它呈现了矛盾调和的可能性的历史确定证据,较之康德对道德世界(*Moralität*)的理性道德自主者永远无法实现的命令,希腊古典世界更有实践的可能。赫尔德也是以同样的方式看待古典希腊,视之为理想与感官以完美和谐的方式实现和解的统一文

----

① 《四季女神》是席勒主编的一份杂志。——译注

化,它是现代德意志精神和灵魂的榜样。这一观点①几乎渗透了整个浪漫派,它与古典生活已知的形式主义形成了强烈的对比,后者早在一个世纪之前就已经成了法国人的榜样。1794年席勒向歌德力荐,"现实让我们丧失了想象力的要素,借助思想的力量,替换您想象力的要素,您就能在心中造就一个属于自己的希腊人"。

黑格尔也是一个颇具想象力的思想家。他在世纪之交最亲密的朋友是诗人荷尔德林(Hölderlin),从荷尔德林那里他获得了"确证的喜悦",直至荷尔德林发疯之后,他去了耶拿(Jena)。黑格尔第一本有分量的书是《精神现象学》,1806年他在耶拿完成了这本书,当时正值拿破仑向这座城市进军②,这本书的文风暗藏典故、捉摸不定、盘根错节,与所谓的康德式古板条理的文风泾渭分明。尽管如此,在这本书与后来的讲课中,黑格尔都清楚表明,一种新的伦理不可能在艺术中实现,因此他开始在学术上与个人交往上,与浪漫派艺术家们分道扬镳。黑格尔坚决认为,新伦理是哲学的任务,从最宽泛的意义上说,也是理性的任务,而且他的论证明显变得更严格。黑格尔视现象学为"过去精神的回忆,这是'绝对知识或绝对精神知道自己作为精神'的必然准备阶段"。回忆有两个方面:"作为在偶然形式出现的自由存在,[它]是历史;作为已经为人们所理解的组织,它是关于知识表象的科学",或者说现象学。这一观点贯穿了之后关于哲学史、历史哲学与美学的讲座,在所有这些讲座中,黑格尔都强调了两个至关重要的变革:希腊伦理的衰落和新教改革。

黑格尔说,古典希腊的和谐是一种"感受理性"(felt reason)。因此,它在艺术中再现自身是完全合适的。艺术"是直接的知识,因而是感觉的知识,是感性材料和客体自身的形式与实体的知识,

---

① 指的是关于古希腊的幻象的观点。——译注
② 黑格尔于耶拿大战(1806年10月13日)前夕完成《精神现象学》,该书的序言写于1807年1月。——译注

其中绝对（absolute）向知觉和感觉宣告自身"。对希腊人来说，"艺术是最高的形式，人们在艺术中想象诸神，给自己一种真理意识"。黑格尔在他的《美学》中指出，古希腊时代的抽象理念不是通过美学方式表达的。理念的表达是直截了当的。同样，"这种状态的独特性在于民风（mores）是它的实存形式，也就是说，思想无法与文化生活分离"。但因为"艺术本身有内在的限度，因而能超越进入更高的意识形式"，所以希腊的伦理分流了。于是，裂痕首现于希腊艺术，在悲剧中，这正是因为悲剧无解。索福克勒斯的安提戈涅①主导了这一阶段的现象学。但随后矛盾也开始出现在哲学中。"苏格拉底认为，人的行动的决定因素是洞察力和信念，由此规定了个人有能力做出一个终极的道德决断，乃至一个反对他的城邦和民风的道德决断。"雅典公民必须杀了苏格拉底，但他们这么做也等于是自戕。"感受理性"已经被超越了。黑格尔认为，超越性（transcendence）最初在古典哲学中形成，也正是在古典哲学中，统一性虚多于实。"希腊人和罗马人……根本不知道'人作为人生而自由、人是自由的'[这些]概念……虽然这些概念是他们的法律基础。他们的各部族知道得更少。诚然，他们知道一个雅典人、一个罗马人……是自由的，也知道有自由和不自由。正因如此，希腊人和罗马不知道人作为人是自由的——也就是说，人作为人，作为普

---

① 安提戈涅是希腊悲剧作家索福克勒斯三幕剧《安提戈涅》的主人公，俄狄浦斯王的女儿，忒拜城国王克瑞翁的外甥女。安提戈涅的兄弟普雷尼克犯了叛国罪。国王克瑞翁依据城邦的法令，禁止埋葬普雷尼克。安提戈涅挑战了城邦法令，按照当时的仪式安葬了她的兄弟。克瑞翁国王要她说明理由时，她说埋葬自己的兄弟，只是违反了克瑞翁的法律，而不是更高的、永恒不变的法律。克瑞翁从城邦的角度反对安提戈涅："你埋葬了一个兄弟，是否就在背弃另一个被他杀死的兄弟？"安提戈涅坚持爱的逻辑，试图用无条件的爱抗衡城邦法律的复仇："我的天性不喜欢跟着人恨，而喜欢跟着人爱。"克瑞翁严惩了安提戈涅。克瑞翁的儿子是安提戈涅的情人，站出来攻击克瑞翁，后自杀，克瑞翁的妻子听说儿子自杀，在责备克瑞翁后亦自杀。克瑞翁陷入了绝望的深渊。在这场战争中，没有一个人是胜利者。在西方，安提戈涅对城邦法律的控诉被称为"安提戈涅之怨"。——译注

遍的人,以这种思想来理解自己,以人自己来理解自己。"

　　此后,超越性传递进入了基督教。在基督教中,"上帝面前人人平等的教义产生了,为了基督徒的自由……基督已经解放并豁免了所有人"。黑格尔认为,基督教自身已经经历了三个历史阶段,"圣父王国、圣子王国和圣灵王国"。第一个阶段一直到查理曼大帝①,没有"任何重要的势力"。"这时,基督教世界自我呈现为基督教王国,其中教会和世俗世界仅仅是基督教王国的不同方面。"第二个阶段到查理五世②,其间各自为政的国家开始形成,"因而所有关系都变成了严格确定的私人权利,拒斥普遍意识",而教会则在灵性的普遍性和世俗的党派性之间摇摆不定。冲突、多变、混乱、动荡随处可见。第三个阶段是"从宗教改革至今",正是在此期间,基督教的自由真正复兴了。在新教中,"自由精神的原理……成为了世界的基础,理性普遍的自明之理从中演化而来"。黑格尔继续说道,"从新教改革以来,思想开始获得了真正属于自身的形态;各项原理都从中产生,它们即将成为国体的纲目。如今,理性开始有意识地引导政治生活。通俗的道德和传统的惯例失去了它们的效力。各式权利都必须证明它们的合法性是基于理性的原则。唯有此时,精神的自由才算实现了"。"新教已经引入了内向性的原则,[而]内向性与主体性的最深处就是思想。当人不思考时,他就不是自由的。"可是,新教的自由与浪漫派艺术的自由一样,都是幻觉,而且后者源于前者。新教自由在神圣的无限性中保留了"他性"的概念,而且"他性"概念与个人精神相矛盾。因而,在新教自由中,人只有在认识自身有限性的过程中才能明白无限性。对黑格尔来说,那是一个无法容忍的矛盾。另一方面,在浪漫派的

45

----

① 查理曼大帝(Charlemagne,742—814),世称 Charles the Great 或 Charles Ⅰ,768—814 为法兰克王,800—814 年加冕为西罗马帝国皇帝。——译注
② 查理五世(Charles Ⅴ,1500—1558),西班牙国王(1516—1556 年在位),神圣罗马帝国皇帝(1519—1556 年在位)。1555 年,皇帝查理五世被日耳曼诸侯联盟击败,签定《奥格斯堡和约》,这是新教决定性的胜利,此后在日耳曼境内实行"教随国定"。——译注

艺术中,自由个人获得了黑格尔所谓的"形式独立",也因此变得恣意妄为了。人以无数不同的方式重塑自己和外部环境,一切可能的统一性都"破碎了"。"因此,正是必然性(necessity)有能力创造统一性,必然性认为,实现全面把握真理的意识需要比艺术更高的形式。"通过这种非比寻常的哲学史、宗教史和美学史,黑格尔表达了他想要表达的意思。古希腊、新教和浪漫派艺术,它们都指向"绝对",但在试图理解绝对的过程中,它们相互矛盾。康德最终也陷入了自相矛盾。

黑格尔最初的著作最能代表黑格尔的思想,最先是《精神现象学》,其他讲稿都是后来在柏林形成的。1817 年,黑格尔在柏林大学执掌教席之时,他已经对《逻辑学》和《哲学科学全书纲要》的论断做了更正式的辩护。这也正是问题的关键与不足之处。黑格尔的辩护中有一部分是针对康德的。康德曾指出,我们永远不能认识事物的本质,即自在之物(things-in-themselves)①。只有当事物通过感观呈现给我们之时,只有当我们自己通过自身的理性构思和联结事物之时,我们才能认识事物。因此严格来说,我们的理性只是我们的理性,不是世界的理性。但是,黑格尔认为,康德的论断必然是说"理性不能认识那些合乎理性的事物"。我们的理性不能证明自身。它必然不能证明自己,因而不能证明自身是理性的。康德承认了这一点。相反,黑格尔试图证明不必承认这一点。他的论证极其复杂,但最终还是立足于一个关于事物本身的未经论证的断言,主张自在之物(things-in-themselves)也是自为之物(things-*for*-themselves)。黑格尔认为,物的王国,即他所谓的"确定存在"(determinate being)的王国,显然是由特殊性与分立性(separateness)组成的,用他的话说是"有限性"。同样,物的王国处于分散和自相矛盾的状态。它是没有条理的。但是,黑格尔继续说道,这种状态只是偶然的。相反,这个"确定存在"的世界之所以必然为真,正因为它就是必然的。物的王国本身是潜在有序的,因

46

---

① 或译:物自体。

而处处都变动不居。物的王国在变动不居中迈向非有限性、非矛盾性、无限性与理性的统一。所以,对世界的理性理解是对其理性的潜在统一性的理解,这种统一性没有矛盾,因而也是必然的。于是,与康德不同,理性在无限必然的"实在"世界中得到了证明。实在就是理性,理性就是实在。这就是"客观唯心主义"的真理,是主观理性的必然性和客观事实的必然性之间有必然联系的哲学真理。但这个真理是幻觉。我们没有根据认为,任何有限的事物都有可能被取消或改变,就必然是这样。若如此,也就不能进一步认为,物的世界是"真正的"非矛盾,注定要迈向无限和必然。如果物的世界不是注定迈向必然性,那我们的理性就不能在这个世界中得到证明。我们又回到了康德。

尽管如此,必然和解的承诺让黑格尔得到了一个至高的视角来看待一切过去和现在的"矛盾",这本身就有巨大的价值,与黑格尔关于必然的论断是否正确无关。后来者很难超越黑格尔历史学的洞见、力量和高度。但必然和解的承诺也促使黑格尔去解释哲学的和解如何落实到实在世界。他在《法哲学原理》(*Philosophy of Right*)中的政治理论的意图和主题就是把哲学和解落实到社会和政治事务。在《法哲学原理》中,还有大量散论与片断,黑格尔同意孟德斯鸠的观点。正如孟德斯鸠所言,我们应当认为法必然与"一个国家、一个时代的其他一切方面都有联系",他也同意卢梭的原则,即意志必须成为国家的原理。然而,即使按孟德斯鸠本人的话说,他也远没有解决法落实到现实的问题;而卢梭一直主张,国家的创建应该基于个人意志的结合,这是一种纯粹意志,它从市民社会的伦常习俗中脱离出来,因而具有潜在的破坏性,它实现了一种狭隘的、幻觉的、与其自身相矛盾的自由。黑格尔在亲历了法国大革命"恐怖与毛骨悚然的创伤"之后作如是论。

黑格尔自己的政治理论与他的哲学步调完全一致。他的市民社会概念是为这一历史而生的。康德曾描绘过市民社会(*Bürgerliche Gesellshaft*),在他看来,道德的"外部条件"就在市民社会之中。市民社会是个人组成的社会,他们都有塑造普遍法则47

的义务,这些法则会改变康德所谓的社会的"非社会的社会性"。康德特殊的二元主义意味着社会和国家的区别,但他没有充分讨论它们的区别。黑格尔则不然,这可能是国家与社会首次被明确区别。黑格尔承认,私有财产的必然性是毋庸置疑的。"一个人要成为一个发展充分、独立的有机体,他就必须要为了自由去寻找或创造某种外部领域。"占有可以实现这一目的,它使个人在社会中客观化。"财产的合理性并不在于满足各种需要,而是废除人格的纯粹主观性。正是通过财产,个人能主要作为理性而存在。""一千五百多年以来,在基督教的影响之下,个人自由欣欣向荣,作为一个普遍原理得到承认,至少人类的小部分人是如此。但所有权的自由作为原理得到承认却是最近的事情。这是一个例子……它可以说明精神迈向自我意识需要漫长的岁月。"黑格尔经常拿古希腊作比较。在古希腊,人也能得到自由地位,但自由地位的权利不是"普遍人格"的权利。进而,基于财产的"具体的个人作为一个特殊的个人,是其自身的目的,是需要的总体,也是自然必然性与独断意志的混合"。但在黑格尔那里,需要、自然必然性与独断意志,都不能成为绝对实现自身的充分基础。例如,独断意志的运用只能产生特定的契约,卢梭和康德都曾强调过,在特定的契约中,社会的总体性还是表现为他性(otherness),这与个人之间的契约相矛盾,因为契约是基于个人的独断意志。黑格尔认为,国家独立于个人之间的特定契约,甚至独立于假定的所有人之间的普遍契约,所以他继续写道,"国家是伦理(sittlich)观念的现实实在","国家的实质统一性是一种绝对,是不变的自在目的,自由在其中获得了至高无上的权利,反之,正如终极目的有至高的权利,个人的至高义务就是成为国家的成员"。国家是一个截然分立的王国。卢梭曾区分了自然和法,并预言国家要以法为基础,康德更明确了这一点。黑格尔认为,卢梭和康德的法并不是普遍的,因为它在实践中不能完成使命,就如它相应的哲学基础也不能在原理中完成一样,即,不能解决全部矛盾,无法消除"他性"或异化,因而不能在绝对中实现真正的普遍性。

　　然而,概念的统一是一回事,社会和政治的统一却是另一回事。黑格尔从市民社会到国家的机制更多的是基于信念,而不是政治实践。黑格尔认为,宪法不能人为制定,它必须源自社会中的人的意识。教育这些社会中的人很重要,但能做的也仅此而已。事实上,在早年一篇未完成的关于德国宪法的论文中,黑格尔承认,"如果德意志成为一个国家,我们必须记住,这绝不可能是反思的成果,只可能是强力,即便这与总体发展相一致,即便人们建立国家的要求迫切而明确"。妥协是显而易见的。黑格尔面对悖论迟疑了,在一个社会中,个人是通过私人所有权和财产的运用认识到自身的具体个别性,正是在这样一个社会中,个人又如何能基于自身,并期待那些相同的个人作为主体,把他们的分立性(separateness)纳入到"伦理观念的真实实在"之中,并在其中实现真正的自由? 黑格尔关于教育的论述有些天真,没什么洞见,而且这些论断实际上大大束缚了"自由"概念本身(他是受聘于普鲁士君主国的教授)。

　　若说黑格尔关于国家如何实现的讨论有些弱,那么关于国家存在之后的结构问题,他的论述还是相当清晰的。黑格尔认为,在以前的各个时代,尤其是希腊城邦时代,这个迄今为止最伟大的政治一统时代,伦理通过家庭制度得到表达,"这个实质总体照看着个人,既关注他的财富,也关注他的才能"。"但是,市民社会把个人从这一社会背景中拉扯出来,异化了家庭成员,并承认家庭成员是自主的人","因此个人成为了市民社会的产物"。黑格尔明确指称市民社会是"某种次属家庭"(second family),是个人和国家之间的必要中间阶段。等级群体(*Stände*)或者法人团体就是例证。然而,认为所有个人都应当平等加入这些法人团体的观点是"肤浅的想法",因为它忘记了如果国家存在,那么根据定义,每个代表将同时代表特殊和一般。国家本身在君主身上得到代表,法人团体是它的中介。"在一个完善的组织中,最终的正式决断就是所要求的一切;[对]一个君主来说,一个说'yes'的人,一个说'i(朕)'的人,就是所需要的一切。"有人认为,这似乎是为普鲁士君主国家正名,它

49

聘用了黑格尔，因此黑格尔是一个反动的极权主义者，他为了眼前的政治利益，离奇地背叛了自由与理性。可是，黑格尔明确规定了一些当时普鲁士并不完全符合的条件，何况在 19 世纪 20 年代，对一位有某种自由倾向的人来说，要认识到普鲁士尚未进入开化国家之列，也确实有些困难。英格兰有自由的制度，可英格兰的议员腐败成风，令人发指，各机构相互扯皮（黑格尔并不是亲历者，但他对英国上层阶级的描述是他写过的最有趣的书）。法国的独裁暴政复辟。俄罗斯是专制国家。美国的民主似乎是依赖奴隶制。黑格尔关于国家如何建立的论点是他的软肋，这是他过去也是现在为人所诟病的地方。

　　尽管如此，用康德的术语来说，黑格尔认为自己已经实现了"扬弃"（扬弃实现之后就不再如是），而康德却没能实现；通过证明康德的普遍没有实现伦理王国的扬弃，黑格尔认为自己实现了；黑格尔认为，康德的"普遍历史"其实只是一部绵延不绝、全面进步和完全必然的历史的一个阶段，这是一部思想努力实现自身的历史，它试图克服一个又一个有限解决方案中的各种矛盾。结构合理的国家伦理就是康德道德的现实例证，而康德，这位不可救药的二元论者，曾认为道德既是自主的，也是独立于自在之物的，很可能也是不能实现的。19 世纪 20 年代末，黑格尔成为柏林大学的校长，50　此时的他已经是德意志最著名的哲学家。黑格尔曾希望世人能接受他的结论，但直到 1840 年，即黑格尔逝世九年之后，也几乎无人同意他的结论。一些人否定了他关于必然的非有限性的论断。另一些人否定了他关于非有限性必然实现的论断，尤其是在哲学中的实现。

第三章 人决定的历史

与康德及其他 19 世纪前后的德国哲学家一样,黑格尔的直接听众也是大学生。当时的德国大学与社会相对绝缘。只有哈勒大学为实践职业培养人才。至于其他的大学,犹如浮萍,社会没有为它们指定归宿。因此,这些大学成为失意的新兴资产阶级的熔炉。直到 1831 年黑格尔在柏林逝世时,资产阶级的失意在很大程度上都是在思想王国中得到表达。历史事件改变了这一点。1830 年 7月的起义①之后,自由派更迫切要求一部宪法与更多的出版自由,关税同盟②的创立进一步加剧了愈发的经济自由和持续的政治压制之间的对比。至少普鲁士还在继续实行政治压制,而黑格尔在《法哲学原理》一书中曾为之辩护。大学生们开始觉得有必要进行抗议。1836 年,卡尔·马克思进入柏林大学时,恰好融入了这种氛围。

一位朋友形容马克思说,这个"来自特里尔的黑黝黝的小伙子,暴躁的脾气无人能比,就好像成千上万个魔鬼通过头发进入了他的身体",但这位朋友忽略了马克思所受的正规哲学教育的那一面,1837 年卧病期间,马克思"从头到尾阅读了黑格尔"。马克思在柏林加入了一个由思想相近的学生组成的研究生俱乐部。这些"青年黑格尔派"的思想很正统,尽管风格有些激进。大多数人致

---

① 1830 年 7 月,法国爆发"七月革命",反对查理十世的统治,引发包括德意志各邦国在内的欧洲各国的连锁反应,掀起了欧洲民主运动的高潮。——中译注
② 关税同盟(*Zollverein*)创立于 1819 年,1871 年德国统一,即告终结。——译注

力于拓展黑格尔对基督教的批判，或者像马克思的博士论文一样，讨论古老的"自我意识哲学家"，马克思称之为伊壁鸠鲁派（Epicureans）、斯多亚派（Stoics）和怀疑论者（Sceptics）。然而，青年黑格尔派对黑格尔本人认定的重要思想时期与这些思想自身的时期做了泾渭分明的区分，而且开始认为黑格尔的方法能反对黑格尔自己。因为黑格尔为自己的命题辩护时，提出了一些最不能令人信服的论断，所以"以子之矛，攻子之盾"应该不难。后来，马克思以一种特有的夸张方式指出，"1842 年到 1845 年这三年中间，德国经历了一场剧变，较之前任何一个世纪发生的剧变都更猛烈。的确，所有剧变都只在纯粹的思想王国中发生。因为我们遇到了一个非常重要的现象：绝对精神的解体"。

52

1841 年，马克思离开柏林，同年，一位名叫费尔巴哈（Feuerbach）的青年黑格尔派出版了一部著作：《基督教的本质》（*The Essence of Christianity*）。就在马克思开始在科隆市（Cologne）一家激进的报社①工作时，他阅读了《基督教的本质》，这本书与报社的工作经历让他精炼了反黑格尔结论的观点。费尔巴哈是一个不太敏锐的思想家，对其他读者来说，他的论题可能就没那么重要了。简单地说，费尔巴哈的论题是，"思想与存在的真正关系应该表达为：存在是主词，思想是宾词（predicate）。存在决定思想而不是思想决定存在"。费尔巴哈认为，黑格尔正好把方向弄反了。绝对精神不是别的，它正是"外在于人的人的本质，外在于思想的思想本质"。如果费尔巴哈讨论的是黑格尔的政治理论，而不是关于基督教的论述，他可能会写出一部更好的批判书，因为黑格尔哲学普遍受到质疑的最明显问题，就在于他让"思想的本质与思想分离"，尤其是《法哲学原理》：让每个人都贡献出自己自由意志的超个人伦理如何可能？在《莱茵报》（*Rheinische Zeitung*）工作期间，马克思被迫加入了所谓的"物质利益"的辩论，因为物质利益影响了实际政治，但他发现自己进退两难。由于受到费尔巴哈"转

---

① 即《莱茵报》。——译注

换批判法"的影响,马克思认识到费尔巴哈的结论具有政治涵义,但费尔巴哈本人并没有认识到这一点,因此 1843 年的前几个月,马克思专心理清了他关于黑格尔国家概念的观点。相对而言,这些观点直截了当,对总结马克思本人的理论不满也很重要,而从某个角度来看,它们最令人感兴趣的地方在于马克思之前没有质疑过的观点。

马克思认为,"黑格尔把国家观念的各阶段变成主词,古老的政治制度变成宾词,但在历史现实中,事件总是以完全相反的方式进行:国家的观念是这些政治制度的宾词"。国家是自我决断的某种幻象。当然,这对黑格尔不太公允。尽管黑格尔在解释国家作为绝对伦理如何出现时,他的论证相当乏力,但他认为,国家作为绝对伦理产生于市民社会的人的自我意识。问题的关键在于如何产生。用马克思的话说,黑格尔并未假定国家必须是先验(*a priori*)地作为"主词"而被创造出来,然而根据关于《法哲学原理》的另一种解释,黑格尔似乎认为这也是有可能的,即便市民社会中的某些个人缺乏正确的意识。无论如何,关于黑格尔观点的两种解释都不能让他免受唯物主义(materialism)①的批判,对此马克思的观点是犀利而公正的。他的观点针对市民社会的有产者、居中调和的权贵等级(*Stände*)与无产者之间的关系。马克思指出,黑格尔被迫假定个人作为市民社会的成员和个人作为国家的成员之间的激烈矛盾;而从唯物主义的立场来看,应当批判的是国家(黑格尔设想的国家),而不是个人及其利益。黑格尔还设想,等级群体、有地产的士绅、同业公会与官僚机构能够在个人和国家之间起到中间调和作用,同样,马克思痛斥了黑格尔这个完全无力的论断。然后,黑格尔本人还认为,财产所有权决定了人作为个人的私人地

① 鉴于"唯物主义"在国内学界作为"正面积极"刻板印象,有必要就 Materialism 的对译做一简单说明。Materialism 一词作为一种哲学思想,可以译为"唯物主义",与唯心主义相对;作为一种社会潮流,译成"物质主义"更合适,强调物欲与拜金;本书作此处理。——译注

位，马克思则进一步驳斥之，认为必须倒置这个观点；根据唯物主义的观点，应当认为财产决定了个人公共身份。如果果真如此，那以财产为基础的分工才是国家的基石，正是"市民社会的阶级差异成为了政治差异"。

1843 年后期，马克思完成了《黑格尔法哲学批判导言》，他关于无产阶级的论述见于此文章。这些论述表明，马克思虽然反对黑格尔的唯心主义，但不反对一种"普遍"的解决方案的假定，从卢梭、康德到黑格尔一直都有这样的方案，尽管已改头换面。对其他的哲学家来说，这个假定既是马克思理论的原则，也是缺点。在《导言》中，马克思指出，为了解决阶级差异与相应的政治差异，"必须形成一个主张激进的阶级，它是市民社会中的阶级，但不属于市民社会，它是解体一切阶级的阶级，因为这一社会领域遭受的苦难是普遍的，所以它具有普遍的特征，它并不要求特殊的补偿，因为对它所犯的罪恶并不是特殊的罪恶，而是普遍的罪恶。必须形成一个社会领域，它要求的不是传统的地位，而是人的地位，它不是反对德意志政治体系的特殊后果，而是全面反对德意志政治体系的前提假定；最后，这个领域若要自我解放，就必须从其他社会领域中解放自己，并同时解放其他社会领域；简而言之，这一领域是人性的完全丧失，唯有通过人性的完全恢复才能恢复它自己。正是无产阶级，作为一个特殊的阶级，解体了社会"。马克思继续写道，"当无产阶级宣布现存社会秩序的解体之时，它只是宣布了自身存在的秘密，因为它就是现存秩序的有效解体者。当无产阶级要求否定私有财产时，它只不过是用社会已经为无产阶级制定的原则，用社会已经不自觉地具体化为否定性的社会成果，来作为社会的原则而已"。马克思明显保留了黑格尔与青年黑格尔派的核心假定。历史的每一个阶段最终都会达到它的矛盾。到时，新的综合（synthesis）是必然的。最终的综合是终极的，因为它是普遍的，所以也是理性的，并因此超越了矛盾。

黑格尔为何能如此吸引马克思，原因不难说明。很少有人会完全抛弃自身文化的前提或者说自己导师的前提，甚至当看似已经

54

抛弃,当这种文化提供了攻击手段时,它对一个愤怒者的吸引力依然有效。因为相同的缘故,我们清楚地看到,费尔巴哈的转换批判法也深深吸引着马克思。至于马克思为何对工人阶级情有独钟,人们的争论就更多了(往往是学究气很浓的);但事件的发生发展却是清晰明了的。马克思的父亲是一个直言不讳的自由思想者,至少在家里是这样。19 世纪 20 年代,特里尔也曾是路德维希·加尔(Ludwig Gall)①的避难所,加尔是一个改革派,他赞成早期社会主义者的观点,如欧文(Owen)、傅立叶(Fourier)和圣西门(Saint-Simon),马克思未来的岳父似乎曾与加尔讨论过这些社会主义者的观点。马克思早年写给家人的信件显示了他对抽象正义的强烈不满。马克思自己曾说,他在《莱茵报》的经历让他直接接触到了实践事务。在巴黎期间,几乎可以肯定,马克思阅读过冯·斯汀(Von Stein)②关于社会主义和共产主义的著作,这部著作是 1840年受普鲁士政府委托而写的,莱茵河两岸的事件让普鲁士政府相当惊恐。冯·斯汀考察了法国首都的不满根源,解释了工人们提出的为政治正名的"关于结社的科学"(Science of Society)(其实是各种观念的大杂烩)。马克思对这种虚假"科学"不屑一顾,但背后的政治现实却让他有所触动。《莱茵报》被取缔之后,马克思于1843 年 11 月只身前往巴黎,他亲身经历了这场政治运动。他评论道,"当共产主义的工匠们聚会之时,他们看似为宣传信仰而来。可在这个过程中,这些工匠们也获得了一种需要,结社的需要,作为手段的东西如今已经变成目的本身⋯⋯人与人的兄弟关系并不是可有可无,而是现实的真理,艰辛的岁月把他们折磨得面如菜色,正是这些脸庞向我们闪耀着人的高贵"。可是,他们的各种幼稚理论,其实是各种弥漫在巴黎的激进观点,让马克思大感惊讶。

55

---

① 路德维希·加尔(Ludwig Gall,1791 - 1863),德意志的一位发明家与社会活动家。——译注

② 冯·斯汀(Von Stein,1815 - 1890),德国著名的经济学家、社会学家、政治学家,这里所说的作品应当是指《现代法国的社会主义和共产主义》(1842)。——译注

在马克思看来，这些人是非历史的、乌托邦的，他们没有充分理解全面取代新的资产阶级秩序的方式。因此，马克思开始发展自己的理论。

马克思的理论有两大来源。其一是黑格尔。马克思在 1844 年的一些私人手稿中写道，"黑格尔《精神现象学》的伟大及其最终成果，即作为运动和创造原则的否定辩证法，一方面是黑格尔把人的自我创造视为一个过程，把客观化视为是客体的丧失，视为是外在化及其扬弃。因此，这意味着黑格尔真正把握了劳动的本质，理解了客观化的人，因为真正的人，正是他自己劳动的结果"。然而，马克思对黑格尔的大加褒奖绝不意味着他已经放弃了早年批判《法哲学原理》中的倒置。马克思再次指出，"精神劳动是黑格尔唯一知道的并认识到的劳动"，就黑格尔没有认识到精神劳动也是在自然中的实践劳动的一部分而言，这是一个不足。但这不能改变一个事实：黑格尔第一个认识到，在最宽泛的意义上，"劳动"是人在世界中的本质，人并不像费尔巴哈或日耳曼古老的双关语所言的那样，仅仅由他的食物所规定，更是他的行为，他自在、自为的创造成果所规定。

马克思灵感的第二个源泉是政治经济学。事实上，马克思甚至认为"黑格尔的观点是现代政治经济学的观点"，这让人想起了黑格尔本人在《法哲学原理》中关于这个主题的几个观点。亚当·斯密、李嘉图（Ricardo）、萨伊①与其他经济学家的学术成果已经驳斥了早先重商主义者的观点，认为劳动能够创造财富。马克思在 1844 年的笔记中吸收了他们的洞见，并以他黑格尔式的关于劳动本性的概念重新解释之。马克思同意古典经济学家的分析思路是完全正确的。"我们已经接受了古典经济学的术语及其规律。"但马克思认为，这还不够。古典经济学提出了一些前提假定，但要正确理解经济体系的本性，这些假定都是需要解释的。"政治经济学

---

① 萨伊（Jean-Baptiste Say，1767－1832），法国经济学家，斯密的信徒，将斯密的著作介绍到法国，代表作品《政治经济学概论》。——译注

并没有解释劳动与资本差别的基础是什么,资本与土地差别的基础是什么……也没有说明[经济]规律如何从私有财产的本性中产生。"不过,在这点上,马克思没有继续他自己的整个挑战。马克思集中精力发展了他黑格尔式的假定,人"是他自己劳动的成果"。马克思认为,人在市场中生产随后出售的商品的过程中,他就与作为劳动力的自己异化。他的劳动产品,在经济流通中换成了货币,因而独立于他并压迫他。人是自己劳动产品的运动规律的受害者。于是,作为一个生产的、因而是有意识的、社会的、潜在的"普遍"存在,人就与自己、与他人、与他本质的"类存在"分离或异化。"如果劳动产品与我异化,作为一种异化力量与我相对立,那它属于谁? 属于某个非我自己的存在。那这个存在是谁? 是诸神? 不是诸神,也不是自然,唯有人自己能成为压制人的异化力量。"57

　在这些实至名归的论断中,马克思已经沿着两个思路形成了他的理论,很明显他并没有计划发表,事实上直到 1927 年才印刷面世。首先要证明,正确拓展黑格尔《精神现象学》的洞见(不是像费尔巴哈那样的机械倒置,仅仅强调观念反映物质活动),能为政治经济学家的预设前提同时提供一种历史的与理论的解释,因而也重新解释了他们从这些预设前提推出的规律。第二个思路已经蕴涵在第一个之中,要证明就必须重新规定财产概念。重商主义者、政治经济学家、甚至是黑格尔(还有康德和卢梭)都把财产视为占有。马克思也一样。但马克思的理论要求重新解释占有。一方面,马克思所谓的"占为己有的事物"(appropriation)对人通过实践劳动创造自身来实现他的"类存在"是必要的。但另一方面,一旦他人使得这种"真正人性的、社会的财产"与人自身异化,因而让人与其"存在"异化,那财产也就变成了别人的财产,一种不同性质的财产。正是这种异化的真正财产才是私有财产。于是,马克思在讨论这一问题的过程中,完成了一次无与伦比的概念对接,完成了政治经济学迄今为止相互隔绝的两大部分的对接,也完成了这些观点与黑格尔的对接。正如马克思所说,"一切财富[现在]都已成了产业财富、劳动财富;产业是完成了的劳动,正如工厂体系是成熟产业的本质，成熟劳动的本质，正如产业资本是私有财产完成了的客观化形式。现在我们明白，只在这个意义上私有财产才完成了对人的支配，并以其最一般的形式成为一种世界历史的力量"。

因此，共产主义必须是对人的这种否定之否定。马克思认为，"粗陋的"共产主义，"尚未把握私有财产的积极本质"。粗陋的共产主义要么主张每人均分财产，要么提出彻底取消财产。在第一种情况中，它误解了"真正的"财产与"私有"财产的区别。在第二种情况中，它甚至取消了"真正的"财产，把它异化给国家，而国家成了资本家。真正的共产主义必须扬弃私有财产，由此产生了"人作为一种社会的（人性的）存在完全回到他本身"。这是"人与自然、人与人之间冲突的真正解决——是存在与本质、客观化与自我确证、自由与必然、个人与类之间斗争的真正解决"。如今，一切财富都成了产业财富，私有财富已经完成了它对人的支配，成为了一种世界历史的力量。但这种世界历史的力量否定了人的"类存在"，因而也蕴藏了自身的否定之否定。在这么做的过程中，它为最后的解决做好了准备。马克思认为，"共产主义是解开了的历史谜团"，但他补充说，"就其本身而言，它不是人的发展目的，而是社会结构的发展目的"。公意的理想、普遍法则的理想、真正伦理的理想已经获得了一种概念更有力、历史更直接的形式。所以，共产主义指向更直接的实践政治。

然而，马克思随后投身激进的政治活动，并不是他抽象的理论结论的直接后果。这本身是受激于他1842年在《莱茵报》工作的经历，但更多是受到了他后来在巴黎遭遇的激进观念与活动的鼓动。1844年，马克思清楚认识到了正确的行动路线，他借助一系列的尖锐批判来推动这一路线，批判的对象包括"粗陋的共产主义者"、那些他认为意图良好但很可能一无所成的人，以及一知半解的改革与革命的布道者。其间，马克思得到了他的新朋友恩格斯的重要帮助，后者也于同年发表了一篇经济学论文，这篇论文给马克思留下了深刻的印象,他认为文章对事态有真正的理解。

此时,马克思试图集中精力发展他关于历史的经济理论,恩格斯支持他这么做。"加紧步伐完成你的经济学著作,纵使你对某些部分还不满意,那也没有关系。人们已经准备好迎接它了,我们必须趁热打铁",1845 年初,恩格斯如是催促。可是 19 世纪 40 年代的德国并不是一个反思的年代,他们二人一起攻击其他理论家。现在看来那些冗长的辩论有些乏味,这些辩论稿在他们有生之年59也没有都发表,但在其中一些文章中,尤其是写于 1846 年的《德意志意识形态》的第一部分,马克思继续发展了他的理论。1844 年之后,马克思就坚信,他必须详细阐述欧洲和亚洲社会的历史,以更具体的方式说明新的资本主义体系如何必定为共产主义所取代,他的历史理论的纲要在《德意志意识形态》的第一部分首次面世。"每一个新的阶级……要实现它的统治权,只有立足于比之前统治阶级更广阔的基础,于是,之后非统治阶级反对新的统治阶级的斗争就要更激烈、更深刻。"每一个统治阶级的统治都基于它对生产力的控制、维系于一组观念或者说一种意识形态,虽然这种意识形态看似是整个社会的主导观念,其实它只是统治阶级本身的"精神产品";在历史的阶段更替中,劳动分工日益明显,而劳动分工同时也是人的"类存在"的分化和社会的分化。六年之后,马克思在给他人的信中写道,"发现现代社会存在阶级,或者发现它们之间存在斗争,这些都不是我的功劳……我的新发现是证明了:1. 阶级仅仅必然存在于生产过程历史的特殊阶段;2. 阶级斗争必然导致无产阶级专政;3. 无产阶级专政本身只是迈向取消所有阶级和最终的无阶级社会的过渡而已"。在之后的二十多年里,马克思继续从事他的历史学研究,多数成果最终都体现在《资本论》当中,但很多还是笔记和草稿的形式。不管怎么说,用它们的经济关系来解释古代社会、东方社会、中世纪社会与现代社会的本质,以及它们在某些情况下的转型,而且并没有怎么落入纯粹的教条主义(熟知的马克思主义者往往如此),这在过去是、现在还是一项令人钦佩的努力。但在很多地方(特别是在马克思关于他曾称之为"亚细亚"

生产方式的混乱解释中），他的努力加强了一个信念：他的理论在解释现代资本主义时最有说服力。

60   当时一篇简短的宣言以最真切方式表现了马克思理论的说服力，这篇宣言是 1847 年马克思和恩格斯应邀为在伦敦成立的新共产主义联盟所写，这是一本言词犀利、充满智慧的小册子，现在还是所有社会主义宣言中最伟大的文本之一。在这篇宣言中，马克思和恩格斯一起精炼了他们的历史理论，为革命似乎迫在眉睫的德意志描绘了战略草图。工人们首先与资产阶级联合，只有当"绝对君主制国家、封建官绅与小资产阶级"被打败之后，工人才会转而反对资产阶级本身。然而，德国各种持同情立场的激进人士、市民（bourgeois）与工人都指出，不论是在 1848 年大溃败之前还是之后，资产阶级（bourgeoisie）都无动于衷，工人小心翼翼而且组织混乱，而马克思的战略几乎没有成功的机会。尽管如此，1848 年马克思回到科隆投入《新莱茵报》（*Neue Rheinische Zeitung*）工作时，他对自己的战略仍坚持不懈，但革命之后的那一年，他也逐渐认清了形势，最终放弃了他的战略以及对民主同盟的支持，转而求助于无产阶级的攻击哲学与工人兄弟会。这导致了另一项驱逐令，此时马克思除英国之外几乎没有退路。他于 1849 年 8 月前往英国，一直待到 1883 年去世。这次长期旅居的前 12 年让他沮丧。尽管英国的欧洲激进派还没有解体，但他们的领导人却是马克思反对的人，而且马克思的所有理论在英国几乎没有知音。此外，马克思的确是身无分文，他和家人陷入了难以为继，而且常常是极为窘迫的境地。但马克思继续写作：他在大英博物馆的阅览室里兢兢业业地从事他的经济学创作，撰写报刊文章，这可以获得微薄的收入，他还鼓励他能找到的少数几个激进派。1863 年，法国和英国的社会主义分子在伦敦召开了一次相对临时的会议，这次会议最终产生了一些成果：工人国际联合会①于 1864 年成立。联合会的成立给了马克思新希望。马克思控制了工人国际联合会的委员会，他

---

① 一般习惯称之为第一国际，1864 年 9 月 28 日成立于伦敦圣马丁堂。——译注

几乎都是一个人支配联合会的资金直到 1872 年解散，原因是马克思与巴枯宁（Bakunin）①及其追随者发生了争执，并因为马克思支持所谓革命的巴黎公社，联合会遭到了外界人士的轻慢。就在这一时期，马克思的经济状况得到了改善，他终于能完成他经济学的第一部。

1867 年，《资本论》第一卷出版。虽然马克思在之后十年继续 61
从事创作，但是他没能满意地完成另一部手稿。据说，利润与工资的上升，以及 19 世纪 60 年代的新工厂法可能会驳斥他的预测，这使他感到沮丧。马克思逝世之后，恩格斯和考茨基②根据他大量混乱的笔记整编第二、第三、第四卷书稿。他们形成了令人惊叹的近 3000 页的文字，这是一部道德的、历史的、分析的资本主义谴责书，它逻辑严密、阐述入微，尽管有时重复和模糊。马克思的理论以一个假定作为起点："商品的价值取决于它消耗的劳动量。"在《资本论》第一卷开篇，马克思就区分了"使用价值"和"交换价值"。在生产有用的物品过程中，使用价值与生产有用物品所消耗的劳动无关（因为有些有用物品根本无需劳动）。交换价值则不是。它是马克思所谓的"抽象劳动"的因变量（function），意思是说劳动价值并不是任何具体劳动的因变量，而是生产的"社会必要"劳动时间的因变量。两个产品可能无法比较使用价值的大小，它们可能是技艺截然不同的人在截然不同的时期生产的，但是根据它们消耗的社会必要劳动时间，在理论上就可以比较，在实践中就可以交换。"社会必要劳动时间是指根据当时正常的生产条件和平均的劳动技巧，生产一件物品所需的时间。"社会必要劳动时间是价值的本质，因而也是交换的本质，是交换单位或者说货币的本质。

资本主义社会瓦解了之前存在的全部社会纽带，劳动者在其中

---

① 米哈伊尔·亚利山德罗维奇·巴枯宁（Mikhail Alexandrovich Bakunin，俄语 Михаил Александрович Бакунин，1814－1876），俄国革命家，早期共产主义运动领袖，主张个人自由与无政府主义。——译注
② 考茨基（Karl Kautsky，1854－1938），德国社会民主党和第二国际的领导人，1889 年受恩格斯之托整理马克思的《剩余价值学说史》手稿。——译注

是自由的，但自由到只能出卖他的劳动力（或者说他本身），因为劳动力就是他的全部。因此为了实现他的劳动力，他需要资本家的货币，这不仅是为了生存，从资本家的角度来说，也是为了能让他更有效地工作，以及通过他的孩子再生产自己。马克思假定"在一个给定的国家、一个给定的时期，劳动者必需的生存手段的平均数量是已知的"。然而，要让资本家认为劳动者作为商品值得购买（在资本主义之中人就成了商品），资本家必须能从他付出的价值中榨取更多价值。"剩余价值是一个产品的价值与生产产品的过程中所消耗要素的价值之间的差值，换句话说，是劳动力的价值与生产资料的价值之差值。"剩余价值是利润的源泉，它形成了利润。

62

马克思同意政治经济学家的观点，认为资本家倾向于积累，但不同意他们关于积累产生的后果的观点。政治经济学家认为，积累增加了斯密所谓的"库存"，这转而提供生产率，并提高工资。马克思不同意，他认为库存的增加意味着他所谓的"固定资本"比例的增加（原材料和机器）与"可变资本"（劳动力）比例的相应减少，逐渐增加的固定资本使得更大规模生产成为可能，这将意味着利润率的降低，因为利润来自剩余劳动价值。马克思继续说道，固定资本的积累可能时不时会创造对劳动的需要，所以工资可能会增加，但面对利润率长期必然下降的趋势，资本家承担维持利润率的压力会一再抑制它们，甚至可能刺激资本家解雇工人。如果工人被解雇，就会出现一支由失业者组成的"产业储备大军"。人们可以采取各种各样的临时措施来维持利润率，循环周期可能再次开始，但马克思坚信，一方面固定资本会高度集中，另一方面失业劳动力会持续增加。资本家之间的竞争结果必将进一步加剧这种趋势。他们的竞争会有利于资本集中，资本集中的程度越高，固定资本在其中的比例就越大。于是，资本向更大单位集中，这会导致劳动力的集中，使工人们更加意识到他们的共同命运。从这些方面看，资本主义的最后阶段已经预示了后资本主义社会的结构。"私有财产的丧钟已经敲响了。"资本集中的倾向和利润率的下降的矛盾不可避免，"私有财产的保护伞变得支离破碎了"。资本主义将在从危机到危机的境况中步履维艰,但它注定必然只能为一种社会所取代,只有它能解决资本主义的独特矛盾。

马克思没有具体说明这种社会的组织形态。在《德意志意识形态》中,他和恩格斯描绘了一幅浪漫图景,一个没有劳动分工的自由共同体。在《资本论》第一卷中,马克思暗示了一种制度,其中"共同体的全部产品都是社会产品,一部分作为新的生产资料,仍属于社会性的,而另一部分作为共同体成员的生活资料被消费了",马克思建议,生产者之间的分配依据他们投入社会产品的劳动时间的数量来决定。在这样一种制度中,要以指令性的中央组织机构与劳动分工为前提条件,但是马克思没有详细论述。

马克思认为,他的理论阐明了资本主义崩溃的必然性,但它本身已经证明在两个至关重要的方面有缺陷。第一个缺陷在于"劳动时间"的概念。劳动时间在概念上是直截了当的,但在实践中很难处理。没有人能成功规定一个单位的劳动时间,正因如此,事实证明根据劳动时间来解释、预测或安排价格(在苏联就是这样)是不可能的。第二个问题在于一个事实(部分是马克思本人观点的结果):劳动者为维持工资组织起来,资本家为维持雇佣也组织起来。这意味着,在更发达的经济体中,利润率可能真会一直下降,但需求并没有与利润率一起下降,这引起了消费不足的危机。国家已经开始承担总体需求的总经理的任务,在国家的帮助之下,到目前为止,经济体系成功实现自我维持。马克思假定,没有机构,也没有人会采取干预措施缓和市场的不稳定性,这里他和古典经济学家犯了同样的错误。就此而言,诸如 1929 年之后的历次危机,非但没有证实马克思的理论,相反它们的结果有力驳斥了他的理论。

尽管如此,曾有一些人言之凿凿地认为,要是产业工人阶级早先接受了马克思的诊断(或者如果接受了),那么马克思的预言可能就已经实现了,资本主义就已经被推翻了(或者可能被推翻了)。因此,最显而易见的问题就是为什么产业工人阶级没有接受。很明显，部分原因在于理论上的外围因素。资本主义可能已经腐蚀了很多传统的纽带，但有一个纽带它并没有腐蚀，那就是国家认同感的纽带。因此，为了（按马克思的说法）各自统治阶级的利益，一个国家的工人可能乐于与另一个国家的工人战斗。另一部分原因在于那些出卖劳动力的人的分化程度在过去一个世纪成倍增加，尽管资本的集中和中心化，但是几乎没有劳动群体感受到与其他劳动群体有共同的认同感，从历史学的角度来说，这一点更有杀伤力。不过，最重要原因可能是，马克思关于财产与人的可能关系的理论，显然这一点的理论杀伤力最强。

马克思与黑格尔一样，都承认特殊性、分立性、有限性、"确定性存在"，所有这些都必然被扬弃。这是马克思的整个黑格尔式体系的理性论证。但对马克思来说，私有财产是特殊性和分立性最重要的源泉。正是私有财产从根本上分隔了人与自身，分隔了人与人。因此，必然要摧毁和改造私有财产。到那时，人们将实现理性的、必然的、终极的联合。这有双重错误。第一，马克思采用了黑格尔关于"有限"必然被扬弃的论断，但他的论证并不比黑格尔有力。第二，即便私有财产必然要被摧毁与改造，马克思也不能让人信服这就能产生一个联合的社会。如果说马克思关于正是私有财产分化了人的观点是对的，那他就应当认为，我们根据个体性、根据独特的人的概念所理解的全部事物，都是私有财产的因变量。然而，这意味着取消私有财产必然取消我们作为人，作为有限、特殊、分立的人所理解的全部事物。因此在这个意义上，社会主义根本不是一个人的社会，也不是一个为了我们的社会。另一方面，如果说马克思关于正是私有财产分化了人的观点是错的，那取消私有财产就不会扬弃全部的有限性、特殊性、分立性与人的个体性，而其结果也并不完全是理性的、没有矛盾的，以某种永恒的联合体为止步。

严格来说，这是一次理论失败，但它是严肃的。与黑格尔一样，马克思也从一些或矛盾或错误的预设前提出发。然而，这也意味着，还是与黑格尔一样，马克思论证依赖的这些前提也给他提供

了一副格外清晰的关于过去与现在的"矛盾"图景,因而也配置了　65
一部有说服力的历史。尽管马克思严格说来失败了,但即便用马
克思本人的话说,这也不能推论说,取消或至少限制私有财产无助
于解决他指出的各种冲突和"矛盾"。不管怎么说,马克思的失败
或许表明,马克思想象的并为之奋斗的那类社会,更可能在某些社
会里想象出来,它们从一开始就没有经历过马克思认为是正确的
资本主义生产方式。①

---

① 参见《共产党宣言》1882 年俄文版序言,马克思与恩格斯曾提出疑问,"俄国是否
有可能直接过渡到高级共产主义?"——译注

第四章　规律决定的历史　I

法兰西共和历十年花月七日[①]，德斯塔特·德·特蕾西（Destutt de Tracy）先生在巴黎法兰西学院的一次会议上宣称："在德国，一个人是康德哲学的信徒，就如同一个人是基督徒、伊斯兰信徒或印度教教徒；就如一个人是柏拉图主义者、斯多葛学派者或大学者；就如后来一个人是苏格兰学派或托马斯主义者；最后，这就如17世纪法国人都是笛卡尔的信徒"。另一方面，在法国，"意识形态、道德和政治等诸多学科领域没有宗派领袖，没有人追随他人的领导，每个人都有自己完全独立的见解；即便人们就某些观点形成一致意见，往往也是无意之举，而且根本不知道有这回事"。但他接着说，法国人确实有自己的一套方法。"他们一丝不苟地观察事实，在事实完全确凿的情况下推理结果；他们不对事实本质做简单的假设，而是尽力把真正有本质关系的真理无懈可击地联系起来；他们坦陈无知，他们一直都中意无知，甚于一切貌似真实的断言。"我们可以承认，塔尔西是天真的，或者言不由衷的，或纯粹是误解了法国人，很可能三种情况都有；同时也可以承认，纵使所有的法国思想家真的都赞同这套方法（其实并非如此），也几乎没有人在任何地方能近似落实这套方法，甚至在自然科学的领域中也是如此；不管怎么说，这一时期的法国人真是几乎丝毫没有受到德国哲学的影响。法国没有虔敬的新教徒，也没有德国各州那样

---

① 1802年，花月是法兰西共和历的八月，相当于公历4月20(21)日至5月19(20)日。——译注

的区域隔绝状况:无论知识传统,还是社会政治的条件,都不能促成我之前讨论的那些理论。更何况,德国人毫不客气地批评了1789年期间革命的直接结果。

法国本身并没有忽视革命"令人颤栗的后果",后者是黑格尔的提法。对社会的一部分人来说,恐怖统治,随后成立的督政府,雾月18日翌日建立的执政府,波拿巴在执政府期间自称终生首席执政官,并宣布有权指定接班人,所有这些很明显都只是旧压迫的新变种。因此,他们继续重申自由与平等的旧理想。当马克思1843年来到巴黎时,他们的后继者让马克思既兴奋又失望。对社会的另一部分人来说,1789年之后的事件只是暴露了人性的残酷邪恶与不可避免的长期屠杀;真相是,自我杀戮的激情缔造了军队与公民社会,而不是自由与正义的激情。这些事件毋庸置疑地表明,要想确保文明与秩序,就需要绝对的权威、惩罚与持续的压制。它们无可争辩地证明:知识分子是害群之马、堕落分子、人类的欺骗者与塞壬[①],为了重建教皇和罗马教廷的权威必须让他们消失。这种惨淡阴郁的回应有其理论的正当性。德·博纳德[②]认为:"人只为社会而存在,社会也只教导人为社会而存在;因此在服务社会的过程中,人应该利用从社会得到的一切东西,利用他的一切所是所有。"

两种观点都不难理解。只需简单审视一下1789年之后的事实,或许是片面的,就能证明任何一种观点。这并不是说因为某一种观点的内在取向,或者它对解释甚至是左右法国19世纪与20世纪的诸多事件中的分量大小,就抛弃某一种观点。不过,还有第三种回应观点,它较之前两种更复杂,也有相同的内在取向,对后来的社会理论史有相当的重要性,尽管对紧随其后的社会政治事件的历史没那么重要。这一

67

---

① 塞壬(Siren)是希腊神话中人首鸟身的海妖,用美妙的歌声引诱航海者触礁。——译注

② 路易·德·博纳德子爵(Louis Gabriel Ambroise, Vicomte de Bonald, 1754 - 1840),法国反大革命的哲学家与政治家,与其好友迈斯特主张教会的正统地位。——译注

回应本质上是说，法国大革命的后果已经表明，不论是雅各宾派的口号，还是对山另一边的传统权威的呼号，都不足以成为正确实现美好社会的引导，雅各宾派为自由抛弃了秩序；传统权威为秩序抛弃了自由与理性。迄今为止，圣西门（Henri de Saint-Simon）是第三种观点著述最多、最热情的倡导者，因为很多同时代人评价的缘故，人们经常称之为一位头脑糊涂、欺瞒哄骗的乌托邦主义者，一位在每次社会变革中都持蹩脚信念的狂妄自大的疯子，用一位遭他解雇的秘书的话说，他是一个"堕落的诡辩家"。

应当承认，圣西门是一个投机分子。圣西门来自一个古老的法国贵族家庭，曾作为一名年轻的军官帮助法国人与美洲的不列颠人作战，据他后来宣称，在美国"我心中第一次希望能看到另一个世界的新苗能在我的祖国开花结果"，可当时他的私人家书多少揭穿了他的自夸。1794 年，圣西门以"蓄谋危害公共安全"的罪名被拘留，实际上被押往卢森堡宫①，这是一个几乎无人生还的地方，可在一两年之后，他竟通过投机法国北部地产赚得了一笔可观的财富。圣西门热情欢呼督政府的复兴举措，可督政府倒台后，他就立刻寄希望于拿破仑，并向拿破仑呈递了不切实际的社会重建规划，很久之后，人们才知道，第一执政官只是把这份意见书直接放入了圣西门的档案之中。之后圣西门转而讨好科学家与实业家，他在这些人身上看到了新秩序的希望，然而科学家与实业家却以短暂的困惑与持久的蔑视来回应圣西门巨大的热情。圣西门的机会主义是坚不可摧的理想主义的直接后果，除了旧秩序与他认为索然无味的自由至上主义（libertarianism），他处处都能看到新社会的希望。因此，除了反动派与雅各宾党人，每个人都能激发他的希望，成为他雄心壮志的对象。这些都是为了秩序，但不是重建的神权政治的秩序。在圣西门看来，正是"恶劣阶级"（bastard classes）引

---

① 卢森堡宫修建于 1625 年，是法国之后 400 年政治史的见证者，1793 年恐怖统治期间变成临时监狱，关押过 1000 多名贵族与其他各类政治犯。——译注

发了 1789 年的大革命,律师、形而上学家、非贵族的军人、地主和食利者阶层以第三等级的名义推翻了贵族,即,以在新经济秩序中工作的"实业者"(*industriels*)的名义,不论是雇主还是雇员。但是 1789 年的后果却是,旧阶级与"恶劣"阶级都凌驾于第三等级之上。新国家的财政主要来自新阶级,但新阶级却没有发言权。这么说吧,对圣西门而言,这不仅调整代表机制的问题。这也是正遭受旧势力扼杀的法国与欧洲的未来到底主要由哪个阶级来决定的问题。

　　然而,在圣西门绚烂而悲哀的个人生涯中,他对"实业者"的热情,到来得似乎有些晚。起初,在 18、19 世纪前后,圣西门表达了"对亚历山大们的无限敬意;阿基米德们万岁",这是 17、18 世纪的典型理想,由一群科学家来领导一个理性、进步的社会。新秩序必将产生,缔造新秩序的工作将得到一个在牛顿墓冢上成立的国际基金的资助,而且经过规划的相关理论"十分适合人类,它能让个人利益和普遍利益总是保持同一个方向"。圣西门后来写道,"我试图系统化上帝的哲学。从宇宙现象到太阳系现象,从太阳系到地球现象,最后到物种的研究,物种研究应该视为高级现象的附属物,我想从这些研究中推导出社会组织的规律,这是我研究原本与根本的目的。"圣西门承认,这是一个传统的理性主义者的抱负,但他并没有简单地认为自己从事的工作与法国大革命前的哲人(*philosophes*)一样。圣西门坚持认为,"18 世纪哲学是批判性的、革命性的哲学,而 19 世纪的哲学是创造性的、组织性的哲学"。"欧洲各民族之所以陷入这场危机,是因为普遍观念的不一致;一旦有一种理论能应对当前的启蒙状态,人们就能重建秩序,建立一种适合欧洲各民族的制度,而且一种根据当前知识水平接受教育的牧师制度,通过约束民众与国王的野心,能为欧洲带来和平。"罗马宗教将让位于牛顿宗教,教士将让位于科学家。

　　圣西门从未就新宗教给出清晰的神学说明,更勿论有说服力了。但他认为,探索的方向是很清楚的。在圣西门看来,孔狄亚克(Condillac)这位 18 世纪法国的大众作家属于洛克认识论的阵营,

启蒙与绝望：一部社会理论史

后者在其《体系论》（*Treatise on systems*）中指出，"解释其他事物的
要素就是原理。原理数量越少，体系就越完美。甚至可以期望，减
少到一个原理"。诸如孔狄亚克本人之流的感觉主义心理学家曾
认为，观念的起源在物质（matter），既然牛顿已经证明物质遵循单
一的规律，那对圣西门来说就很清楚了，他在 1808 年写道，"万有
引力是所有物理和人世现象的唯一原因"。如此稀奇古怪的简化，
即便是圣西门时代的科学同道也难以接受，他们对研究自己的特
定问题更感兴趣，但他们的轻蔑让圣西门特别热情高涨。一种"实
证的"社会科学将揭示发展的规律，这些规律一直决定着人类历史
的进程，但只有在今天，在实证主义冉冉升起的时代，人们才知道
这些规律，从此以后，人们就能理性安排他们的生活，与揭示的规
律相一致，圣西门曾用五花八门的词汇来指称这种实证的社会科
学，例如"人的科学""社会的科学""生理学""社会生理学"与"政治
科学"（"社会学"这个丑陋的新词正是圣西门秘书之一孔德在 1838
年发明的）。这些规律给出的解释是唯物主义（materialist）的，有序
地以物质的根本规律为基础；在规律有条理的、协调的内在联系
中，这些解释将勾画未来新秩序的蓝图，它既是必然的、理性的、也
是可行的。"实证体系的时代"即将开启，它首次以牛顿宗教仪式
庆祝自己的诞生。圣西门通过外推他的普遍唯物主义原理的历史
来解释这个新时代。正如思维可以用物质运动来解释，历史，更特
殊一点，观念的历史，也可以用物质生产运动来解释。鉴于他对
"实业者"的热情，他们直接参与生产的变革，所以他们是新实证主
义的原动力。

　　启蒙运动的政治理论的总体要义，不论是以经验主义的前提为
基础，还是理性主义的前提，或者两者的混合（例如圣西门自己的
理论），都倾向于主张人类有共性，或者是他们共同的经验，或者是
他们普遍的理性潜能，至少在这一点上都有潜在的自我主义。圣
西门反对这种观点。"生理学家"（Physiologists）的工作已经向他证
明，人的自然本性是有差别的。为了他脑中与启蒙哲人保持一致，
即，社会重建必须以"自然"为基础（因而是理性的，因而是好的），

70

71

62

他关于何谓自然的概念有所变化。自然不是平等,而是不平等。

圣西门用物质基础解释社会的历史,用自然的不平等解释人类,把这两组概念融合到他的普遍命题之中,即,好的社会源自这一历史阶段的自然精英领导:实业者。1817 年发表的《实业》(Industry)第二卷中,圣西门断言,迄今为止,人类历史(其实是欧洲)经历了两个典范时期:公元 3、4 世纪的多神教时期与基督教神学时期,后者与 11、12 世纪的封建主义几乎同时。然而,12 世纪之后,封建主义面对新的经济压力逐步走向崩溃,压力既来自自由共同体和个人财产的制度,也来自阿拉伯的科学;实证时代开始孕育。当前时期正是中世纪秩序的尾声。第三个典范时期即将到来,这是实业与科学的典范时期,用科学规律解释并支持理性的秩序。这是历史的道路。因而,新的精英必须占据他们正当而必然的地位。旧秩序的残余以及它误以为的对手,自由主义者,最终都要被取代和超越。呐喊口号不是“全世界的工人联合起来”,而是“各阶级的实业者联合起来”。这是通向一个真正的公民社会的唯一正确道路。

到执政府时期,圣西门糅合了传统的理性主义与自然不平等的假设,加之他对政治斗争的经济根源的犀利评论,结果创造了有趣且有说服力的启蒙运动社会理论。实业者已经造就了一个新社会,科学家们则解释之。他们一同根据一切进步阶级的利益领导新社会。19 世纪 30 年代,无数精力旺盛的圣西门追随者已经把口号变成“按能力分工,按工作评定能力”(à chacun selon sa capacité, à chaque capacitéselon ses oeuvres)。最终的斗争不是在压迫者与被压迫者之间展开,而是在一切劳动阶级与懒汉、流氓无产阶级、贵族、旧式宗教人员、各恶劣阶级乃至各阶级中的坏分子之间展开。从任何方面看,正当性都站在实证主义者一边。“19 世纪的哲学家会使人们感觉到让所有孩子学习相同的现世道德准则的必要性,因为相似的实证道德观念是社会中唯一能联合人们的纽带。”

但最后,圣西门根据他自己关于“普遍历史”的论述进行推理。他在《实业》第三卷写道,“这不再是一个无休止地讨论如何知道何为最好政府的问题。没有绝对的好，没有绝对的坏。一切都是相对的，这是唯一的绝对。尤其是就社会制度而言，一切都是相对的"。实证主义是 19 世纪的典范。但它不是整个历史的典范。然而颇具讽刺意味的是，正是圣西门的社会模式阐明了 20 世纪实业社会的本质，迄今为止没有其他普遍模式能做到这一点。而其他学者，例如马克思，根据不同的其实是相反的前提假设，预言要取代实业社会。更讽刺的是，人们很明白地看到，圣西门是根据一系列明显错误的论证得出他的结论，马克思则是根据一系列精彩绝伦的论证得出的；而且，当马克思否认是他发现社会阶级之时，几乎可以肯定，他脑中想到的人正是圣西门，此时，讽刺性就更强了。社会理论的历史随处可见糟糕的历史时期，其主角是肤浅而有蛊惑力的抽象体系。圣西门这个人对体系的热情并没有消解他的历史感，或者他的机会主义作风。奥古斯特·孔德就不能这么盖棺定论了，1817 年圣西门聘请这位来自蒙彼利埃（Montpellier）[①]默默无闻的知识分子担任他的秘书；1824 年因相互指责而解雇之。

按照孔德的说法，两人关系破裂的直接原因，是圣西门发表了一篇孔德的文章，却没有孔德的署名。但这只是细枝末节，还是因为他们性格相反？圣西门热情、言行放纵、急躁鲁莽、机会主义，又有着贵族的自信；孔德内敛、严肃、沉思、重道，有时小资产阶级的焦虑让他近乎不正常。孔德为推崇有影响力的实业者（industriels）之故，对圣西门放弃更系统化的创作表示不满，据此可见二人的性格差异，即便这不是原因。即使在后期更精神主义的言论中，孔德也从未丧失对体系的热情。不管怎么说，孔德都承认自己获益于圣西门，即便在决裂之后，这么做让他痛苦万分。孔德的所有著作都有圣西门的影子。与圣西门一样，孔德讨厌绝对的君主制和自由至上的放任，他称之为"两个相互对立、同等错误的概念"，在他看来，它们在本质上倾向于相互强化，结果为革命埋下了无数的可

---

① 法国南部的中心城市。——译注

能。他写道,"痛苦的既往事件是当前日益成熟的社会孕育期的产物,当前社会的目的地,既不像国王们想象的那样,会永远驻足其中;但也不像民众想象的那样,在离开旧制度的遮蔽之后,就能不朽。更确切地说,社会的命运是,在已有经验的指导之下,它用累积的全部财富构建一个体系,能适应社会的需求和愉悦"。他认为,"这就是为当代人预留的伟大而崇高的事业"。与圣西门一样,孔德相信,这一社会体系必须是一个目标、众人奉行的社会体系。只有到那时,人们谈论到社会,才有别于单纯的聚集状态(agglomeration)。"只有真正的有机学说(Organic Doctrine)才能产生和谐,这正是当前欧洲文明亟需的。"

孔德认为,有机学说只能根据实证主义的精神科学地创建,这也与圣西门一样。孔德指出,"要想以实证的精神处理政治学,就必须实现一些基本的条件,即,精确确立边界,社会秩序根据事物的本性在其间实现结合。换句话说,政治学与其他科学一样,应当明确区分观察和想象,后者次于前者"。这些提纲挈领的论点来自《社会重建计划》(A plan for reorganizing society),这是孔德1822年草创的一篇作品。① 1830至1842年期间,孔德在六卷本的巨著《实证哲学教程》(Course of Positive Philosophy)中,提出了自己关于各种科学的精确性质及其相互关系的观点,这些观点展示了他与圣西门的差别(尽管它们的本意并非如此)。

《实证哲学教程》既是形式的,也是历史的。孔德希望能完成一篇研究各门科学关系的论文,并通过论证各科学之间关系的演进是历史的演进来实现这一目的。他认为,各种科学的差别在于所涉主题的复杂程度。科学可以分为两个大类,抽象的和具体的,前者关注实存现象所基于的规律,实存的现象则是后者的研究主题。科学的次序是从数学、天文学、物理学、化学等抽象科学,到生

74

① 这篇论文最初以"改组社会所需的科学研究方案"为题发表在圣西门1822年出版的小册子《社会契约论》中;后经修改以"实证政治体系"为题作为《实业家问答》的第三册,于1824年重版。——译注

物学和社会学等具体科学。具体科学的规律包含抽象科学的各种规律，但这并不等于说，具体科学揭示的各种规律的具体特殊性，能毫无遗漏地被还原为抽象科学的抽象规律。同样，尽管社会科学或者说社会学的规律包含生物学的规律，但社会现象并不能毫无遗漏地被还原为生物学的现象。然而，孔德似乎并不想说，无论如何，各个领域都有本质差别。"实证精神已经认识到，发现绝对概念是不可能的，因此放弃了对宇宙起源、目的与事物的终极因的探索，转而通过理性与观察来探索事物的规律，也就是说，探索它们之间恒定的相似性与继承性关系。"这貌似怀疑主义的观点非比寻常。在18世纪理性主义的设计中，几乎没有人认为，"科学"只是一种理解世界真实属性的不同的，或许是高级的方法，不论他们怎么理解科学。圣西门自称是一位实证主义者，并与孔德一样致力于完全相同的事业，即便是他，也轻率地主张"所有的物理与精神现象都有一个唯一的动力因"。孔德认为，这类主张不仅误解了实证主义精神；而且是彻头彻尾的形而上学，它们是实证主义痛苦但成功突破的那个阶段的典型特征。

　　《实证哲学教程》的历史学命题是一个简单的观点，在历史演进中，科学从古代世界的数学发展到孔德本人的社会学。如今欧洲已经准备好，也只有在今天才准备好，运用实证主义方法进行社会和政治的重建。因此，当前这一历史阶段代表了实证主义精神的全面发展和最终胜利。孔德把这一最后阶段精心阐述为一种普遍特征，圣西门则称之为作为总体的"普遍历史"的普遍特征。鉴于圣西门已经把普遍历史区分为三个典范阶段：公元3世纪的多神论阶段、11世纪的基督神学阶段和19世纪的实证主义阶段，孔德论述了神学阶段，从各种形式一直持续到宗教改革，形而上学阶段也随之终结，然后是实证主义阶段。因而，孔德把圣西门的前两个阶段压缩成自己的第一个阶段，并加入了圣西门没有认识到的形而上学阶段，孔德的形而上学阶段的讨论较之其他人为多。对实证主义者，甚至是法国人来说，孔德与圣西门的体系并不奇特。它们只是当时关于历史普遍趋势的武断言论的一部分而已。的确,孔德早年耗费了大量的精力回顾和修正别人的观点。尽管如此,他的体系还是有自己独特的关注点。至少在当时,孔德的体系是普遍历史这一论题最系统的成就,其系统性甚至较之黑格尔也有过之,若回溯历史,孔德的体系凝练了一种法国传统。与很多十足的体系主义者一样,孔德过分简化得有些粗糙,随之而来的陈词滥调,加之他后期著作明显否定了自己的主张,致使很多人离开了他。然而在当时,人们还是认真对待孔德的,即便是那些怀疑,其实是那些嘲笑他不同寻常的道德和政治野心的人。

如上文所言,孔德历史观最简单的版本就是,前后一贯的神学阶段之后,是前后一贯的形而上学阶段,接着取而代之的就是实证主义阶段的出现。但孔德关于各种科学相互关系的历史学论述表明,他的理论体系绝不简单,因为在多神教阶段,在神学阶段的孕育期就已经能发现实证主义精神的基础。孔德把这些渐进的变革概括为,一旦变革确定,就以一种几乎是辩证法的方式产生了取代自己的阶段,除此之外,变革并不是简单的心理态度的变革。在 1820 年一篇名为《现代史简评》(A brief appraisal of modern history)的早期论文中,孔德阐述了几乎可以称之为唯物主义的观点:关于 11 世纪到 19 世纪,欧洲的经济活动、军事政策和权力的持续合法化等社会变革的解释。孔德认为,天主教会在 11 世纪一确立精神权力与世俗权力,两个过程就开始彼此削弱。其一是,阿拉伯人将科学引入欧洲;另一个是,自由劳动力、平民逐渐从封建依附关系的军事义务中获得解放,促进实业生产的发展。这两股力量与神权力量一直共存,直到 16 世纪的宗教改革,资产阶级在 17 世纪对现存世俗权力的挑战,以及 18 世纪对教会与世俗政权的"普遍致命的打击"。只有到那时,欧洲社会的生产、政治和知识特征才趋向一致(当然,其实是法国);因此,只有那时,一个前后一致的计划,一个正确的体系才有可能。可是,绝对主义和自由至上主义这"两个相互对立、同等错误的概念"正在糟蹋这种可能性,它们是一种历史的倒退,是社会虚弱无力的争吵,这就要求具有实证主义精神的人的积极干预。

76

按照孔德的假说，我们不能期盼"有机学说"能自发出现。在法国，雅各宾派的荒谬言论还在迷惑底层民众；作为圣西门的"恶劣阶级"之一，律师还在兜售他们的形而上学观念。因此，"必须完成一些著作，这些著作的性质足以表明必须依靠的阶级。这些著作是理论性的，所以很明显，公开声称以构建理论综合为目的的人，换句话说，专心科学观察研究的专家（savant），是唯一有能力与知性文化完成这些必要条件的人"。所以，"在未来构建的体系中，精神权力由专家掌控，世俗权力则属于实业机构的领袖……，专家的任务是完成第一流的系列丛书，实业领袖的主要任务是组建行政体系，并以此为基础奠定之"。孔德以某种形而上学的错误总结说，"这就是事物的本质"。生产、政治和知性的特征已经步调一致。这种一致或者说体系，证明了把握与运用系统性的可能性。为实现这些可能性，掌握系统的人必须有绝对的决断权，尽管也可能没有决断权。"事情的本质"显而易见。专家只需详细说明之。这是一种社会学的陈述，它是一门包含一切世俗现象的规律的科学。很明显，在孔德看来，科学和历史的必然性要求新的"社会医生"（Social physicians）的统治与监督。

孔德明言，专家的统治不是世俗的，而是精神的，它类似于中世纪教皇制度高高在上的统治，也类似于形而上学的政治哲学家所追求的统治，但在孔德看来，他们的追求没有多少效果。专家的统治并不是祈求超自然的权威，或者是援引与个人的自然权利、利益和良知相关的个体权威，相反，它是求助于可证实的社会有机团结（unity）的权威（不是虚构或想象的），其实，专家统治本身就是社会有机团结的助产者与护航人。尽管孔德清晰阐述了这一问题，但疑惑还是相当地多。要理解专家统治的力量，就必须回顾中世纪教皇制度，尽管孔德鄙视中世纪教皇制度的知性基础，但还是很羡慕它的成就。人们有充分的理由称孔德是一位"天主教的无神论者"，他有神学家的气质，有神权政治论者的倾向。这在孔德后期的著作《实证政治体系》（System of Positive Polity）显露无遗，这是一部充满忧伤、几近癫狂、拖沓冗长的著作，成书于1851—1854

年。在《实证哲学教程》的末尾,孔德给自己设定了四项任务,《实证政治体系》仅实现了其中之一。还有一些关于道德、实业、数理哲学或者说"实证逻辑"的系统性论文,这些论文是孔德 1857 年去世之前仅有的努力。1865 年,密尔(J. S. Mill)就孔德的《实证政治体系》写道,"其他人可能嘲笑之,我们却为这位伟大知识分子忧郁的颓废流泪。"回顾自己的著作,孔德认为自己在《实证哲学教程》中就开始了亚里士多德式的努力;而《实证政治体系》则是保罗式的努力。保罗是确立神学国家的精神力量的主要推动者,"是称谓不当的'基督教'的真正奠基者"。孔德则认为自己是确立实证阶段的精神力量的主要推动者,是"实证主义"的真正奠基人(有人可能认为为称谓不当)。所以,孔德在亲王阁下大道(rue Monsieur le Prince)的中产阶级公寓中宣称自己是"人道教"的主教。

1845 年是转折点。那年,孔德遇见了克洛蒂尔德·德·沃克斯夫人(Clothilde de Vaux)并立刻对她产生了奇特而狂野的激情。他们显然没能终成眷属,加之沃克斯夫人的早逝,让孔德几近痴狂。孔德非但没有抛开克洛蒂尔德,反而把她理想化,宣称她是实证主义信仰的圣母(Virgin),并确立她的坟墓是一个朝圣地。孔德在《实证政治体系》的结尾写道,"自 1845 年以来,在她神圣的影响下,我开始清楚认识自己的整个职业生涯,我的后半生要把哲学改造成宗教,就如前半生把科学改造成哲学"。利他主义是"宗教"的核心信条,也是新的精神力量。孔德告诫说,"热爱你的邻居吧","为他人而活"。1848 年 6 月,孔德以一种疯狂的超脱态度观察巴黎大街小巷的内乱。反动势力自取灭亡,没有认识到团结的可能性,但孔德主教热情洋溢地认为,团结是显而易见的。他曾就 1789 年大革命写道:"因为这次有益的动荡,我们才敢于奋起反抗并勇敢无畏地表达一种观念,它是整个社会科学与随之而来的整个实证主义哲学的基础,唯有实证主义这门终极科学才能形成团结。"如今,面对愈加无益与破坏性的乱局,孔德更认为,只有一场精神变革才能拯救法兰西,尽管他似乎从未真正放弃他的信念:这场变革只是为了确保人们忠于实证主义政体必需的情感。但很明显,

78

确保人们忠诚感并反对暴徒自我主义的实证主义与利他主义，已经变成了纯粹的形而上学口号。在这些可怕的妄想中，孔德严重破坏了自己的事业。1824年，孔德试图逃离圣西门的精神错乱，实际上孔德晚年的精神错乱甚至超过了圣西门。总体而言，除了他早年关于神学概念和形而上学概念的区分，孔德的理论与圣西门的理论的差别微乎其微。倘若孔德能活着完成他承诺的关于实业的论文，无疑两人之间的差异可能更不值一提。圣西门与孔德都遭到了两人思想流派的追随者的嘲讽，这些追随者还在巴西①苟延残喘，在英格兰也是最近才销声匿迹，尽管如此，他们两人的精神长存。

79

孔德的思想并不是没有产生直接的影响。② 哈里特·马蒂诺（Harriet Martineau）就节选了孔德《实证哲学教程》并翻译成英文。1853年，哈里特·马蒂诺女士宣称："我从事这项事业的最强动力就是我深信，我们的国家需要这本书"，她继续说道，"我们生活在一个不同寻常的时代，面对各种观点的争论不休，知识的坚实基础是不可或缺的，它不仅是知识的、道德的、社会的进步所必需，而且对我们把握从前人那里获得的底蕴也是必需的……此外，我翻译孔德的另一个原因也与这一点密切相关。凡是关心国家或民族福祉的人最担心的事情就是，人们因缺乏信念的家园而漂泊不定。我相信，没有人会质疑，绝大多数英国人现在还处于漂泊状态。毫无疑问，孔德先生的著作是独一无二的成果，它竭尽全力帮助人们排除这种危险。"英国人的这些情感让人想起了圣西门本人的观点："欧洲各民族之所以深陷危机，是因为普遍观念的不一致。"哈里特·马蒂诺暗示她担心过度的自由和无序的社会变迁的恶果，

---

① 实证主义在巴西影响深远，几乎成为官方理论。孔德的《实证科学百科全书》是巴西公立学校的学习课程，巴西的绿色国旗有"秩序和进步"的箴言，而绿色是实证主义旗帜的颜色。参见雷蒙·阿隆，《社会学主要思潮》"孔德"一章。——译注

② 鉴于孔德是一位反英派的思想家，强调正常的法国模式对例外的英国模式的优越性，加之英法长期的敌对情绪，所以他在英国的影响力有限。——译注

同样她也表示了对柏克(Burke)①之流的保守主义者对"效用"与普遍观念的彻底否认的厌恶，由此我们能发现，孔德对一小群英国知识分子的吸引力，他们欣赏孔德的作品。孔德最先吸引的是约翰·斯图亚特·密尔。

　　在他那本如雷贯耳又感人肺腑的《自传》中，密尔回顾了第一次接触两位法国人的著作的情景，他回忆道，"圣西门主义者和孔德的思想线索让我最受益的东西是，我更清晰地认识到转型时代观念的独特性，较之前任何时候都清晰，并且不再混淆人性的正常属性与（功利主义视野中的）转型时代的道德与知性特征"。他继续说道，"面对当前时期激烈的争论与普遍软弱无力的信念，我期盼未来能够融合最好的批判与最好的有机时代；不受羁绊的思想自由，在不伤害他人情况下的一切无限的个人行动自由；还有，关于对与错、有用与有害的信念，它们通过早期教育镌刻在感觉之中，以及情感的普遍一致，它以理性与生活的真实迫切需求为坚实基础；而且，与过去或现在的宗教的、伦理的与政治的信条不同，它们不需要定期被抛弃，并为其他事物所取代"。密尔的用语，从某些方面也包括情感，例如对"情感的普遍一致"的渴望，对"以理性与生活的真实迫切需求为坚实基础"的信念的渴望，这些都是孔德本人的。与孔德一样，密尔也期望通过全面而彻底的科学分析来确保道德的进步。然而，密尔关于进步状态的构成要素的看法却与孔德截然不同。关于"不受羁绊的思想自由"和"不受限制的个体行动自由"根本不是批判时期的最有害遗产，也不是危险的形而上学无稽之谈的看法，孔德是绝对不会赞同的。这却是密尔的关注点。这不仅是因为密尔是孔德最细致入微、最有条理的批评者，实际上可能也是最好的批评者，而且在很大程度上，密尔的批评及其引发的正面交锋，正好代表了英格兰与苏格兰的经

① 埃德蒙德·柏克(Edmund Burke，1729-1797)，英国著名思想家，政治家，反对法国大革命，认为大革命不是所谓追求自由、人权与宪政的运动，而是反理性、反传统的破坏运动，著有《法国革命论》。——译注

验实用性和"对体系与规则的狂热"之间的差别，正如密尔所言，
"根据这一差别，法国人在欧洲人里与众不同，孔德则在法国人里
与众不同"。

密尔是英国分析哲学传统的中流砥柱。密尔人所共知的可怕
童年就是一丝不苟地学习父亲让人麻木的功利主义的过程。他父
亲詹姆斯·密尔（James Mill）继承了前一代苏格兰派哲学，他认为
伦理规范及相应的政治方案绝不能以自然权利之类的抽象虚构概
念为基础，而必须立足于真实明确的个体需求，这需求给人们快
乐，让人们免遭痛苦，而他们经验的快乐和痛苦又调节这些需求。
约翰·密尔有两个反对父亲的观点。首先，其父的分析思路原则
上可以解释同情感（sympathy）与利他主义（密尔后来写道，"所有
我钦佩的人都认为：同情人类的快乐，成人之美的感觉……是存在
的目的，也是最大、最确定的快乐源泉"），可是当这种冷酷无情的
分析付诸实践时，使得感觉彻底枯萎。第二，也是更致命的，麦考
莱（Macaulay）①在彻底批判杰里米·边沁（Jeremy Bentham）和詹姆
斯·密尔时已经巧妙地证明，他们要么可有可无，要么错误：如果
每个人的动机都能转译为让人快乐的自我利益，那他们的观点就
可有可无；一旦限制某些属性，那就是错误的，因为很多已知的动
机都要被排除在外。

尽管约翰·密尔攻击麦考莱，实际上反驳得过头了，因为麦考
莱同意密尔的多数观点。密尔认为，如果自己的父亲把解析几何
的方法应用到人类事务是错误的，那麦考莱应用化学方法也同样
是错的。麦考莱局限于独一无二的情况的经验独特性，并据此得
出最狭隘的结论，也是错误的。此外，密尔还指出了麦考莱的另一
个错误，后者断言，化学物质合成的实体有别于各组成要素，人合
成的实体也有别于各组成要素，二者之间的类比是有效的。密尔
对直觉主义立场的批判更严厉，因为后者支持"错误的学说与糟糕

① 麦考莱（Macaulay Thomas Babington，1800 - 1859），英国历史学家、政治家，代表
作《自詹姆斯二世即位以来的英国史》。——译注

的制度",但直觉主义得到了胡威立(Whewell)①的《归纳科学的历史》(*History of the Inductive Sciences*)的大力声援,这部著作出版那年,密尔正开始构思他所谓的"道德科学",所以他差不多可以不用构思了。但孔德提出了另一种可能。

孔德提出了一种所谓"逆向演绎"的方法,它与直觉主义无关,也不求助于保守派和形而上学家;按照密尔的说法,这一方法融合了化学和几何学的优点。表面上看,这一方法是简单明了的。源自经验的普遍命题应该用来检验源自人性的双重假设与一系列特殊条件的演绎命题。接着,这些普遍命题就成为密尔所谓的"性格学"(ethology)的规律,成为环境改变心理倾向的规律。但在实践中,这一方法却很难使用,主要是因为如果人性的双重假设不是来自经验观察,又来自哪里呢? 这不清楚。因为密尔较之前愈加承认,经验观察多数时候都表明行为的极度复杂性,所以要是他还中意"化学的"主张就不合时宜了。

82

孔德著作吸引密尔的第二个地方是密尔欣赏他的科学等级秩序。孔德认为,化学等更为基础的学科的规律,可以包含在社会学等更高级学科的规律之中,但前者不能单独产生后者,但密尔更倾向于原子论的观点,他认为前者可以产生后者。化学作用产生的实体有别于组成元素,但对密尔来说,社会科学不同于化学。在这一问题上,孔德似乎更合理一些。社会学的规律(如果存在的话)应该与心理学、生理学乃至物理学、化学规律相一致,与社会学的规律可以从这些学科的规律中推论或演绎出来,这两种说法有至关重要的差别。密尔主张,人们可以对科学进行很多不同的分类,但孔德的分类已经很充分,因为它是有用的,可是密尔似乎没有注意到,自己使用孔德的分类的方式是独树一帜的,甚至到1865年,

---

① 胡威立(William Whewell, 1794–1866),英国一位百科全书式的学者,曾任剑桥大学校长,晚清时代李善兰曾翻译其著作《重学》(An Elementary Treatise on Mechanics)。19世纪上半叶,自然哲学全面向现代专业科学转型。《归纳科学的历史》(*History of the Inductive Sciences*, 1837)是他的代表作,支持康德的真理观,反对密尔代表的英国经验主义传统。——译注

密尔后期对孔德做出较温和的评价时也是这么认为。

第三点，也是最热烈的，密尔赞成孔德的历史观。诚然，密尔对孔德把三阶段论的经验普遍命题提升至一种规律的地位表示怀疑，"孔德对未来社会的预测和评价……似乎……其价值还不如他对过去社会的了解"。密尔说道，"在他关于过去社会演进的理论解释与对未来改善的建议之间，我们看不到任何科学的联系。"尽管如此，作为一种从古至今的历史学解释，密尔认为孔德的体系是无与伦比的。孔德的体系避免了历史学家所有常见的夸张，尤为重要的是，它清楚表明了信仰与知识的状态对历史事件日益重要的推动作用。密尔认为，孔德的结论"是从人性的规律中演绎而来的，它与历史的普遍事实完全一致。我们已知的所有重要的历史变迁，不论它发生在人类的哪一部分，都以他们的知识状态或主流信念相应程度的改变为前奏"。当然，若细致考察，这一结论其实是同义反复。如果人们做他们未知的事情，或者做他们不知道如何做的事情，那他们或者是无意识的，或者历史只是一系列的偶然事件。这两个论断是孔德批评的历史学家的典型错误，密尔拒绝之。在下述原理上，他们两人完全一致。信念的状态是过去历史的决定性原理。他们两人都是未来社会的向导和护航者。正是他们的规律为严谨的实证主义事业提供了基础，以确保在合理构建的社会科学中的历史与道德的信念。

然而，密尔在《自传》中回忆了年轻时的理想，"一个能融合最好的批判与最好的有机时代的未来，不受羁绊的思想自由，在不伤害他人情况下的一切无限的个人行动自由"，这本身就让人想起了密尔与孔德之间的道德距离。密尔在《奥古斯特·孔德与实证主义》[①]（August Comte and Positivism）一书最为清晰地表达了这一点。这本书是密尔在《逻辑学体系》第 6 卷（其实是第 1 卷）出版 30 年之后写成的；《逻辑学体系》第 6 卷是社会科学的纲要观点，这部书成稿于 1837 年，当时密尔对孔德在《实证政治体系》中的宏伟设

---

① 出版于 1865 年。——译注

想自然是一无所知。

　　首先,密尔与孔德不同,可以说,他差不多与所有其他社会学体系的构造者都不同,因为密尔清楚区分了,借助一种综合的、成功的社会科学原则可能实现的事情,与自己和别人能在实践中完成的事情的不同。孔德似乎假定,调查与确证程序的确立本身就是一种科学的证明,于是科学就来自宏大的、程序严谨的可能性表述。密尔拒绝孔德的断言,他更乐于同意,"既然个人的、阶级的利益与偏袒会干涉公正的判断,社会学调查者之间意见一致的……希望就十分渺茫,因为这要求,必须在尊重调查者权威的情况下,实现孔德先生规划的社会所要求的普遍同意。"但毕竟,环境以及与之相关的性格、利害关系各异。这本身就是一个"性格学"的假设。密尔曾举过一个现在不恰当的例子:"天文学之所以受到信任,是因为天文学家赞同他们的教义,而非某个科学院或皇家委员会发布命令或通过决议使然。"

　　因此,密尔坚决反对知性的强制,反对他在孔德身上觉察到的"对规则的狂热"。密尔区分了观点的强制和其他产生信念的原因,事实上这对他的理论与伦理学都是根本性的问题。这也是孔德和密尔的第二个关键的差别。从理论上说,密尔希望证明,尽管所有行为都是被动的,因而都能证明受制于某些确定的规律,但并不是所有的行为都是强制的,正是强迫的缺席构成了自由,让人免受物质的、道德的、知性的或政治的压制。密尔的观点,略微简要地说(因为这是一项勇敢而复杂的尝试),一个未遭强迫的人本来可以做不同于他已经做的事情,可他确实做了他之前做的事情,按照密尔的解释,这无疑是决定性因素产生的后果;若果真如此,那就可以有一种理解,这也是唯一与密尔试图维护的决定论解释一致的理解,其中人在过去的所作所为是必然的。然而,密尔确实希望能调和关于一切行为的机械论因果解释与选择的可能性。因为对他而言,若能调和之,就具有至高的伦理重要性。他认为,"尽管我们的性格是环境塑造的,但我们本身的欲求可以有力地改造环境;而且自由意志学说坚信,我们对自身性格的塑造具有真正的控制力,这着实让人感到振奋与尊贵;我们的意志,通过影响我们周围的某些环境,可以改变我们未来的习惯或意志潜力。"因此,"对人与社会来说,丰富多样的性格类型具有重要意义,而且给人性充分自由以便于在无数且相互冲突的方向上自我扩张,也具有重要意义",这些我们都不应该低估。

简而言之,正是密尔的怀疑主义与他对开放未来的重要性的强调,让他与孔德泾渭分明。他们的差别并不专属于他们两个人。本质上说,这代表了法国和英国的政治哲学家较为普遍的意图与气质的差别,18世纪已经充分展现了这一点。密尔本人曾经明确讨论过关于英法差别的其中一个根本原因。在《奥古斯特·孔德和实证主义》一书中,密尔批评孔德不理解甚至不承认英国是一个新教主义与秩序井然的国家,因此也不理解英国是"错误的自由观念"与革命自吹自擂的结合的一个例外。"除了基督教泛泛的影响之外,他似乎没有意识到新教教义的实证主义影响;他还忽视了一个与之相关的、至关重要的事实,与天主教教义相比,新教教义在孕育个体信仰者的知识与良心方面功效卓越。"密尔继续说道,现在是谈论孔德在《实证政治体系》中关于需要信仰机构来维护实证主义政体的主张,因为孔德不满于"天主教的神父(Paters)与万福马利亚祷文的对应物,他就必须有与十字架相对应的符号,于是他就贡献了自己"。

圣西门、孔德与18世纪法国更正统的理性主义者如出一辙,他们自认为已经取基督教的神学框架而代之,但他们都视之为知性与道德权威的典范。对他们而言,无与伦比的牛顿先生立刻成为一个知性的感召者与领导阶级的宗教象征。至于密尔,既不关注牛顿的墓冢,对其他让人想起主教和精神强制的事情也漠不关心,他认为牛顿只是一个卓越的分析者,一个完全现世的人物。若说孔德是一个天主教无神论者,那密尔就是一个新教无神论者。对孔德来说,实证主义社会学主导的世俗化天主教是一种力量,它能通过遵从智力超群与有精神特权的阶级实现团结与秩序。对密尔来说,性格学主导的世俗化新教允许独立和多样化,它要求人们服从理性和经验，但也允许有良知和同情心，通过这种方式，在自由之中确保秩序乃至进步（至于密尔始终对进步存疑）。

在 18 世纪启蒙时期的圈子里，人们普遍持有一种观点：好的是自然的，自然的是理性的，理性的是好的。无论它表面上如何清楚明白，但它绝不是一组精确无疑的公理。非正统的哲人、德国的唯心主义者、一般认为是关注法国重建的实证主义哲学家，还有小密尔，都曾追溯过这组"公理"的沧桑变化，因此很清楚，人们能用它来支持无数相互矛盾的描述与建议。而它根本不能用来塑造任何独特的主张。尽管如此，正如我前文所言，它可以作为一个视角来处理一组问题，这些问题的答案能让我们更容易去分辨、描述和解释人们的分歧。人在自然界中的位置是什么？人是创造物还是创造者，或兼而有之？大多数人认为，正是理性区分了人与自然（纵使理性的运用可以让人类回归自然），若果真如此，理性的扩展和应用又如何就作为个体的人做出区分？这一区分与另一个同样是泛泛而论的主张，即，理性的运用可以为个体的共同行动提供一个基础，它们之间关系又是什么？如果人天然的理性能力的运动可以确保一个紧密团结的社会，那我们是否可以说存在一种自然的社会状态，并要为之辩护来反对其他非自然的状态呢？这些问题本身绝对不是什么清晰的问题，但它们是问得最多的问题，而它们的答案既提供了一种关于过去的错误与矛盾的理论，也为在道德正当的未来提供了一套取代过去错误与矛盾的计划。

然而，理解人们如何提出并回答这些问题的最简单方法，就是返回产生问题的等式[1]背后的兴趣点，并询问相关的每一个人，他关于"好"的概念是什么？他认为正确的社会、政治与道德秩序形态是什么？因为这才是最直接有据的分析。孟德斯鸠、卢梭、黑格尔、马克思、圣西门、孔德乃至赫尔德（若按照一种复杂得多的理解方式，康德也在其中），尽管他们的思想观点差别万千，而且明显不

---

[1] 指前文关于好、自然、理性的等式。——译注

77

协调,但不论他们的观点是如何建构、解释与阐述的,理想的秩序都是一种没有内在矛盾的状态(密尔并非如此)。康德的观点最抽象,因而也最明确。人对自己的理性确立道德负有义务,一旦理性完善,它就能团结所有人,理性状态是没有矛盾的。这就不难理解,法国和德国为何强烈厌恶不协调。这两个国家不协调的方式不同,法国被完全相对的各种意识形态撕裂,德国只是作为一个理念存在,根本没有结构的凝聚。

大体而言,对法国人和德国人来说,多数英国人(但不是所有)都是充满魅力的、有启发性的配角,尤其是密尔。一方面,密尔像其他人一样献身于一门关于社会的理性科学,而且确实描绘了这门科学的纲领,但决定论冰冷的原子论与机械论令密尔的纲领黯然失色。但另一方面,密尔的科学立足于一系列的规律,这些规律不仅强调了变化无常的环境对人类过去信仰状态的作用,而且也强调了环境对当前信仰的持续影响,所以他一直致力于研究观点持久的多样性。这不是简单的怀疑主义。密尔深信,多样性是进步的本质。他十分重视自由的条件与表达,主张"不受羁绊的思想自由"和"在不伤害他人情况下的一切无限的个人行动自由"。密尔心中的 18 世纪精神引领他去尽力协调自由观念与关于人类行为的决定论解释,在《论自由》(*On Liberty*)一书中,他更费尽心力为自由观念做理性辩护。但至关重要的是他的解释缺乏激情。这不仅展现了密尔严肃的性情,也表明周遭的环境无需激情与紧迫。在 1830 到 1870 年之间,英国社会从不缺乏争辩乃至矛盾,但它们没有达到相应的程度,例如,德国知识分子国家完整的意识与德国保守的各州尚未觉醒的分裂状态之间的对比;或者,法国大革命前夕与后期保守派与激进的自由派之间的战斗。因此,不论表面上看,利益分歧与观点变化有多么大,英国人显然都没有质疑社会的道德和政治基础。事实上,较之密尔本人关注的宗教传统的差异,这一差异或许更根本。毕竟,认为德国唯心主义滥觞于德国虔诚的新教也不无道理,而新教虔诚的沉思内省哺育了德国人对真正伦理(*sittlichkeit*)、对人与人之间全面完美的和谐的渴望。尽管唯心主义哲学中的"认知主体"（the knowing subject）的认识论权威主要来自新教，但正如上文所言，认为通过充分认识个体主体就可以凝聚成一个社会主体的信念，更多是因为当时德国各州几乎没有可能进行稍微有实操性的统一行动。因此，我们又回到了英国社会与法德两个欧洲社会之间的经济、文化与政治的差异。如此，人们就更能清楚了解与众不同的社会学思想的两大普遍条件了，它们也是各种理论，或者说解释框架，更准确地说，可以称之为世俗的宇宙论的普遍条件，后一种称谓也许有些贬义，它们通过援引一两条社会组织化的原理，就宣称能解释当前社会的弊病，说明有序一致的未来的必要基础。

　　第一个条件是，对社会的前提基础提出根本性的质疑。到目前为止，我讨论的思想家之中，只有密尔缺少这种怀疑。在密尔的道德和政治哲学中，没有任何质疑英国社会基本结构的东西。相反，密尔认为英国社会的基本结构是自由资产阶级的意识形态老练娴熟的融合的表现，与法德不同，英国的自由资产阶级已经稳如泰山，并占有支配地位，可这一观点太赤裸裸了。显然，密尔是以理所当然的方式看待英国社会的，欧洲大陆的知识分子则不是。但若说密尔对英国社会的个体状况表示乐观，就会让他的整个事业变得难以理解。正是对个体状况的担忧，才有密尔的理论事业。密尔认为没有必要全面解释英国社会的各种原理，相反，在很大程度上，他认为这些原理是理所当然的（他期望读者也这么看），尽管如此，他也不认为英国社会可以保持静止不动。由此，他建议不要彻底重建社会或革命，而是渐进变革，通过财富的再分配、提高女性地位、扩大改善教育等方式调整不平等，在一个明显稳固的结构中，这些变革可以为个体的决断提供更多的余地。如果说密尔的哲学不是一种忧心忡忡的哲学，那也不是一种冷静自信的哲学。

　　全面的社会学构想的第二个条件，就是理性主义者一元论的道德信心，他们坚信存在一个原理，一旦它确立，就能立刻保证社会的公正、融洽与持久，而且一旦过去的知性与制度错误被清除，那所有理性的人都能清楚看到这一原理。我们继承了以诸如此类原

理的名义倡导的革命与重建的憧憬，视之为古典社会学理论。而
89　从我们更实用的自由主义者那里继承了较为温和的信念与意识，
他们相信是环境在影响着人们，并认为有很多原因、很多结果，也
有很多未来。这些东西也可以称为是"社会学的"，但影响它的道
德的、分析的目的与前提假设都截然不同。尽管如此，就在同时，
一种理论从自由、实用、清教的英国中产阶级中间孕育而生，它似
乎要联合理性主义与自由主义泾渭分明的信念，进而似乎要彻底
颠覆对立点，这也正是社会理论进程史的悖论。这一理论的创始
人就是赫尔伯特·斯宾塞。

第五章 规律决定的历史 Ⅱ

斯宾塞冷漠的理性主义并不能代表英国的知性生活。因而，他给那些试图以社会学的方式解释社会理论的人增加了难度。在维多利亚时代中期自信的道德家和科学家中，斯宾塞是否真的是一个少见的人物与极端的个例，是否真的是他所属的阶级最无争议的辩护者？或者，正如上文所言，自信是 19 世纪英国自由主义思潮的总体特征，斯宾塞的表面自信是否是他对质疑的回应，或者是他对剧烈社会变革时期的加尔文主义式焦虑的本能反应？又或者，他只是有些怪异，有些神经质，维多利亚时代的各种假定促使他创造了一种相当少见，甚至是病态的学说？最合理的、可能也是最无趣的结论是，三种说法都有些道理。斯宾塞确实自信：没有哪位心理学家或社会学家敢宣称自己的著作“最终能与牛顿定律（*Newton's principia*）比肩”。他也确实焦虑：稍稍翻阅一下他的信件就能发现一种近乎让人怜悯的需要，即得到他人正确理解与应有尊重的需要，马克思、密尔，甚至圣西门等人的信件中都完全不见这种需要。此外，他也古怪——甚至亲近的、志趣相投的朋友也一定会赞同，在斯宾塞晚年，他们主要是同情他，而且斯宾塞在其《自传》中细述了他的人格困境。或许斯宾塞的人格困境是维多利亚时代英国的典型，然而他只是拙劣效仿了这种困境。斯宾塞表达了一些同时代人乐意相信的观点，但大部分比他更明智、更稳重的人认为没必要信奉之。

我们选择性地继承了一些理论设计者的思想作为社会学的体系，斯宾塞与他们一样，都不仅仅是社会学家，他宣称他的“终极目

标是要为各种行为的对错原则寻求一个科学的基础"，"这个终极
目的就在所有切近的目标背后。"斯宾塞的努力很有特色，其中三
91 点尤其有历史学的趣味：他宣称要从一种关于宇宙总体的普遍理
论中推导出社会发展与人世必然性的理论；他既强调个性的分析
意义与历史学意义（尽管他可能不赞同历史学的说法），又强调我
们现在视为社会结构的分析意义与历史学意义（很大程度上"社会
结构"就源自他）；还有就是人们后来误解斯宾塞的程度。通常人
们都认为，斯宾塞的社会理论源自生物学理论，其实不然（显然，斯
宾塞几乎没有受到达尔文的影响）；斯宾塞也绝不是无限竞争的蹩
脚的辩护者；此外，尽管他是一个必然论者，但并不是一个明确的
乐观主义者。就为人们深深误解这一点而言，斯宾塞可能是第一
个表示赞成的人，但斯宾塞肯定不能同意另一个同样有几分道理
的观点，即，正确理解斯宾塞的作品会表明，它们比很多人认为的
还要肤浅得多。

斯宾塞与地方教区牧师、医生、诉状律师、工程师、悠闲且偶尔
能自力更生的自学成才者、评论阅读者、小型哲学科学社团的积极
组织者、其所属的宗教与政治派别的激进分子，以及19世纪上半
期为英国地方生活贡献良多的人，都有些渊源。他于1820年4月
27日出生在德比郡，接受了父亲与叔叔的科学课程而非人文课程
的教育。他做过一段时间的铁路工程师（即便是身在突飞猛进的
事业之中，他还是痴迷于他的朋友玛丽·伊万斯的小说《米德马
切》①），随后他到《经济学家》做助理编辑，1853年他继承了叔叔的
遗产，生活衣食无忧，此后他以维多利亚时代独特的专心致志精神
投入创作，直至1903年逝世。除那些误解他的人之外，斯宾塞似
乎总是让人充满尊敬而不是热情。到19世纪行将结束之际，他成

---

① 玛丽·伊万斯（Mary Anne Evans，1819－1880），笔名"乔治·艾略特"（George
Eliot），英国现实主义小说家，《米德马切：教区生活研究》（Middlemarch：a study
of provincial life）是其代表作。——译注

为英国各种消失的假设的一座活纪念碑。

　　斯宾塞与密尔之间有长期但友好的争论,但总的来说,他们两人的假设没什么差别。斯宾塞在 1850 年的《社会静力学》一书中首次提出了他的假设。他认为,功利主义对追求快乐的经验与道德原理的推崇,很大程度上忽视了人类的可变性,以及相应多样的幸福观(尽管 1899 年斯宾塞自豪地向斯蒂芬[①]解释了自己的观点,但他几乎完全不懂功利主义);而且他认为,能就人的本性给出一个充分的决定论解释以及相应合宜的道德观。斯宾塞与密尔不同,他并没有为论证决定论和自由意志的兼容性这一问题感到焦虑。斯宾塞有他简易的、目的论意味的解决办法,而一贯更为睿智的密尔绝不会同意他的办法。"设想幸福是试图到达的终点",《社会静力学》要证明幸福"依赖某些条件之落实;并符合道德的要求……而且,一个最重要的原则……是人们已经并且一直在经受本性的改造,通过让人自发适应这些条件,从而适应社会处境"。"静力学"的目的就是要论述人对社会处境的适应,只要人适应了,他就是自由的,而且社会将一直引导人实现自由,实际上是预定如此,因为邪恶"将永远(趋向)消失",所以"人必然变得完美"。斯宾塞还祈求另外的权威直接复苏了其福音派传统。"上帝希望人们幸福。人们只能通过发挥他们的能力才能得到幸福。因而,上帝希望人们发挥能力。但要发挥能力,人必须能自由地做能力自然驱使他去做的一切事情。因而,上帝想让人拥有这种自由。"密尔则没有这种轻快活泼的自然神论。

　　斯宾塞本人不久就放弃了这种自然神论。在 19 世纪 50 年代早期,斯宾塞更关心他那仍不成系统的进化论思想,他一开始就以近乎成型的形式阐明了其进化论学说,19 世纪 60 年代早期,他在《第一原理》(*First Principles*)中提出了成型学说。而在此期间,斯

92

---

① 莱斯利·斯蒂芬(Leslie Stephen,1832－1904),19 世纪后期英国学者,社会活动家。——译注

宾塞已经能够离开《经济学家》(*economist*)杂志自立[①]，并在他那起伏不定的健康状况允许的情况下，全身心投入了写作，很快他就发表了《心理学原理》(*Principles of Psychology*)的部分内容。在这本书的序言中，他承认"可以认为，与综合的分解相比，分析的分解更难懂"。斯宾塞对分析的分解毫无兴趣。正是综合，加之他对普遍因果关系和目的论的推崇，以及他对边沁学派功利主义论点的反对，构成了斯宾塞体系的根基。这一综合最值得赞赏同时也最

93 具斯氏色彩的地方，就是它试图确保自己的前提基础成为一个科学的结论。斯宾塞以赞同孔德（当时他尚未阅读孔德的书）与密尔（他已读过密尔的书）的口吻写道："智识（Intelligence）的一个主要特征是，在智识的进程中，没有意识到行为举止贯彻智识的进程，也没有意识到智识的进程根据预期目标进行的调整，整个进程与最开始的状态是一样的，但它最终是有意识、有条理的。"他继续写道："一些观点，可以因其对立观点的不可能性得以证实为恒久存在；这个规则（canon）……可用于检验辩论的每个前提、每个步骤以及人们从头至尾所用的结论。"请思考一下，这个规则是成立的（与孔德、密尔分道扬镳）。剩下的步骤"只是有意识地、系统地应用这种检验"。"我们可以称类似的说法为第二项规则，即，任何结论的确定性程度，都与为得出这一结论而做的一般预设（Universal Postulate）的假定数量成反比。"《心理学原理》以一般预设开篇，驳斥了斯宾塞眼中的他人的错误；又以一般预设与第二项规则来总结他关于智识进步的分析性结论，这不是在方法论意义上，而是在实质意义上。

密尔一直很尊重斯宾塞，但较之斯宾塞最初的有神论或者目的论，一般预设让他们的分歧更大。在密尔看来，斯宾塞主张那些"显然不可辩驳的"命题，这似乎是接受了休厄尔[②]的理论，更准确

[①] 参见前文关于斯宾塞 1853 年获得叔父遗产的论述。——译注

[②] 休厄尔（William Whewell，1794-1866），英国科学史家，牧师，著有《归纳科学的哲学》(*The Philosophy of Inductive Science*)。——译注

地说，是接受了更常识性的科学哲学（现在我们可以这么称呼它），而密尔的《道德科学的逻辑》（*Logic of the Moral Sciences*）是径直反对这些东西的。但密尔也认识到：斯宾塞与他人不同，他没有打算用这种哲学来为诡秘保守的反动思潮助威，对抗理性科学的进步。正好相反。他们两人的精神是一致的，只是方法有些不同。然而，斯宾塞十分看重他的第二项规则，并把齐啬的原则发挥到了极致，而且蔑视正确的经验主义基础，据此他提出了唯一的假设，并宣称从中推出了他的各种实质理论。斯宾塞似乎是在相当突然的情况下想到这一假设的。在 1858 年 1 月 9 日致父亲的信中，斯宾塞写道："在过去的 10 天里，我关于各种事物的观点突然凝结为一个完整的总体。之前很多散乱的事物已经各就其位，成为一个系统的和谐部分，这个系统可能是从最简单的普遍原理有序发展而来的。"但确定这些原理并非易事。为避免"思维不畅"，斯宾塞甚至一度带着誊写员到摄政王公园的池塘，这样他就能划船 5 分钟，口述 15 分钟，交替进行。即便如此，《第一原理》还是很快就连续发表。 94

在这些文章中，他研究了三个主要论题。首先，他试图立足至高的角度来讨论物质（matter）以证明，通过清晰区分可知物与不可知物就可以调和科学与宗教。斯宾塞问道："能以同等程度超越智识与意志、超越机械运动的存在方式，是否就是不可能的？毫无疑问，我们完全不能想象这样一种更高的存在方式。"斯宾塞强烈反对当时固执的不可知论，他以这种立场继续写道："但这不是质疑其存在的理由；恰恰相反。难道我们没有认识到，我们的心智（mind）甚至完全没有能力接近一种能解释一切现象的概念？难道这不证明了，我们之所以做不到，正是因为有条件之物不能理解无条件之物？难道这不正意味着，人们不能从任何一个方面想象终极因（Ultimate Cause），是因为它在每一个方面都比我们所能想象的要伟大？进而，我们是否不应当给终极因赋予任何属性，因为这些属性必然源自我们自身的本性，所以它们不是提升，而是降格。"斯宾塞不能容忍一个未经考察的前提条件，而且照理说，他本应该直接面对当时最受争议的学理问题。但历史事实是,斯宾塞本人反对干预主义(interventionist)的世界观可以代替因果论,而且,他只是把不可知之物置于科学可以解释的因果链条的第一环,较之这一历史事实,他的不可知之物学说的逻辑困境更突兀,也更无趣,而且在他人已经指明其困境之后,斯宾塞还是固守己见。

95 《第一原理》的第二个论点是关于因果链条的一般属性,这个论点的覆盖面更广,而第三个论点是关于因果链的动力问题。斯宾塞选择用"进化"来命名这个因果链,如此一来,他就引进了进化概念,直到第一次世界大战,"进化"都是学界公认关于社会发展的科学解释的主流概念。到1900年(尽管第一版《第一原理》已经很清楚界定了进化概念),斯宾塞明确写道:"进化是物质与相伴随的运动损耗的统一;其间,物质从一个不确定、不连贯的同质状态转变成一个确定、连贯的异质状态;同时相应的运动状况也经历了一个与之类似的转型过程。"这描绘了诸事件的因果链条。斯宾塞继续写道,"显然,一组结果意味着一组原因"。他惊叹说,或许有些夸张,"根据这一模式,不可知物告知我们的因果解释可能是最终极的"。其实并非如此,"类比法告诉我们",开普勒定律可以视为是"万有引力定律"的特例,"同样,之前的经验命题也可能解释为更深刻法则的必然结果"。他说道,"除非我们成功发现一般变迁的基本原理,否则我们不可能具备构建哲学体系所需的全面统一的知识",这其实是斯宾塞一生的计划。因而他深入阐述了进化概念。"必须证明,物质和运动的再分配处处都必然以那样的方式发生,并且产生了天体、有机体、社会共同的那些特性。而且,必须证明,能在普遍的进程中发现相同的必然性,我们在周遭每一种最简单的运动中都能发现之,乃至石头的加速落体或钟摆的循环敲击。换句话说,进化现象必须从力的持久性(Persistence of Force)中推导出来。"这就是斯宾塞的普遍动力。

斯宾塞的想法其实很简单。力的持久性超越时间。这样,力就持续冲击物体。而力的冲击总是大小不一:各部分受到的影响有所不同。因此,同质性是一种不稳定的状态,事物必然趋向分化,物质必然分化为更确定的形式,有机体必然分化为各类物种,社会必然分化为不同的结构,"运动"必然分化为更专门的功能。作为结果的异质不是趋向混乱,而是形成一种系统、均衡的秩序。然而,到斯宾塞修订《第一原理》的最终版本时,一个事实的发现与一般化对其宇宙学说的意义让他大为困惑,这就是热力学的第二法则,即,在所有系统中,能量都趋于消失,秩序趋于解体,在斯宾塞看来,这一命题与他的论点相矛盾(其他人也遭遇了同样的问题)。斯宾塞只好提出一些空洞而可怜的断言,"除那些构成相反的解体过程的部分现象之外,世界每个角落的现象都是普遍进化进程的组成部分"。

96

　然而,斯宾塞并没有为这些困惑而气馁,而是着手拓展了自己的进化论学说,在那本过分谨小慎微的《自传》中,他详细说明了进化论思想的源泉。斯宾塞回忆说,在弱冠之年前后,他逐渐放弃了特殊造物的信仰,形成了"总体进化的信仰",但"当时无疑是潜在的"。他十分合理地说道:"任何人,一旦摈弃了神学的超自然主义,完全接受科学的自然主义,都会心照不宣地承认,一切现存的事物都是进化的结果。""自然因果关系的普遍性学说必然推论出对应的学说,认为宇宙及其万物都是经过连续的物理必然阶段而成为当前的形式。"他以特有的严谨继续说道,"然而[在19世纪30年代早期],我并没有清楚认识到……这样的对应学说,我也不记得当时有任何确定的信仰可以解释宇宙或生物的起源。我第一次拥有关于这些事情的确定信念是……因为20岁那年读到莱尔①的《地质学原理》;他反对拉马克②的论证让我部分赞同拉马克的观点"。毫无疑问,60年的岁月间隔,以及其间达尔文自然选择理论

① 莱尔(Sir Charles Lyell, 1797–1875),英国地质学家,"据今论古"的现实主义方法论与渐变论思想的倡导者,著有《地质学原理》等。——译注
② 拉马克(Jean-Baptiste de Lamarck, 1744–1829),法国博物学家,生物学奠基人之一,器官用进废退与获得性遗传学说的首倡者,著有《法国全境植物志》《无脊椎动物的系统》《动物学哲学》等。——译注

受热捧的情况,粉饰了斯宾塞部分赞同拉马克观点的回忆,因为斯宾塞一直坚信拉马克的观点,其实达尔文本人也很奇怪地相信拉马克的观点。后来的证据都倾向于证实达尔文本人在《物种起源》中的观点,即"只要个体拥有超越他人的优势,不论多小,他就有生存与种类繁殖的最好机会",人们经常用达尔文的例子来反驳斯宾塞,认为仔细观察与有限推论优于过度的一般归纳。不过,这种事后判断忽略了达尔文本人对"伟大规律"说法的坚持,以及他对变异原因的困惑,他认为原因是自然选择。拉马克关于获得性特征来自遗传的模糊观点,给环境论者和遗传论者的观点以更大的空间,对斯宾塞这等关注宏伟设计甚于自然史细节的人来说,"自然"现象与其环境持续相互影响的宇宙观更能包容拉马克的观点。斯宾塞在《自传》中继续解释说,他一早把德国解剖学家冯·贝尔①的结论融入到了拉马克的观点中,即,有机体从青年到成年、从一代到下一代会更复杂、更分化,以及人所共知的"力的守恒"概念,由此他在19世纪50年代晚期得出了《第一原理》中详论的综合体系。斯宾塞的综合的确源自生物学的理论,从历史的角度说,这是准确的,而从分析的意义说,这有误导性。但这么说,首先忽视了斯宾塞对系统的偏好,其次忽视了他本人坚持的观点,即,综合并非源于生物进化外推到其他事物的进化,而是一切特定的进化都是从关于宇宙总体进步的一般预设演绎而来。

19世纪70年代早期,斯宾塞发表在《当代评论》(*Contemporary Review*)的一系列文章阐明了他的社会学抱负,这些文章差不多立即在1873年以《社会学研究》(*The Study of Sociology*)为名集结出版。斯宾塞还在他人的帮助之下着手收集大量各类社会的事实,它们在

---

① 卡尔·恩斯特·冯·贝尔(Karl Ernst von Baer, 1792 - 1876),德裔俄国人类学家,胚胎学家,"贝尔法则"的创立者,认为所有脊椎动物的胚胎都有一定的相似性,胚胎的相似与分类的亲缘关系成正比;而且门、纲、目、科、属、种的特征是在发育过程中相继出现的,著有《动物发生史:观察与思考》等。——译注

1874 年之后以《描述社会学》①为名相继面世。1876 年到 1896 年之间,斯宾塞发表了不朽的《原理》(*Principles*)②。总的来说,这是一项杰出的成就,但也很混乱。斯宾塞主要的学术努力的失败,是试图把现在看来截然不同的东西整合为统一的发展进程,这不是他一个人的失败,而是 18、19 世纪所有断言宇宙发展统一性思想家的失败。例如,斯宾塞似乎总是认为,各种有机体的历史发展(我们现在称之为"进化")和单个有机体的生命进程是相同进程的不同方面。同样,他似乎把不同类型社会的前后发展等同于单个社会的内部发展。斯宾塞的总体观点是,社会在发展中呈现出结构的分化及相应的内部功能专门化,这个观点已经以各种方式渗透到关于现代社会学观点的多数空洞思潮之中。根据当时约定俗成的区分,斯宾塞指出,早期社会可以称之为"军事"社会,其特征是面对恶劣的环境,社会缺乏分化:与最原始的有机体一样,外部坚硬与内部同质。后来的社会是"工业"社会,它与高级的有机体类似,主要以相对巨大的内部分化为特点,经济学家称之为"劳动分工"。斯宾塞认为,个体化的基本倾向"大范围"发生作用,这推动了军事社会向工业社会的过渡。机械因果论和目的论的结合十分明显。当时一些批评者指责斯宾塞无视事实,其实不然。到 19 世纪 70、80 年代,斯宾塞对进化的稳定性不再那么理直气壮了,而且也以悲观的态度欣然承认可能存在暂时的倒退。他不得不说,结构复杂的"军事"社会,诸如英国统治之前的澳大利亚各个社会,只能解释为是先进形式的倒退。尽管如此,斯宾塞也毫不放弃他的总体社会学体系与一般预设,其社会学体系与生物学、心理学和伦理学一样,都源自一般预设。

98

---

① 《描述社会学》,又名《社会事实的集合》(Descriptive Sociology; or Groups of Sociological Facts)。该书共 8 卷,由斯宾塞本人整理分类,大卫·邓肯(David Duncan)、理查德·薛平(Richard Schepping)与詹姆斯·科勒(James Collier)编纂精炼,1873 年至 1881 年在伦敦相继出版,文中的时间略有误差。——译注

② 指斯宾塞 10 卷本巨著《综合哲学体系》的《社会学原理》(3 卷本,1876—1896)与《伦理学原理》(2 卷本,1897)。——译注。

然而，除无视各种类型的发展之外，斯宾塞也十分困惑于社会进化的其他三个方面：竞争的作用、专门政治机构的意义、各类有机体与各类社会的类比。现在人们经常说，斯宾塞是社会竞争有益说的热情倡导者，虽然社会竞争对斯宾塞到底有多重要尚不清楚，但这一称谓肯定是不对的。批评家经常提到斯宾塞早期的论著《人口原理》(*A principle of population*)，这篇论著让他备受关注（遗憾的是，他没有在马尔萨斯①那里发现世代延续的动力，而达尔文发现了），斯宾塞在文中指出，数量的增加有利于适应者通过成功的竞争淘汰不适者获得生存。批评者还提及斯氏"最适者生存"的措辞与美国人对他的认可。但这有失公允。这篇早期论文只是一篇早期论文而已，当时对斯宾塞本人意义并不像其他人那么重要。美国人深深误解了斯宾塞。在《社会学原理》中，人们期望发现许多涉及斗争和竞争的段落，事实上几乎没有。他确有讨论斗争与竞争的地方，但不论怎么看，都是自相矛盾的。例如，他在某处谈到了先进社会内部的竞争促进了活力和个体化（以及进化和进步）；他在另一处谈到了社会之间的竞争既促进了人口的增长与胜利者的异质性，也促进了社会的活力、个体、进化与进步；但在其他地方，他却提到了斗争减少与"文明"社会进化的关系。其实，斯宾塞有时必须自相矛盾，因为他既试图论证（到目前为止），竞争促成了进化；又试图论证，随着个体化的各部分日益认识到，它们在充分发展的"工业"社会的复杂结构中是相互依赖关系，利他主义必将成为未来社会的特征。在阅读《伦理学的素材》(*The Data of Ethics*)之后，华莱士②有力地质疑说："唯有进化……能解释高级、热情的利他主义的形成。"

同时代其他一些人批评斯宾塞政治观点的模棱两可。斯宾塞显然厌恶一切规章制度，希望个体能有尽可能多的自由，同时也完

---

① 马尔萨斯(Thomas Robert Malthus, 1766－1834)，英国著名政治经济学家，著有《人口原理》等。——译注

② 应指威廉·华莱士(William Wallace, 1844－1897)，苏格兰哲学家，研究德国唯心主义哲学，著有《黑格尔的逻辑学》等。——译注

全不妨碍他人的自由。但他也认为，"不论是个体有机体，还是社会有机体，都有一个以支配中心及各依附中心为特征的复合调节系统，而且支配中心的规模和复杂性在日益增长。"个体有机体发展精细的大脑；通过类似似乎意味着，社会在发展政治。但为了维护他的政治偏好，斯宾塞宣称，在工业社会中（规模更大、分化更深的社会），"没有必要再通过共同的力量联合个体行为，使之隶属于某种整体行为"，据此直接否定了上述源自一般预设的推论。斯宾塞似乎认为，每个人能自发认识到他的个体性归功于他人个体性的保全，就足以确保社会秩序（这一论点显然含混不清），这一观点遭到了若干人的非难，认为下层阶级会用另一种奴役状态来代替个体对整体的隶属。

100

政治问题的困惑引出了第三个困惑。这一困惑源于斯宾塞对个体有机体与社会有机体之间的结构、功能与进化进行无止境的比较。实际上，"结构"和"功能"等后来美国社会学界和英国社会人类学界风靡的术语，几乎都来自斯氏的比较。然而，这些术语引发的学术困惑与斯宾塞引发的困惑不同，至少在社会学界如此。斯宾塞的比较不只是隐喻，人们通常称之为"类比"，这太轻了，对斯宾塞来说，它们是直接对应。所有的现象都遵循同一发展过程，而且最终都是同一原因的结果，即力的恒常持久性。这意味着，斯宾塞不得不认为，实际上是断言，必须用相同的术语来描述这些现象。但他这样做，必然陷入空洞的荒谬或者自我矛盾。斯宾塞或者陷入毫无启发且相当滑稽的平行论证，就如神经与电报线的比较；或者，陷入各种例外情况的混乱状态，例如，个体有机体有一个意识中心，而社会有多少成员就有多少意识中心等事实，这让斯宾塞的比较及其所依据的理论毫无道理可言。当然，毫无道理的结果并不奇怪，因为它直接来自斯氏的假设，即个体现象与社会现象之间表面的相似性，也就是各自进化过程中出现的现象，表明了更根本的东西，然而事实似乎是，相似性的确是表面的，更根本的事实是个体有机体与社会有机体的显著差异。简而言之，这一混乱与上述两个一样，只是斯宾塞总体进化论的基本混乱的特殊案例。

如果说 19 世纪 50 与 60 年代，斯宾塞阐述的理论，一些同时代人可能愿意相信，另一些人则认为没有必要相信，那么到 19 世纪 80 年代，他在阐述相同理论时，前一群人可能不再接受，后一群人则坚决拒绝，不过另有新的一群人逐渐认识到斯宾塞理论的必要性，尽管他们内部意见不一。

赫胥黎①属于第一群人，他是一位热情的进化论者，一贯同情斯宾塞的事业（他曾经含糊宣称，"宇宙至始至终是同一的"），直到 19 世纪末，他才提出与斯氏旗鼓相当的进化理论。之后，赫胥黎批判了斯宾塞，但没有指名道姓。这发生于 1893 年牛津大学一次讨论热烈的讲座，赫胥黎的主要观点是，"社会的伦理进步不依赖于模仿宇宙的进程，更不是远离它，而是与之斗争"。赫胥黎说，社会进步的目的是，"鉴于现有的总体状况，伦理最善者应当存活，而不是凑巧最适应的人"。有人怀疑，他只是提出了一个进化的道德自然主义的变种，为此他辩解说："我们称之为善良或美德的伦理最善实践……不是导向最适者生存，而是尽可能多的适应者能生存。"斯宾塞在致友人的信中愤怒写道，这场讲座"充满了荒谬的假设，假定'进化的普遍原则'应用到有机世界时，只限于个体面对残酷环境的生存斗争，而与社会组织化的发展或人的心智在组织化过程中的改善无关……［这一假设］回到了旧的神学观念，让人和自然相对立"。斯宾塞撰文反驳，在一篇名为《进化的伦理学》的论文中，他指出，赫胥黎手头有自己的著作，他本不该有此看法，这真是咄咄怪事。然而，考虑到斯宾塞关于竞争状态的混乱说法，以及他关于利他主义必然出现的无力论证，赫胥黎对斯氏著作的解读并非完全没有道理，而且还有历史的意义，因为这实际上是包括赫胥黎在内的所有人解读斯宾塞的方式，不论他们有没有阅读过斯

① 赫胥黎（Thomas Henry Huxley, 1825 - 1895），英国思想家，在比较解剖学、人类学等领域贡献卓著，著有《人在自然界中的地位》《进化论与伦理学》（《天演论》是其中一部分）等。——译注

宾塞。之所以如此,部分是因为斯氏理论给人的印象。但部分也是由于当时人们普遍在斯宾塞与达尔文之间划等号的缘故,他们两人的观点都那么模棱两可,的确,达尔文是以竞争为理论核心,可他通常不做道德推论。

　　赫胥黎、华莱士以及其他生物学家,热衷于斯宾塞的理论观点,却对斯氏的伦理推论不以为然,他们可能是斯宾塞后期批评者中最有力的人。还有一群人,他们对自然史和生物进化没有直接的兴趣,而是径直关注个人主义与自由放任的社会的进步,但他们人数更庞大,19 世纪 50、60 年代,他们心照不宣地赞同所谓的斯宾塞愿景,但到 19 世纪 80、90 年代则坚决拒斥,而且让人们觉得他们一贯都是拒斥。19 世纪中叶,人们还可能秉着良好的信念相信,自由资本主义孕育了道德的善,而且这与事实也没有太明显的矛盾。然而,经过 19 世纪 70 年代的衰退和关于可怕的都市工业生活的证据日益增多,以及劳工阶层本身的诉苦,即便是最麻木的人都会认为自由资本主义是一场失败。查尔斯·布思①写道,"无助感侵袭所有人"。因此,那些致力于进步的人,即自觉启蒙的知识分子阶层,认为社会的进步,与其说是用理性干预来维护系统,不如说是用理性干预来控制它,减轻其负面效果。事实上,斯宾塞早期的同侪几乎没有活到 19 世纪 80 年代末或 90 年代,甚至在这时,斯宾塞就已经是一个非同寻常的老人,但这时这一群人不再是那些心照不宣支持其主张的人,而主要是他们的道德、学理乃至字面的继承者,主要是他的老友波特(Potter)的女儿比阿特丽思这样的人,比阿特丽思和她的丈夫西德尼·韦布②是 19 世纪末期理性

---

① 布思(Charles Booth,1840 - 1916),英国社会统计学家与改革人士,对城市空间格局理论与社会贫困问题颇有贡献,代表作品是巨著《伦敦居民的生活和劳动》(17 卷)。——译注
② 韦布夫妇(Sidney James Webb,1858 - 1947;Beatrice Webb,1859 - 1943),英国社会活动家,费边社会主义理论家,主张对资本主义体制进行渐进改良。1892 年二人结婚,此后一同从事社会活动和科学研究,1895 年共创伦敦经济学院(后称伦敦政治经济学院),共著有《资本主义文明的衰亡》。——译注

控制自由资本主义运动的杰出代表。在这些知识分子看来，各种自由放任主义的意识形态，不论是所谓的斯宾塞社会进化理论，还是主流的政治经济学，都不能满足"现实的需求"，是基于"一系列与观察到的现实生活相去甚远的假设"。因而他们抛弃了这些意识形态，主张更积极、进步改革的治理规划（但还是渐进的）。他们的规划赋予政府一种更积极的角色，一个政府早已经承担的角色，即便是默默承担的，但斯宾塞坚称，"我相信，我们迈向的社会形式，是一个政府尽可能化约到最小的社会"。

103

然而，这些知识分子对斯宾塞结论的特定拒斥仍保留了他的精神，即，忠于认定的科学进程，忠于当时称为而如今更含糊不清的"实证主义"，这也差不多是整个 19 世纪英国社会分析的精神。但他们对斯宾塞类似的道德与政治意图的拒斥，就没有保留他的精神。因为当时英格兰的社会分析，尤其是政治分析中出现了一些人所谓的唯心主义概念的复兴，但其实只是引介，一直到 19 世纪末期，唯心主义的概念都只流行于英格兰的文人雅士中。古典政治经济学日益苍白无力，人们对斯宾塞和其他人关于竞争的肤浅论证的厌恶，对经验论与理性主义传统在认识论与道德上已然破产的信念，尤其是牛津大学反对正统神学的思潮，所有这一切都引发了人们对唯心主义哲学泛泛的兴趣，特别是康德与黑格尔的哲学。斯宾塞误判了唯心主义哲学的吸引力。在世纪之交写给通讯者的信中，斯氏称唯心主义哲学是"旧世界的废话"，而且与他的观点"截然对立"，他断言唯心主义哲学"纯粹是所谓正统的最后避难所"。斯宾塞写道，"正如我在某处所言，对不可思议的学说，最好就是用不可理解的命题为之辩护"。事实上，英格兰和苏格兰是以自由主义改革而非以反动的名义，运用了康德与黑格尔的伦理学，为一种进步状态的合理目的与行为进行辩护。

然而，针对斯宾塞的第三种反应是热情支持，而不是批判，但斯宾塞可能认为，而且确实认为，他们的观点也来自曲解他的社会进化论和伦理学。对弗朗西斯·高尔顿和卡尔·皮尔逊①等人来说,通过竞争获得生存的一般学说暗示,在19世纪末期,那些痛苦广为人知的人们显然是不适应的,尽管斯宾塞表示异议,但他的一些论点清晰表明他持有这种观点。皮尔逊警告说,"向所有人提供教育服务,提供最低工资与免费医疗设施,……你会发现无力就业者、堕落者与身心脆弱者会增加而非减少"。三十六年前斯宾塞就写道,"由于人为保全最不能自我照顾与行为最恶劣的人,社会的品质在道德和知性上都在降低"。对费里②、马克思和恩格斯等其他人而言,通过竞争获得进步的信条,似乎为阶级斗争的社会主义纲领提供了一套更普遍、更科学的基础。对还有一些人来说,可以进一步概括集团化的竞争,为普遍的国际掠夺与特定的帝国主义扩张辩解与正名。

因此,在1870年到1914年期间,以上三种观点的来龙去脉让人很困惑。"社会达尔文主义"与达尔文本人近乎毫无瓜葛,达尔文主要关注物种演化,而且从主张有差别的自然选择变异,回到了主张获得性特征的遗传,至少部分如此。达尔文称斯宾塞是"我们伟大的哲学家",后者让"进化"概念大众化,并断言利他主义在社会生活中的终极必然性,他认为自然选择不能充分解释进化,这部分是因为他混乱的思想在赞颂激烈的斗争。实际上,到20世纪前后,达尔文与斯宾塞几乎都成了一系列理论的象征,这些理论经常前后矛盾而且总是泛泛空谈,它们要么用来解释、论证各种各样的自然和社会现象,要么为一些人提供了一个巨大但不清晰的靶子,这些人与进化学说辩护者其实差不多。实际上,"进化"与"自由主

---

① 弗朗西斯·高尔顿(Francis Galton, 1822 - 1911),维多利亚时代百科全书式的学者,"优生学"(eugenics)的创始人,以"回归"与"相关"等概念研究生物现象,著有《人类才能及其发展的研究》《自然的遗传》等;皮尔逊(Karl Pearson, 1857 - 1936),英国生物统计学家,在高尔顿的基础创建生物统计学,提出了"众数""标准差""正态曲线""平均变差"等统计学基本概念与"皮尔逊分布",对社会应用研究影响深远,著有《对进化论的数学贡献》《统计学家和生物统计学家用表》。——译注

② 费里(Ferri, 1856 - 1929),意大利犯罪学家,社会主义者,主张进化论的社会主义,著有《社会主义与实证科学》等。——译注

义"一样，它们的意思越来越多，但也越来越少。

正是针对斯宾塞的三种回应中的第二种让人们认为，斯宾塞是后来所谓的"社会学"的英国代表。第一种回应本质上是防御型的，生物学家在历经赫胥黎与华莱士在19世纪90年代的批判，与生物学在20世纪最初几年的发展之后，他们全身心关注的是物种而非人。第三群人，除高尔顿和皮尔逊等自诩为优生学家的人之外，或者对进化也近乎全无兴趣，就像英国人自己一样，或者对与英国社会的"进步"有关的一切事情都索然无味。其实，优生学家是创立不列颠风格的"社会学"的各派人士中立场最一贯的，但他们对社会学的影响要稍晚一些（优生学家及时成为同情心泛滥者的攻击对象除外，皮尔逊称他们是"多愁善感"）。因为韦布夫妇主张一种进步的干预主义状态，试图缓和工业资本主义的不公与痛苦，所以他们是第二种回应中的典型。韦布夫妇以极其旺盛的精力献身于费边社、劳动党及他们新成立的伦敦经济学院与其他事务。正如他们后期在社会调查的指导中所言，无论他们怎么做都贡献甚微，因为他们是在温和的自由主义信念与适宜的社会主义理论之间寻找实用的空当。尽管如此，1906年伦敦经济学院设立了英国第一个社会学教席。第一位教授霍布豪斯①明确了第二种回应。实际上，霍布豪斯接受这个教职有些不情愿，而且显然不是有意为之，他并不关心英国第一个正式社会学教授的事实，他在乎的正是对道德目标的知性追求让他接受了教职，而很多敏锐的自由主义思想家都有这种追求，但几乎无人进入社会学领域。

霍布豪斯起初是牛津大学的一位古典文学学者，据他说在当时的牛津大学，"我们中间十之八九的人都坚信，这个世界一直在变

① 霍布豪斯（Leonard Trelawney Hobhouse, 1864-1929），英国思想家，新自由主义的代表人物，1907年受聘于伦敦经济学院新设的马丁·怀特讲座，成为英国第一位社会学教授，著有《论劳工运动》《心智的进化》《自由主义》《发展与目的》《社会演进与政治理论》《形而上学的国家理论》。——译注

得更好、更快乐,未来必然能有社会普遍繁荣的曙光"。但霍布豪斯对进步不以为然。1913 年,他回顾自己的观点时写道,"如果说进步是一切人类珍视或渴望的东西,那就要求抑制生存斗争,并以某种形式的社会合作取而代之"。1907 年在阐述"费边主义的事业"时,霍布豪斯指出"一个进步国家的政策"应当是运用"整体的力量,提供个人自助的合理限度之外的安全与机会,以支持、增强、丰富个人的生活"。因而,他的观点似乎与赫胥黎在《进化和伦理学》中的观念有本质的相同。然而,赫胥黎与华莱士、达尔文一样,区分了"宇宙的"进化与"社会的"进化,或许还过分强调了二者的区分,而霍布豪斯则与斯宾塞一样,试图统一二者。霍布豪斯认为,斯宾塞的计划让人敬佩。但其道德的结果让人感到恐怖。他回忆说,"我相信,一种不满足于玄思的哲学,必须以经过科学解释的经验综合为基础,而进化的一般概念为这种经验综合提供了一把钥匙。随之而来的问题是,这一综合能否克服斯氏理论应用于人类进步时的矛盾。"

106

　　学理上霍布豪斯最容易接触到的哲学是格林①及其牛津学术圈的唯心主义。霍布豪斯说道:"坦白说,就我个人而言,我绝不可能赞同这一路数。"正如他所言,唯心主义哲学设想一切事物都是"精神的"(spiritual),这掏空了这个词任何有价值的道德意义,而且他确信"未来的哲学必然是以科学为根据"。霍布豪斯并不怀疑宏大体系,但他对只根据经验或只根据形而上学的预设来推导宏大体系的做法持批判态度。他说,"就此而言,斯宾塞先生,不论其方法有何缺憾,似乎都富有创造力"。但他又说,"在我看来,黑格尔主义的发展概念,除细节之外,还有一种粗略的、经验的价值。意识和自我意识有阶段或程度之别,而且正因个人的自我意识独具

---

① 格林(T. H. Green, 1836–1882),英国 19 世纪后期最著名的哲学家、政治学家,新黑格尔主义者,其新自由主义学说一度是英国政治变革的理论基础,著有《伦理学绪论》(Prolegomena to Ethics)、《政治义务原则讲演集》(Lectures on the principles of political Obligation)等。——译注

一格，才有一种人类精神的高级自我意识，它代表了当前发展阶段的状况。进而，倘若用经验解释黑格尔主义的发展概念，就暗示着唯心主义哲学和实证哲学的交汇，但人们不要期盼这种交汇。高级的自我意识必然是实证主义的人性，调节自己的生活并控制自己的发展"。简而言之，"意识的因素……将影响发展的进程"，而这是斯宾塞一贯反对的（尽管我们可以证明，他的利他主义理论要求他承认这一点）。列维-斯特劳斯曾说，所有社会都存在大量经常相互矛盾的观念，社会根据成员的主流意图进行选择性的组合。霍布豪斯的理论正是这样一种修补术（*bricolage*）。他从道德古板的英国中上层的主旋律中提取了经验主义与唯心主义、预定进步的假设与善意干涉的思想、英国普遍的生物进化观念和孔德主义者对实证利他主义的信念，使之融合以倡导自由社会主义的理想。与新成立的英国社会学协会的学理混乱不同，霍布豪斯主张社会学是一种真正综合的社会科学，这并不奇怪。同样不奇怪的是，他本人的综合一直很乏味，而且常常空洞无物。

霍布豪斯通过观察动物以评判它们的心智过程。他在《心智的进化》（*Mind in Evolution*）一书中发表了其结论。我们不禁会想，霍布豪斯与之前的斯宾塞很像（只不过后者的经验研究止步于徒步苏格兰的粗略地质学考察），这些结论预示了他的分析。正如他后来所言，"心智"的进化是从本能驱使迈向理性驱使，"我们可以设想，一般意义的进化是一种盲目乃至残酷的进程，取决于无序的生存竞争，但可以认为，一个物种在诸多物种的生存竞争中脱颖而出，它的存活应当归功于心智"。霍布豪斯充分意识到从动物实验得出推论的困境，也充分认识到没有必要把他的解释等同于"某种关于现实的终极本质的理论"，尤其是这么做的危险性，而且他还充分认识到，探索从心智、理性与自我意识的存在到集体利他主义的存在的历史路径涉及的难题，更别说因果逻辑。显然，对霍布豪斯的道德目的而言，最后一项难题最让他忧虑，而他借用一个崭新的信念来解决之，即，"若从一个纯粹的经验起点进行机械的推理，一个坦诚的思想者应当承认现实系统存在某个目的的要素"；这表明他并不尊重观察,也表明他与乐观的牛津同仁的关系要比他自己承认的更亲近。而且这个信念让他绕了一整圈儿,这在后期的《论进化哲学》一书末尾最明显,他本人名之为《发展与目的》(*Development and Purpose*),这是对斯宾塞《第一原理》的回应。他写道,"在已知的发展最高阶段,我们说心智要实现自身,即,实现心智结构已经长期如是的基本原理。由于这一新的意识,心智发现了生命差异潜藏的统一性与蕴含某种未来自我实现可能性的计划。心智没有干涉统一性和计划。心智发现它们,发现它们已经在那里,并且一直在各种条件下运行以确定心智的萌芽成长。心智有目的的活动只是这些条件的持续运行,并通过对这些条件的重要性的一致认识,最终完成之。"霍布豪斯与黑格尔不同,在其"现象学"(他也这么称呼)中没有给矛盾的重要性留有哲学余地,因为他没有给冲突留有道德时间。但与黑格尔一样,他也必须预设其历史的终点以完成之。

　　霍布豪斯的社会学的来源十分清晰,是从其哲学中推导而来。他在 1913 年就已经说道:"意识因素……能影响发展的进程"。在 1924 年的收工之作《社会发展》中,他试图证明事实已然如此。这没什么过人之处。真正的过人之处在于,在一场恐怖的战争与无处不在的猜疑冲突几乎摧毁所有人的信心之后,霍布豪斯还能坚持有一点点迟疑的乐观主义。他略微温和地写道,"可以认为,现实社会结构是试验性或局部性地解决各种环境条件下的共存问题,而发展是某种更好的解决方案之后的成就"。更有趣的是,他继续说道,"各种基本制度……显示了与思想发展在关键之处的同步",因此"全面的社会发展要以现有人世智慧为条件"。这一论题取决于社会发展与知性发展的相关性,但霍布豪斯没能令人信服地证明。显然,他试图证明"大型共同体的有效组织日益常见,而这必须以普通公民的自由赞同和热情支持为基础",后者是"高级的道德和智力天资"的指示器,然而他也不得不承认,古老、小型的社会更能确保自由,而且他也很不自信地认为,战后欧洲令人沮丧的状况只是暂时的倒退。

108

109 　　由此观之，19 世纪后期的英国自由主义者坚信进步在于利他主义的增长，是因为他们假定进步是存在于一个多数与他们相似的人组成的社会之中。这提出了一个难题。这些自由主义者必须证明，抑制自由放任的可怕结果是一场渐进、自然、"进化"的转变，否则，一场突然、革命的转变，就极有可能要求抑制当前弱小却至关重要的利他主义阶级，也就是他们自己。然而，从自我主义到利他主义的转变是一种质变过程，似乎很难有力论证这是一场进化的而非革命的转变。斯宾塞无意中清晰地证明了这一点。尽管他后来反对赫胥黎和其他人，但就其认定的核心道德目的而言，他是彻底失败了，他没能证明利他主义的进化必然性。实际上，斯宾塞的失败是彻彻底底的，以至于大多数人都反而认为，他在鼓吹竞争和斗争。若自由主义者研读过革命的社会主义者的著作，他们会发现后者可能进一步加重这一困境。但在英格兰，社会主义者却没有，这尤其是因为几乎没有自由主义者阅读他们的著作。

　　霍布豪斯对这一困境的回应非同寻常。他是与之针锋相对。通常人们都是两种回避方法择其一，一种是纯学理的，一种是实践性更强的。前者直接宣称，完全有可能存在"自然的"、因而是可以科学证明的道德正当，但这一方法却广为人知。1885 年，西季威克（Henry Sidgwick），一个剑桥大学的哲学家，对他认定的三位代表性的社会学家，孔德、斯宾塞与一位德国进化论社会学者舍夫勒①，进行了强势而有力的批评，指责他们都在社会生活的趋势中发现了自己喜闻乐见的事物的进化。西季威克以最直白的言词说道，很明显这门假定的科学还处于未成熟阶段，因为人们几乎没有就它的议题形成一致意见，同样明显的是，三位社会学家都错误地认为，人们若要就未来如何形成一致意见，必然是就应该如何形成一致意见，但这在逻辑上是错误的。他们三人的意见完全渗入其著

---

① 舍夫勒（Albert Schaffle，1831－1903），德国社会学家，经济学家，工团社会主义者，主张国家对自由竞争的干预，著有《资本和社会主义》《社会主义的精华》《社会体的构造和生活》。——译注

作,而人们则用这些著作来证明这些意见。然而几年之后,才有针对所谓"自然主义谬论"的严肃攻击,也来自剑桥大学,但来自摩尔[1],一位密切关注密尔、斯宾塞,尤其是格林的人。摩尔直截了当 110地指出,没有证据表明应然与实然之间存在任何逻辑关系,这一论断源于他过分乐观地相信冷静发现真实事实的可能性,也显示了人们对"科学"的信心,乃至前者科学在道德议题中的作用的那些人也在此列,但它立即赢得了热烈的支持。这一论断意味着,道德陈述只是直觉或好恶的表达而已。但是,这一论断也可能推出与自然主义相对的观点,即倘若道德论断与科学无关,道德的发展也不取决于自然的进化,那两者必然都依赖意志的运用。这一推论,不是直接来自摩尔,而是来自相同道德文化中的人,正如摩尔的观点是来自对政治经济学与斯宾塞等人宏伟计划的幻象的破除,而且它已经为唯心主义和益格鲁化的黑格尔开辟了道路。因而,牛津时期的青年霍布豪斯进入了这一学术圈,但没有接受他们的观点。

　　针对为利他主义发展提供一个貌似合理的"自然"解释的困局,第二个回避方法就是干脆不理它。唯有英国能这么做。相比欧洲其他国家的状况,尤其是法德,英国的政治权力并没有为宵小之徒控制。与法国不同,英国的自由改革家与反教权主义者没有任何瓜葛,而且充满爱国忠诚,也没有与动荡的行政部门纠缠不清。与德国也不同,他们没有遭遇古老顽固的贵族、强大可怕的社会主义政党,以及积极推行工业化的国家及其官僚机构三方不可调和的局面。相反,自由改革派似乎能向从谏如流的上层掌权者诉说相对松散的劳工阶层的遭遇,他们很多人其实就来自上层,而且也没有真正威胁到任何强势的既得利益集团。人们认为,他们致力于维护与改善现状,而不是毁灭与转变,而且确实如此。尤其是,自由改革者建立了一个愿意采纳更积极干预建议的政府。因

---

[1] 爱德华·乔治·摩尔(George Edward Moore, 1873 - 1958),英国哲学家,分析哲学的创始人,著有《伦理学原理》等。——译注

111　此，他们不太关注那些无能者主张的宏大的整体改革计划，而更注重具体的实践建议。他们阐述并大力宣扬、传播自己的关注点，这促使政府迅速扩大了治理领域，并促使社会服务公共开支在 1905 至 1914 年期间翻倍，1905 年正是自由党首次执政。霍布豪斯同情自由派。他给自由派的《曼彻斯特卫报》写了几年评论。

　　因此，在道学家的反自然主义教条与改革家的实用热情之间，社会学作为建构社会进步的科学，几乎没有什么余地。对前者来说，社会学是荒谬的，对后者来说，它没必要。因此，霍布豪斯选择直接面对为利他主义的进化提供一个综合的自然解释的困境，必然是知音寥寥；而且，后来他本人也有所意识，这样一个目的其实是规定了一般社会学（general sociology）的任务，所以不难理解为何在英格兰几乎无人问津社会学。社会学协会只是由一小群富有的空想家、学院怪人和（不怎么受欢迎的）社会生物学家组成，自 1903 年协会建立以来，霍布豪斯对之倾注了大量精力，在某些条件下，它或许也能成为一股真正的学术与道德力量（就如法、德的社会学协会）。伦敦经济学院致力于宏大、进化的社会学，这导致社会学在英格兰知识界长期失声，沦为冷漠与嘲讽的对象。而霍布豪斯只是提供了一套关于利他主义进化无聊透顶且基本是循环论证的解释，此外无他，但这并不是他无人问津的原因。这主要是因为英格兰人不怎么喜好宏大一般的理论。1914 年，斯宾塞在英格兰不仅是逝世了，而且是烟消云散了。

第六章 规律决定的历史 Ⅲ

有人说，到 1870 年左右，欧洲的社会学史是这样一部历史，各派学者都努力确保一种全面的道德与一种道德政治体是以社会生活的诸原理为基础，而不是以神学箴言或某种抽象人性为基础，这种说法固然没错，当然也过于简单了。这一说法不甚严谨地暗示，宗教传统中的人的概念与先验的人的概念毫无影响力，可这些概念确实发挥了影响，它们和各种社会政治局势与目的关系密切，这解释了各派学者努力的本质及其相互之间的差别。正如上文所言，英国与德国思想家之间有天壤之别，他们都坚持个人的建设性力量，但结果是一方产生了非社会的个人主义（asocial individualism），另一方是产生了反个人的整体主义（anti-individual holism），当今的人这么认为，当时的人也这么认为。毫无疑问，英德的共同主张来自他们共享的新教教义，来自关于个人精神的、道德的与认知的自主。然而，差别则源于两个国家截然不同的社会与政治条件。英国已然建立，德国还没有。英国的社会结构清晰可见，人们视之为理所当然。德国没有清晰的社会结构，其实根本是没有社会结构，有的只是各邦国建制杂糅的可悲状况。英国的个人必须规定与保护自我以反对社会。德国的个人必须定义社会。英国的个人必须实现新教的自主承诺以反对他人。德国的个人通过其他人才能实现新教的承诺。英国的个人通过经验他人来构成自我，就此而言，他为他人所决定。德国的个人就好像要从他人之中来构成自己。这些差别的讽刺之处在于，在英国，社会的力量无处不在，以至于多数人没有觉察到，在德国，社会的力量微乎

113 其微,反倒成了众人关注的焦点。若认为英国的知性产物是非社会的个人主义,德国则是反个人的整体主义,几乎是完全误读了双方思想家的前提假设与动机。

然而,1870 年之后,英国和德国的境况都发生了变化,社会哲学家的动机也随之变化。正如上文所言,敏感、文雅(liberal)的英国人认识到,越来越难把他们的社会视为理所当然,他们厌恶了各种假定可以视之为理所当然的哲学,并着手考虑干预措施。于是,一些哲学家转向德意志的早期思想。另一方面,德国人突然面对一个统一的、充满活力的帝国。德国人解决了创建一个社会的问题,但建立者是冯·俾斯麦,而不是文雅的知识分子。一些英国人尝试着接受新秩序,他们明显或许是暂时地转向了一些假定,而且英国人自己开始去证明它们。

普法战争的胜利巩固了 1871 年俾斯麦统一德国的成果。人们可以认为,战败对法国的深远影响,就如胜利对普鲁士的深远影响,以及通过普鲁士对整个德国的深远影响。尽管一方面确实如此,但另一方面并非如此。毋庸置疑,1871 年是法国灾难的一年。1870 年 9 月,皇帝拿破仑三世在色当向普鲁士人投降。一大群民众立刻占领了巴黎的议会,并在一些共和派代表的仓促临时的领导之下,宣布成立一个"国防政府"。没有人反对他们。巴黎人民为一个让人深恶痛绝的政府的倒台而兴高采烈,其程度与他们敌视德国的入侵相差无几。尽管新政府无力阻止德国军队向巴黎进军,但它决定保卫之。巴黎被围困了 4 个月,到 1871 年 1 月末,已经完全弹尽粮绝,巴黎人民投降,彻底战败。这是百年战争以来,法国遭受的奇耻大辱。1871 年 2 月,法国举行选举,结果却扑朔迷离。保皇党的代表人数超过了共和党,但他们内部发生了分歧。尽管如此,保皇党人还是联合反对巴黎,当时的巴黎是野心勃勃的共和党人的地盘,巴黎被围、选举的结果以及与普鲁士的和谈条约让共和派的某些小集团感到愤怒,他们发动了叛乱,并在 1871 年 3
114 月份,不仅以共和派的理想,而且以社会主义的理想的名义创建了一个公社（Commune），1848 年的时候，社会主义曾让马克思心驰神往，让孔德惊恐万分。1871 年 5 月，梯也尔政府击败了巴黎公社的支持者，他随后宣称"共和制是分歧最少的政体"并据此行事，然而 1873 年 5 月，梯也尔也遭到了议会中君主派的非难。君主派对潜在革命的害怕是显而易见的，他们的害怕并非开始于恐怖统治，甚至也不是 1848 年，因此他们让一个士兵担任总统职位长达七年之久，就是为了有时间建立一个君主政体。① 对他们来说不幸的是，他们选择的这个人是一个不妥协的极端保守主义者（Bourbon），拒绝向共和党的意见做丝毫的让步，结果没过多久，一部共和派的宪法最终获得通过，尽管只是 1 票的多数而已。1877 年的选举具有决定意义。共和派获胜，并且建立了第三共和国。但反对者并没有偃旗息鼓，到 1914 年为止，法国先后共有 55 任内阁。

因此，从一定意义上说，普法战争的失败确实对法国影响深远，因为它加剧了法国社会原有的裂痕，它既加剧了共和派与君主派之间的宿怨，他们的宿怨与革命本身一起形成，于 1815 年拿破仑不幸的百日执政期间爆发，19 世纪 20 年代末期，1847 年、1848 年和 1851 年又多次爆发，而且基督教会坚决捍卫权力使得矛盾更错综复杂；又加剧了雅各宾派的激情，雅各宾派 1794 年遭到镇压，1848 年又死灰复燃，而且不断吸收 19 世纪社会主义的新观点；此外，还加剧了巴黎和外省之间长期以来的痛苦、怨恨与轻视。从最宽泛、也是最狭隘的意义上说，法国的国体（constitution）依然是个问题。因为在很大程度上，新争斗还是老问题，所以 19 世纪 70 年代的危机，尽管深刻，却没有提出新问题。这场危机只是重提了一些老问题。19 世纪 70 年代知识分子重视的东西，与圣西门、孔德在 19 世纪 20 年代、30 年代、40 年代重视的东西十分相似。在这

---

① 麦克马洪（Mac-Mahon, 1808－1893），法国元帅，曾任法兰西第三共和国总统（1873—1879），当政期间支持君主派与教权主义的主张，压制共和派，1879 年共和派大选获胜后辞职。——译注

一方面，直到 19 世纪 80 年代，法国的变化较之英国或德国都要小得多，尽管在法国社会主义经历了片面的、残缺不全的、支离破碎的发展，当时每个人都呼唤"社会主义"，尽管如此，巴黎公社让社会主义声名扫地。

115   18 世纪，较为穷苦的法国哲人主要通过做家庭教师谋生。19 世纪初，圣西门成功为自己谋取了可观的私人财富。孔德最初是依靠圣西门支付的薪金维持生计，尽管他在巴黎高等师范学校临时上过几堂课，后来是靠皇室成员的接济与密尔等尊贵的仰慕者的资助，所以相当不稳定。但在 19 世纪末期，高等教育机构新历改革，并最终得到了合理的财政支持，于是越来越多的法国知识分子就能够获得稳定有薪的职位。这很重要。这不仅意味着他们有了学生，19 世纪 30 年代的柏林是知识分子有学生之后可能产生的后果的例证，还意味着，不论这些知识分子想在社会外面鼓吹何种理念与行动，都要求他们向其同事证明，自己的学科是值得尊重的学科。其中一门学科就是社会学，没过多久，社会学就受到共和派的热烈欢迎，与反共和派的人的痛恨程度不相上下。一位共和主义者写道，"每个人都在谈论社会学，甚至在滥用，它正在风行。人们关注这门新学科，期望能获益良多……因此，19 世纪末期就形成了一场与 19 世纪初完全相同的学术运动，而且，原因也相同"。

19 世纪初期，法国至少有 24 位社会学家在各种机构中从事教学，这一数字主要取决于人们如何定义社会学家，而且哲学、法律、历史和地理等其他学科至少也有相同数量的学者，他们都同情社会学这门学科。当时人们认为，正是孔德总体上创立了社会学，一门关于社会的实证科学，试图发现与自然规律类似的社会生活的规律，尽管实证主义教会之外的人们，甚至包括孔德忠实的传记作者，列维-布留尔①，都批评孔德后期的过分行为。英国的经验主义

---

① 列维-布留尔（Lvy-Bruhl，1857-1939），法国社会学、人类学家，著有《原始思维》等。——译注

与康德之后的德国唯心主义（idealism）曾在法国有过一点影响，但本土的理性主义已然完全吸收了它们，而且正是通过这种方式，丹纳与勒南①等学者使之变得通俗流行，他们以不同程度的形而上学热情召唤着孔德，以勒南为例，他认为，实证主义可以成为一种新信仰的基础，"它能为人类解决那些永恒的问题，人的天性必然要求解决这些问题"。社会学家们还翻译了斯宾塞的作品，研读并热情传阅沙夫勒②的著作。当然，他们也有差别。一些人是经验调查者拉布雷③的追随者，拉布雷关注 19 世纪农民的流离失所与城市劳工阶级的生活，并以传统天主教关心稳定和秩序的精神评价他们生活的改善。还有勒内·沃尔姆斯④，他的社会学源自对个人主义诸多后果的担忧，而且他在 1893 年创建了自己的《国际社会学评论》。不过，多数人在一定程度上都还是忠于理性与共和国的，埃米尔·涂尔干是其中最明确的一位，而且他很快成为最引人注目的一位。

116

涂尔干 1858 年出生在法国洛林一个德系犹太人拉比家庭。1879 年，涂尔干进入巴黎高等师范学校，他对共和主义的热情很高，而且认为学校的大部分教学都是毫无意义的业余爱好或纯粹的神秘主义并对其表示厌恶，这两点让涂尔干声名鹊起。他似乎已经是一个道德严肃的年轻人。涂尔干十分热衷于享受巴黎的知识分子生活，并接受共和派的民族主义理想。意识形态的信念与道德的严肃性让涂尔干坚持知识分子的严谨，坚持法国特有的一种不妥协理性主义与唯名论经验主义的优点，并远离矫揉造作、卖

---

① 丹纳（Hyppolite Taine，1828－1893），法国文学评论家，实证主义的代表，著有《艺术哲学》等；勒南（Ernest Renan，1823－1892），法国史学家，法兰西学院院士，著作有《耶稣传》等。——译注

② 沙夫勒（Albert Schäffle，1831－1903），德国社会学家，著有《社会体的结构与生活》等。——译注

③ 拉布雷（Le Play，1806－1882），孔德实证主义社会学的追随者，著有《欧洲工人》《法国的社会改革》等。——译注

④ 勒内·沃尔姆斯（René Worms，1869－1926），法国社会学家，《国际社会学评论》的创立者。——译注

弄学问的文人，涂尔干一直都轻视他们。据说，涂尔干不喜欢勒南的论文，但却具有勒南的精神。

　　不过，并非巴黎高等师范学校的所有课程都让涂尔干失望，雷诺维叶[①]和布特鲁[②]，学校的这两位哲学家深深地影响了涂尔干。布特鲁教哲学史，他极力主张尊重科学，并且坚持认为每一门科学都针对独特的、不能再简化的领域。涂尔干后来解释说，"这种观点让他印象深刻"，并"把它运用于社会学"。雷诺维叶显然是一位影响深远的人物，他是法国精英教育系统中的一位大学教师，他的学生之后都成为了政治家、律师、管理者与学者，而他的知识榜样与道德楷模广泛影响了他们。雷诺维叶是一个新康德主义者，这在法国哲学中是一个新现象，他坚持道德和个人尊严的重要性，坚持理性的优先性，坚持认为一个正义的社会需要运用理性来调解自主和秩序；还有，雷诺维叶坚持理论理性要服从实践理性，并暗示理论理性的先验范畴取决于一种基于实践理性的意志决断的选择，这种关联指向了涂尔干本人后来的论题，即，理论理性的范畴形成于实践的社会生活，正如卢克斯（lukes）所言，这一坚持对涂尔干或许十分重要。

　　理性主义者，进步的、自由的或者（用非马克思主义者的话说）社会主义的共和派知识分子，社会学家以这些名头自居，他们已经在第三共和国获得重大的胜利，雷诺维叶在其中发挥了作用，涂尔干为巩固胜利奉献了他大部分的职业生活。这严格限制了教会通过专科学校与大学的教学纲要对教职工的影响力（从今往后，大学这个名字不再用来专指天主教的机构）。教会表示不悦，这在情理之中，同样，军队与君主派也表示不悦，在 19 世纪 80 年代和 90 年代，它们是教会日益灰心丧气的同盟者。可是，在 19 世纪 90 年代

---

① 雷诺维叶（Renouvier Charles Bernard，1815－1903），法国哲学家，著有《道德哲学》等。——译注
② 布特鲁（Emile Boutroux，1845－1921），法国哲学家，著有《道德问题与教育》等。——译注

后期,著名的德雷福斯事件①(Dreyfus Affair)让意识形态的分界线泾渭分明。德雷福斯是一个犹太陆军军官,被一个卑鄙的同僚指控为间谍,并且被判有罪。一些人认为,随之而来的风暴并没有动摇法国的根基(在 1898 年的选举中,大多数人似乎更关心面包价格的上涨),但它引发了巴黎两个意识形态阵营之间的潜在怒火。果不其然,天主教的护教者们利用这个机会攻击道,"出身卑微的学院派⋯⋯他们用一生的时间来讲授错误的东西,败坏人的心灵,还教导说不久社会就是一个整体"。1897 年,莫里斯·巴莱斯②,一个不近情理的民族主义作家,开始创作其发人深省的《民族活力小说》(*Le Roman de l'energie nationale*)三部曲。他宣称,"应该惩罚的重大犯罪分子是'知识分子'、'讲台上的无政府主义者'、'社会学的玄学家'。这是一群狂妄自大的疯子。他们病态般地自满

---

① 鉴于德雷福斯事件的重要性,译者认为有必要简单介绍该事件的始末:1894 年,法国在德国使馆的间谍发现一份法国陆军最新装备的明细单,负责调查工作的亨利上校发现,这是艾斯特拉齐上校所为,但因为逮捕他会影响自己的仕途,恰好另一名军官认为,这是犹太籍军官德雷福斯的笔迹,所以亨利上校就乘机将罪名推给德雷福斯。经过左拉等左翼知识分子的斗争,该事件引起了法国社会各界的广泛关注,并形成了两个敌对阵营:德雷福斯阵营和反德雷福斯阵营。共和派调动一切左派和中间派的力量反对天主教会和右派同盟的阴谋,而天主教徒拒绝了莱昂十三世主张的归附运动,狂热投入了反德雷福斯和反犹太主义的斗争。这为坚持社会主义和自由主义口号的激进党人提供了执政机会,最终导致了 1905 年的政教分离。但由于军队高层的一再阻挠,德雷福斯直到 1906 年才沉冤得雪。

　　就其影响而言,德雷福斯事件为 20 世纪法国左派知识分子的发展奠定了基础。左拉在《震旦报》发表《我控诉》之后,克雷蒙梭组织发起了一次《知识分子宣言》的联合签名活动,首先提出"知识分子"(Intellectuel)这个词。于是,本来游离在社会边缘的知识分子作为一股新的政治力量开始在法国政治舞台上崭露头角,而且有效阻止了法国知识界的右倾趋势,抑制了极端民族主义思潮在法国知识界的影响,最终为 20 世纪法国左派知识分子的成长壮大奠定了坚实的基础。而且,德雷福斯事件还直接影响了法国人民的日常生活,它使支持各派的普通民众产生了分化,强化了他们的参政意识。参见伯恩斯著,《法国与德雷福斯事件》,郑约宜译,江苏教育出版社,2006 年。——译注

② 莫里斯·巴莱斯(Maurice Barres,1862-1923),法国小说家、评论家,著有《无根人》等。——译注

于自己的智力，认为我们的将军们都是白痴，认为我们的社会制度都是荒谬的，传统都是有害的"。当巴莱斯如是说时，他无疑表达了很多人的观点。其他人则更关注他们认为是危在旦夕的原则，

118　他们认定"个人主义"是敌人，是"当前的大患"。涂尔干是诸如此类指责的回应者之一，而且他的回应点燃了争论。作为他的回应，《个人主义与知识分子》这篇论文最明确地表达了涂尔干的道德立场，社会学为他的道德立场服务的方式、其论题的力量与明显的错误。

文章开篇，涂尔干就承认真正的问题是个人主义的道德状态与政治后果。他区分了两个变量。第一个变量是"斯宾塞和经济学家的功利自我主义"（涂尔干也曾误解了斯宾塞）。就功利自我主义的起源而论，涂尔干认为他们的观点有一定的道理，因为"我们的祖先对从束缚个人发展的政治羁绊中解放个人情有独钟"。涂尔干回顾了"自己这一代人的心理陶醉，……二十年前〔随着第三共和国的建立〕，我们终于成功瓦解了不堪忍受的最后障碍"。但涂尔干还回忆了，自己对"无人知道如何处置的"新自由引发的惨烈斗争的失望，并明智地赞同了反德雷福斯者的观点，"这一类观点应被视为是无政府主义，这是十分公允的"。第二个变量是他称之为"是康德与卢梭、唯灵论者（spiritualistes）"的个人主义，它"是《人权宣言》追求之物，差不多已成功转译成了固定的程式，我们的学校正在传授，而且已经成为了我们道德教义的基础"。涂尔干把第二种个人主义观念总结为"一种人既是信仰者也是神的宗教"，这一概念预示了这篇文章随后的观点，而且反映了涂尔干正在形成他关于观念总体在社会中的位置的看法，或许也意味着他对反对者的赞同。有人认为，人性宗教也有分裂社会的可能，为了驳斥这一观点，涂尔干阐述了人性宗教在康德自己、卢梭、费希特、马克思之间的哲学发展历程。"显然，如果个体的尊严源于他的个人品质，源于那些区分

119　人我的特征，人们或许要担心，个人可能囿于道德的自我主义，从而致使一切社会凝聚都不可能。但事实上，个人尊严来自更高的源泉，他与其他人共享这一源泉"，它意味着一个"非人格的、匿名的目标"，"凌驾于一切特殊的良知（consciences）"，因而能团结它们。

就此,涂尔干遭遇了他所坦言承认的"重大反对意见":"如果所有意见都是自由的,那他们如何能奇迹般地一致呢?"他的答案也是构建他的整个社会学的基础,但它并不稳固。涂尔干认为,人们在道德论辩中只会承认理性的观念,因此这意味着它们必须以"专业知识"(expert knowledge)为基础,无"专业知识"的人就要尊重有专业知识的人的权威。涂尔干立刻为他自己争取了这样的权威。他宣称,个人主义"是今后能够确保这个国家道德统一的唯一信仰体系"。这是因为"所有证据都指向一个结论……事情的自然进程……[是]……劳动分工的持续增长"。"因此,人们逐渐形成一种状态,现在几乎如此,一个单一社会团体的各个成员除了人性不再有任何共同之处,即构成普遍人格的特征。"涂尔干就其信念解释道,"社会学家是能为一种共同道德提供理性基础的唯一人选"。"个人主义本身是一个社会产物,就如所有的道德和宗教一样。个人的道德信仰来自社会,即便是神话个人的道德信仰。康德与卢梭没有理解这一点(涂尔干武断地判定了卢梭)。康德与卢梭希望从孤立个体的概念中演绎出个人主义伦理,而不是从社会中演绎。他们的计划是不可能的,而且这导致了他们体系的逻辑矛盾。"涂尔干本人避免了卢梭与康德的自相矛盾,但他的观点至少在其他两个方面是有待商榷的。第一,也是两者之中比较明显的,涂尔干在理性支持和经验支持之间划下了想当然的等号。显然,某个有特权接触事实的人,即一位涂尔干式的专家,在实现特定或一系列目的的方法问题上有一定的权威,或者说,他可以通过指出一些方法是不可靠的或相互矛盾的或不可行的,从而合法干涉讨论目的的过程,然而只根据他的经验知识,他是否能判定这些目的的道德有效性,这一点完全不清楚。《个人主义与知识分子》一文发表五年之前,涂尔干的博士论文的第一版就已经出版,事实上,涂尔干在序言中恰恰否认了这一点。"一些道德家借用来自诸如社会学等实证科学的一些命题……来演绎自己的学说,并称自己的道德学说是科学的。我们拒绝这种方法。"然而,《个人主义与知识分子》以及《道德事实的确定性》给人们的印象却截然相反,后

120

者是涂尔干 1906 年向哲学家们递交的一篇更成熟的文章(他在文章中指出,"在给定的时期,要形成一种道德就必须有社会条件的支持")。第二个方面是"道德"和"社会"这两个术语混乱使用,以及涂尔干关于二者关系的观点不清晰,这一困境在涂尔干的早期论文里不太明显,但贯穿于他的整个社会学。涂尔干煞费苦心地把自己定位于实证主义哲学传统,可是在实证主义哲学传统中,道德分析的术语不是很精确。所以,我们不能因术语混乱指责涂尔干,不过涂尔干对术语混乱产生的后果也难辞其咎。这就是说,当涂尔干谈及道德争论的状况、道德本身的内容或道德的原因时,我们不是很明白。当谈到"道德统一"时,涂尔干的意思是否是人们就如何引导与确保道德争论形成一致意见,或者就道德争论的前提形成一致意见,或者就特定的实质目的形成一致意见?似乎较之第三点,涂尔干更关注第一点和第二点。在《个人主义与知识分子》一文中,涂尔干没有详细陈述人们要追求的目的,只是间接提到了要以共和国的三个口号①为旗帜,不过他倒是直接说明了道德争论必须以社会生活的事实为基础,而且从他提及的社会生活的事实来看,他主张当代道德争论的前提必须是道德自主的个体,该个体运用社会给予的权利去履行他个人认定的道德义务(这也是该篇论文的主要论点)。此外,对涂尔干关于道德的社会学观点至为重要的是(对他道德社会的观点也同样重要),涂尔干不仅重提了康德的观点,即,成为道德人就是要遵从一种理性的法则,由此人就有某种道德义务,成为自由人就是运用自己的理性构筑理性的法则(按涂尔干的说法,理性的法则源于社会事实),而且涂尔干还得出了另外的推论,倘若法律是理性的,那它必然对所有人都一样,若它对所有人都一样,那它就超越了每个单独的个体,因而它就自我塑造为一种独特的社会现象。据此而言,社会本身具有权威。因此,对涂尔干来说,"社会"在双重意义上是道德的源泉。正确的道德结论能从一系列社会事实(facts-in-the-world)中得出,而且这些事实是道德判

121

---

① 指自由、平等、博爱。——译注

断的权威。不过,作为一个道德自然主义者的涂尔干来说,这双重意义几乎没差别。暂且不论他的自然主义,此处还有两个难题。第一个难题上文曾提到过,纵使理性把个体权利确立为道德的基础,它也不能确立个体运用这些权利的方式,不能确立他追求的目的或一系列目的,至少按涂尔干的说法是这样。涂尔干为个人主义辩护的答案仅仅复述了这个难题。第二个难题是,涂尔干主张社会在双重意义上是道德的来源,倘若如此,那如何能撇开道德来定义社会,这也是很不清楚的。随着涂尔干思想的发展,随着他对社会的形态学或结构基础的日益淡漠,这个软肋愈加明显。

从这篇关于德雷福斯的文章的论证来看,涂尔干得出了两个结论,它们都能直击敌方阵营的要害。其一,社会的危险确实来自那些危害道德基础的人,而这些人是个人权利的敌人;其二是,如果宗教是必需的,那也是"个人主义的宗教"。这篇论文结尾以信仰的名义号召人们行动起来,恢复法国的"道德遗产",恢复共和派的理想。涂尔干的道德与知性纲领是理性主义系统追求的一种道德,它牢牢扎根于据称是社会生活的事实,它承诺了一种有别于绝对的反动派与雅各宾派的继承人的进步秩序,它的知识分子精英的洞察力还鼓舞了真正的宗教忠诚,有鉴于此,他的纲领让我们想起了圣西门与孔德的纲领。但与他们两位不同的是,涂尔干承认的不是个人主义的经验弥漫性,而是它的实证道德重要性。通过雷诺维叶,康德已经渗透进了法国的社会理论。

122

1882 年,涂尔干在巴黎高等师范学校通过了大学教师资格考试。他在三个公立中学教过书,1885 年至 1886 年期间,他申请了一个公共奖学金前往德国研究哲学和社会科学的状况。此时,他第一次阅读马克思,但让他印象更深刻的是,沙夫勒等淡化决定论倾向、思维缜密的"书斋社会主义者",还有冯特①关于道德观念的

---

① 冯特(Wilhelm Wundt,1832-1920),德国著名心理学家,第一个心理学实验室的创立者,著有《生理心理学原理》。——译注

独特社会本质的假想科学概念。回国一年之后,涂尔干获得了波尔多大学的社会科学和教育学的教授职位。他在波尔多执教直至1902年,那一年他终于在索邦大学获得了他梦寐以求的一个类似职位。1887年至1916年,涂尔干在这两所大学任职期间,他授课的主题十分广泛,涉及教育、道德、社会团结、自杀、家庭、犯罪、宗教、社会学与社会主义的历史、法国的社会结构(最普遍的意义而言)以及实用主义。他创办并一直热情投身于编辑一本新杂志《社会学年鉴》。他还撰写了《社会分工论》《社会学方法的规则》《自杀论》《宗教生活的基本形式》,以及有关德国战争心理状态的小册子,还有四百多篇的论文和评论文章。同时,涂尔干在波尔多尤其是巴黎的知识分子圈与学术事务中十分活跃,但不涉足政治。这是一段充实丰富的生活,它差不多记录了专业社会学在法国的建立,而且由于涂尔干的道德立场,这一时期他树敌不少,但他的影响力也在扩大。

按照当时的惯例,涂尔干准备了两篇博士学位论文,一篇关于个体与社会的关系,另一篇关于孟德斯鸠。第一篇是《社会分工论》。这篇论文详细阐述并论证了他的论题,后来涂尔干在《个人主义与知识分子》一文中以更简洁、更犀利的道德、政治观点说明了其论题。但严格来讲,这是一篇传统的作品。涂尔干完全同意,当代社会最明显的特征是高度的劳动分工(他一直不厌其烦地定义);其原因是持续增长的人口压力和作为其结果的社会生活或道德生活密度的增加;道德问题的核心是是否接受进化的法则(也就是说,道德的进化)。涂尔干没有论证其中任何一个观点。对涂尔干的读者来说,或许这些观点就如"团结"这个术语本身一样是陈词滥调,社会团结与它所轻视的对立面"个人主义"一样,都成了日常道德与政治闲谈的流行语。相反,涂尔干集中精力反对斯宾塞、孔德与一位同时代的德国人——滕尼斯,当时德国几乎无人欣赏他。正如涂尔干所言,斯宾塞认为,接受进化的规律能确保"利益的和谐一致",可涂尔干清楚地意识到,它"只能导致暂时的联系和稍纵即逝的联合"。孔德和滕尼斯也看到了这一点,但得出了错误

123

的结论,他们认为只有一个强大的、指令性的权威能维持社会。但涂尔干认为,权威的有效性必须以共意(consensus)为基础,可一旦有了共意,又何需权威。(其实涂尔干是在抄袭滕尼斯,并陈述了许多庸俗化的滕尼斯的观点,而非滕尼斯本人的观点,因为滕尼斯的确与涂尔干一样,也对职业协会寄予厚望。)

在《社会分工论》中,涂尔干认为共意是有可能的。他认为,劳动分工的增长已经改变了社会团结的基础,从个体的相似性(以讽刺般地倒置滕尼斯的方式,称之为机械的)变成了个体的差异或"个人人格"(所谓有机的),而且,这一转型反映在集体良知的变化之中,后者又反映在道德的变化之中(向更尊重个体权利方向变化),而道德的变化转而反映在刑法的特点之中,从"压制性"(强制越轨的个体回到他们违背的、无差别的、统一的大众中去)变为"恢复性"。涂尔干证实了"社会生活有两个来源,即良知的相似性和劳动分工",从而升华了这篇论文;劳动分工并没有破坏良知的相似性,只是根据不同的原则重新确立了其相似性,涂尔干的理由是"社会不会发现其基础完全是良知规定的",相反"社会自己设置了自身的基础"。但是,涂尔干全部论点的论证是苍白无力的,不仅是它的逻辑,还包括他所谓的经验"证据"。塔尔德[1]指出了涂尔干的逻辑错误,他是同时代最坚决、也是公认最权威的批评者。塔尔德是一个法官、犯罪学家、统计学家和社会学家,从 1894 年起,他就指导司法部进行犯罪统计。塔尔德在学术上坚持认为,社会生活事实来源于个人的各种属性,后者本身就具有独立创造与模仿的功能,他对涂尔干著作的批评多数基于这一信念。不过,他对《社会分工论》最有说服力的批评却与这一信念几乎无关。这只是因为涂尔干关于团结基础转变的论证预设了某种团结形式能持续存在,至于何以如此,涂尔干的书中没有一个字的说明。塔尔德的批评是公允的,也是致命的。涂尔干假定,作为一个普遍的事实,

124

---

[1] 塔尔德(Gabriel Tarde, 1843 - 1904),著名心理学家、统计学家和犯罪学家,模仿理论的创始人,著有《模仿律》等。——译注

个人主义本身也是一个社会事实,而且,既然他假定社会事实对人有强制权威,于是自然就能推论说,因为人们共同的个人主义,他们就会,或至少可能,强制形成相互的团结。因此,"科学"证据对他的主要论题无尺寸之功。相反,涂尔干反对孔德、滕尼斯、斯宾塞的论证完全是以先验的论据为基础。涂尔干已经在他的定义里假定了他要着手证明的东西。而且,正如近来的批评者所言,涂尔干提供的(且自认为是有力的)"证据"其实十分乏力。涂尔干的论证有 6 个主要的术语:劳动分工、团结、个人人格、集体良知、道德和刑法。除了纯粹偶然的题外话,在这本书中,涂尔干只证明了第一个和最后一个的价值。其价值是两种类型的社会(它们的内部分化)的形态学特征。涂尔干预设了其他 4 个术语的价值及其相互联系。较之对"高级"社会的形态与结构分化的本性及其程度的描述,涂尔干对"低级"社会的描述更充分,他似乎已经认为高级社会是理所当然的。但他把"压制性"的刑法归于低级社会、把"恢复性"的法律归于高级社会的说法,是有严重缺陷的。现在看来,两者似乎是相反的(如果还有人想用这一对概念的话)。

125   涂尔干博士论文的最初目的是考察"个人主义和社会主义之间的关系",《社会分工论》是其最终的成果。尽管涂尔干受到 19 世纪 80 年代德国社会主义思潮的吸引,尤其是沙夫勒关于国家作为"集中并表达整个社会生活的器官"的概念(而非一个精确计算职业专业化的分散效应的机器),但他对法国的社会主义热情并不高。1871 年巴黎公社失败之后,许多法国共和派认为社会主义是冲突与混乱的根源,而不是建立社会团结的保证。各派社会主义,欢天喜地地认为巴黎公社是可能的,他们热衷于各种各样的直接行动,甚至是苦行禁欲的盖德①领导的正统社会主义也热衷于分裂与破坏,它们的正统学说,关于阶级的意识形态似乎都很正统。反倒是在 1905 年左翼大联合中,涂尔干本人多少影响了社会主义者

---

① 盖德(Jules Guesde, 1845 - 1922),法国工人运动与第二国际的领袖,《平等报》、工人党、法兰西社会党的创立者。——译注

的思想,特别是通过巴黎高师的老朋友,一个才华横溢,魅力出众,有点投机主义的人——饶勒斯①,尽管其作用无疑是很小的。1899年,涂尔干在评论意大利的社会主义著作的文章②中十分清晰地解释了自己的观点。他写道,"社会主义可能前景无限,如果它最终不再混淆社会问题与工人阶级问题。社会问题囊括了工人阶级的问题,但又超越了它。我们遭受的不适并不能局限于某个特殊的阶级,它是整个社会的问题……它并不是简单地减少一部分人的东西,增加另一部分人的东西,而是重塑社会的道德结构。这一提问方式不仅是更接近事实,它应该更能消除社会主义好斗与恶毒的特征,社会主义的确经常有这些特征,相应的批评是正确的"。尽管如此,涂尔干依旧远离日常的政治活动,1895—1896年,涂尔干讲授社会主义,1896—1900年,他讲授一般意义上的法律、习俗和政治,或许与日常政治走得最近的,就是1898年严谨辩论德雷福斯事件的"个人主义与知识分子"这篇文章,这与他的追随者形成鲜明反差(其中一些人是左翼报纸《人性》的创始人)。

涂尔干没有完成对社会主义思想的历史考察,只是形成一个一般的定义,以及关于某些18世纪的思想家与圣西门的注解与讨论。他说:"凡是主张联合所有经济功能的学说,我们都称之为社会主义。"或者,他郑重其事地补充道,"把其中一些目前正在扩散的经济功能联合到指令性的、有意识的社会中心的学说。"对涂尔干而言,他既分辨了这个值得称道的学说与主张无限竞争的古典经济学家,也区分了它与主张国家必须强加秩序和团结的学说,他正是以同样的方式区分了自己《社会分工论》的观点和斯宾塞、孔

126

---

① 饶勒斯(Jean Jaurès, 1859-1914),政治家、历史学家,1901年建立法国社会党,1905年该党与盖德的法兰西社会党、阿列曼的工人社会主义革命党联合组成社会党,著有《社会主义的法国革命史》等。——译注

② 指涂尔干对萨维利奥·梅里诺(Saverio Merlino)的《社会主义的形式与本质》的书评,题为 Review 'Saverio Merlino, Formes et essence du socialisme',发表于《哲学研究》,该文中译可参见涂尔干,《乱伦禁忌及其起源》,上海人民出版社,2006,第378—384页。——译注

德、滕尼斯等人的观点。他还明确区分了社会主义和共产主义，前者关注组织化的生产，后者关注组织化的消费，共产主义本身是不切实际的，空想的，对现代人毫无益处。涂尔干认为，圣西门已经形成了本质正确的社会主义秩序观以及确定秩序的实证方法，可是圣西门坚持认为，只要让实业家成为领袖就能实现社会主义，他的观点在 19 世纪 30 年代还情有可原，七十年之后，它们就是完全错误的讲法，除非这些经济力量也受到，而且是特别受到道德力量的制约，后者方能超越、包容、节制他们。尽管涂尔干一直没落实讲授马克思的计划，但他反对 1789 年"共产主义者"（卢梭也在内）的其中一篇论文清楚表明了他与马克思的根本差异。涂尔干自称不能同意经济因素的决定性作用，也不同意经济阶级冲突能建立一个新秩序，但其实他们之间的差异比这还要大。涂尔干承认，"共产主义者"强烈渴望社会公平，所以就怀着特殊的怜悯之心，认为"工人阶级"是旧制度下缺乏自由、博爱和平等的证据，这是自然而然的事情。与马克思一样，涂尔干也认为，工人阶级的问题是一个作为总体的社会的问题，但与之不同的是，涂尔干不认为他们因此就组成了另一个社会，并能依靠自身来解决自身的问题。在这一点上，巴黎公社的历史，构筑理性主义的知性传统，都给了涂尔干相同程度的鼓励，他自己也在为这一传统而努力，就如他为 1905 年之后的法国社会主义努力一样。尽管饶勒斯对德国社会民主党的考茨基有学理上的尊敬，但他的观点与涂尔干一样。

然而，如果国家功能的组织是根据新经济秩序的集体良知，那到底该如何实现呢？涂尔干尝试着在法律、习俗与政治学的授课中回答这一问题，又在 1902 年《社会分工论》第二版的新序言中进行了提炼。涂尔干在这两处都放弃了他早期的国家观，他受到了沙夫勒著作的影响，并反思阐述了集体良知，认为后者应该积极介入。他甚至准备承认"政府的决定……可以对整个社群有效……却与社会舆论的状况有出入"。毫无疑问，这反映了人们对停滞不前的第三共和国日益增长的不满，而且逐渐认识到，预定的社会进化过程可能需要一段让人焦躁的漫长时期才能完成（法国、德国乃至俄国的马克思主义者也认识到这一点）。而且，与大多数马克思主义者一样，涂尔干不希望改变进化的过程（这在理论上不能成立），他只是想加快这个过程。因此，国家应该干预以确保他所谓的个人主义的安全。他甚至坚持说，最近的几届政府已经在一定程度上成功干预，据此支持他的主张。然而，为了与他在《社会分工论》的论点保持一致，涂尔干要煞费苦心与主张纯粹否定国家功能的自由派划清界限，后者既包括功利主义者，也包括（他眼中的）康德，还要与黑格尔主义者过于实证的观点相区别，他们要求个体服从一套关于团结的"神秘方案"，该方案可能削弱个体的自治。相反，涂尔干主张，合理构建的国家应该规划"社会环境，这样个体就能更充分实现自己"，而且应当确立一个"个体能和平并共同追求"的理想，同时保护个体免遭严重的暴力，与此同时，坚持一个他们能立志追求的理想。但涂尔干并不认为国家能直接实现这一点。国家太"遥远了"。必须建立一个更"根本的政治单位"，把人们整合入"社会生活的大潮"，既然当前职业是人们相互区分的主要标志（因为职业的专业化是"高级"社会最明显的事实），对涂尔干来说最明显的就是，相同产业的人的同业公会（corporations，其他人可能视之为社会阶层）就能实现这一目的。涂尔干以独特的视角考察了同业公会的历史，从古代社会经济同质的家族群体到中世纪的行会（guild），大革命之后，中世纪的行会就以适当的方式隐而不现了，反对行会者已然陷入的"狭隘从属地位"，然后他们试探性地表达了一种希望，即，新的同业公会不仅能调整经济生活，而且能成为行业成员一个切近的道德共同体。尽管这些理由使得同业公会可取，但涂尔干认为，同业公会恰好组成了国家必须与之斗争的反个人主义力量，而且他总结认为，正是这种紧张状态最能保证自由。这是原汁原味的社会主义版本。但它与阶级的宗派政治截然不同。不过，涂尔干本人也承认，通过假定自由和义务两者之间存在自然的紧张状态（尽管经常有人认为自由与义务是一回事），并不是解决自由与义务这个难缠的，或许也是传统的难题的

128

新尝试，既然如此，这一尝试遭遇的困境与《社会分工论》《个人主义与知识分子》遭遇的困境完全一样。具有道德权威的个人主义集体良知的规则能否消除自由与义务的紧张状态，同时不掏空充满活力的个人自主概念？或者相反，个人自主的规则能否消除自由与义务的紧张状态，同时消除以其名义的政治冲突的可能性？就这些问题而言，1891年发布的《新事通谕》①真是出奇地相似，它陈述同一个问题，而且观点更一致。

涂尔干清楚地意识到，只要他能证明当时多数社会顽疾，或者是无限度的自我主义与压制真正的个性的结果，或者是缺乏道德规则的结果，那他关于合适法国的道德与政治体统的观点就能大大地提升说服力。当时社会的弊病之一就是资本主义工业化的无序与冲突。还有就是自杀。他在《社会分工论》的第三部分讨论了第一个弊病，在另外一本专著中讨论了第二个，这部著作现在已经成为社会学分析的经典。

129 　涂尔干区分了劳动分工在"高级"社会的三种"反常形式"："工业或商业危机"、"劳资冲突"或者说"不平等"，"工商企业的功能缺乏协调"。涂尔干称第二种为"强制的"劳动分工，意思是指某种处境，其中个人的种姓或阶级地位妨碍了他们实现自己的才能，被迫用他们的服务来交换不合理的低酬劳。因为涂尔干认定，"个体本性和社会功能之间的和谐一致是能够实现的，至少在平均情况下能够实现"，在这一点上，事情的正常状态至少是和古典经济学家与斯宾塞设想的一样，所以涂尔干认为，这些不平等只是暂时脱离常规。涂尔干的"缺乏协调"意思似乎是专业化的运用与它的可能性不相称，而且他从一个典型斯宾塞主义者，一种似是而非的有

① 1891年5月15日，教皇利奥十三世（Leo XIII）发布《新事通谕》（Rerum novarum），也称《劳工通谕》。这份天主教官方文件谴责少数人剥夺多数人并滥用财富，主张同情劳工阶层的贫困，劝诫富人与国家关心共同福利，还批评了社会主义违背人类固有的财产权力，反对废除私有制与暴力革命，建议劳资双方合作，提议工人天主教徒成立天主教工人联合会。——译注

机类比的立场出发,认为随着功能日益连续,人们会更努力工作,结果双方更加相互依赖,因此表现出更强的团结。然而,涂尔干对危机和阶级冲突的诊断更能代表他后期的关注点。他认为,危机与阶级冲突是因为普遍发展的经济活动与特殊的劳动分工突破了他们合理的规则,他用当时众人熟知的术语"失范"(anomie)来描述这种状态。他写道:"与人们所说的相反,劳动分工并不必然导致这些结果,它只是在异常、反常时才如此。"涂尔干总结说,通过更好的计划、清晰的程序规则、给工人"正在为某事尽责的感觉",给他们"其行为具有超越自身的目的的信念",就能纠正危机与阶级冲突("缺乏协调"也能这样纠正)。与强制的劳动分工和缺乏协调一样,产业失范,一种真正的不正常状况,也是暂时的混乱。

涂尔干的这些分析,加之对"高级"社会劳动分工的其他结果的分析,表明他对事实十分不熟悉,特别是对危机与冲突的复杂现实性的认识较差。《自杀论》就不是这样。1889—1890 年,涂尔干正在准备关于自杀的讲稿,并把它们修订成初稿,稿子七年之后方才出版,其间在外甥莫斯(Mauss)的帮助下,涂尔干梳理了欧洲官方的统计资料,还使用了塔尔德给他的一些未发表的统计资料。不论从何种伦理视角来看,自杀都是一个问题,它或许可以与任何人类行为相比,而且超过大多数。随着个人与他的精神、道德、社会与政治关系之间的矛盾日益凸显,这是 17、18 与 19 世纪的典型特征,自杀就更是一个问题了,而且人们根据每个时代的各种学理传统详细讨论了自杀问题。在 19 世纪,自杀已经引起了道德统计学家的注意,而且关于文明化与道德的主流状况和自杀率的关系的分析也很常见。尽管涂尔干坚决反对"道学家的常见理论",但他的分析和结论都属于那个传统。

因为他必须定义,所以他把自杀定义为杀死自己的意图,但这个定义谨慎回避了任何理性或动机的因素。这是他为自杀分类做准备,《自杀论》一开篇他就做了分类,他的分类完全可以从他之前的著作中推论出来。自我的自杀、为他的自杀、失范的自杀与宿命

130

的自杀,这中间含有四重的区分。前两种自杀是根据他所谓的社会吸引个人情感的程度,后两种自杀是根据社会"节制"个人的程度。前两种自杀分别是整合不足和整合过度的社会所特有的,其中,社会或许没有给个人"超越自身的目的",正如他在《社会分工论》中所言,或者设定的目标超越了个人的能力。后两种自杀并不必然为某种社会所特有,而是在正常社会类型中,纪律太松或太严时偶然发生(这就是涂尔干为何把"失范"的描述限制在经济危机或家庭危机时发生的自杀)。涂尔干说,他找不到宿命自杀的充足案例,所以把这一类型降低为一个脚注。

131
许多评论家已经指出了《自杀论》的缺点(但迄今为止没有发表一篇令人满意的《自杀论》书评,这着实奇怪):自杀类型的重要性分类所涉及的循环论证,区分自我的自杀和为他的自杀的可能性,这更多是根据涂尔干心中一种完全先验的区分,而不是他能证明的任何(稍有意义的)经验差别;社会"力量"(借用一个涂尔干自己的机械隐喻)与个人心智状态之间含混不清的关系;无条件依赖官方统计资料(尽管完全可以理解);根据个体集合之间的相关性推论个人行为。然而涂尔干主要目的是为一个统一的社会确立理性基础,其中个人主义能得到合理的保护,据此来看,最有意思的还是涉及自我主义概念和失范概念的缺点。涂尔干认为,"自我主义的自杀和失范的自杀都是社会对个体的压力不足所致。但社会缺席的领域不同。在自我主义的自杀中,社会在真正的集体活动中没有充分到位,于是集体活动就丧失了目的和意义。在失范的自杀中,社会主要是没能影响个人的激情,致使个人的激情失控"。这一区分看似清晰,而且泾渭分明。前者是个体没有维系于社会,后者个体虽维系于社会,但不足以节制个人的"激情"。涂尔干似乎是在为社会团结或者说"社会整合"(他在《自杀论》中的说法)的两个前后相继的条件辩护,其中第一个条件是第二个条件的必要前提,但它本身也不是充分条件。这让我们想起了《社会分工论》,其中涂尔干认为,道德的密度必然向道德团结进步。涂尔干的前后表达之间似乎有一种纯粹的、逻辑的联系,可问题在于,他的论证更多是以纯粹的概念联系为基础，而不是以一系列明确的经验现象为基础。乍看之下，《自杀论》似乎没有这一问题，因为涂尔干详细讨论的每一种自杀类型都引用了大量的证据，包括自我主义的自杀和失范的自杀。但这些证据非但没有解决这一问题，反倒加剧了。例如他认为，新教徒相对较高的自杀率是自我主义疾病的一个例证。根据概念上的论证，这应该意味着他们没有维系于社会，因而没有受到社会的节制。可是，人们若根据涂尔干自己的说法，也很容易就能指出，纵使新教徒没有维系于社会（而且这是值得怀疑的，因为他们组成了教会），他们的"个人主义的宗教"也能节制他们。他们若没有受到节制，那新教信仰就没有涂尔干认为具备的道德权威，至于涂尔干自己的世俗宗教也同样没有。然而，如果他们受到了节制，结果是，要么新教徒受到节制，但没有维系于社会（这否定了涂尔干关于自我主义状态与失范状态的区分），要么他们维系于社会，并受到节制，这时他们就只能倾向于为他主义（Altruism）或宿命的"自杀潮"。这不是说，较之涂尔干本人的解释，这些解释更让人满意，而是说根据他本人的理论表述，每一种解释都一样能成立。这表明，涂尔干没有说明，个体到底是如何维系于社会，或没有维系于社会，又如何可能维系于社会，并与社会相整合；这就是说，他主要的社会学观点不是很清晰。

132

　　1898 年，涂尔干在回应反德雷福斯阵营时曾说过，若就反对阵营所言，宗教对法国的秩序和稳定至关重要，那从今往后的宗教也应该是"个人主义的宗教"。这不仅是一个争论点。1894—1895年，涂尔干曾讲授过宗教，而且"这一课程……是我思想发展的一个分水岭"。在准备宗教课程的过程中，涂尔干认识到"宗教本身，即便是在一种模糊的状态，从一开始就包含了一切能促成各种集体生活形式的要素，这些要素是在宗教中分离自身、清晰表达自身，并以无数方式互相联合的过程中，促成了集体生活。当时在欧洲思想界，人们看待宗教的方式已经发生了某种简单而深刻且颇有讽刺意味的变化。在 18 世纪与 19 世纪早期，社会哲学家，特别是法国的社会哲学家，已经确立了自己关于正确解释与证明人类事务的观点以反对宗教的观点，即用"实证"反对"神学"。到 19 世纪末，他们十分确信自己的信念，开始简单地把宗教观念与实践（practice）视为是与其他所有现象一样的社会现象，视为是理性解释的对象。涂尔干本人也倾向于这个观点，库朗日①，巴黎高等师范学校一位古代史学家，史密斯②，一个英国籍社会学思维发达的闪语学者，让涂尔干早期在宗教思想中相信了这一观点。在早期，涂尔干深信两个命题，宗教思想在其兴盛的社会之中具有约束力，以及约束力源自社会。《宗教生活的基本形式》发展了这两个命题。

    《宗教生活的基本形式》出版于 1912 年，是关于澳大利亚中部图腾制度的二手分析。涂尔干认为，图腾制度是碎片，并根据残存进化论的观点（这本书本身没有直接涉及进化变迁），把图腾制度描述成最简单社会中的最原始的宗教，因而也是最简单的宗教。涂尔干因为这些观点备受批评，但它们解释了涂尔干为何把澳大利亚的图腾制度作为他的"一个试验"，这个最简单的个案将以其简单性为"普遍宗教"的本质提供一个"普遍"有效的证据。涂尔干用一个著名的定义描述了普遍宗教的本质："宗教是一个围绕圣物的信仰与实践的统一体系，所谓圣物，是与众物分离的禁忌之物，这些信仰和实践把依附于圣物的人聚集到称为'教会'的道德共同体之中。"涂尔干假定"古往今来，信仰者共同一致的情感必然不是虚幻的"，这就能防止人们把宗教视为是前科学时代人类的附带错误，据此他为三个主要论点进行辩护：宗教的信仰与实践的根源是人们日常接触中的"狂热状态"，这些人相互之间具有某种确定的

① 库朗日（Numa-Denis Fustel de Coulanges，1830－1889），法国历史学家，涂尔干的导师，著有《希腊罗马古代社会研究》、《古代城邦》等。——译注
② 史密斯（William Robertson Smith，1846－1894），社会人类学家，著有《闪米特人的宗教》等，他关于献祭风俗起源的讨论对涂尔干《宗教生活的基本形式》有一定的影响。——译注

关系;宗教的信仰与实践是群体关系的某种认知的、富有表现力的
"持续再现"(representation);而且它们有描绘、限定、巩固与调整群
体关系的效果或功能。简而言之,它们是"最简单"的集体良知,其
属性与二十年前《社会分工论》赋予集体良知的属性一样,唯有一
点例外。

　　这个例外就是它们的认知属性。1903 年,涂尔干与莫斯合写
了一篇名为《原始分类》的论文,他在文中指出,社会结构与概念结
构有至关重要的联系,即便是时间与空间等最基本的概念,也完全
根源于社会。当时就有人立刻指出,这篇论文没有就概念思维的
优先倾向与概念的内容与分类秩序的社会变异,做一个基本的区
分。这也是民族志的缺陷。《宗教生活的基本形式》发展了这一观
点,然而,它也针对社会学本身提出了一个明显的问题。涂尔干常
说,社会学是要说明个体与社会即"今天的宗教"之间的恰当关系,
而且他假定它们的关系是基于当前的社会事实,既然如此,难道就
不能说,这一观点因此削弱了社会学本身的科学宣称? 在 1913 年至
1914 年关于"实用主义和社会学"的课程中,涂尔干处理了这个问题。

　　涂尔干的回答是没有削弱,这丝毫不奇怪,而且他是在为其理
性主义做斗志旺盛但虚弱无力的辩护过程中表达了这一观点。涂
尔干提出了两点意见以驳斥他的主要对手詹姆士[①],在涂尔干看
来,詹姆士主张,"不论何时何地,凡是人们认定的逻辑上与经验上
是真的东西,也正是人们认定相信为真就能有用的东西"。涂尔干
的第一点是,詹姆士的这一主张,老实说,需要一个能豁免自身的
真理标准,其第二点是詹姆士关于逻辑能发生变化的主张取消了
理性对话的可能性,于是也因此取消了为任何观点进行理性辩护
的可能(包括实用主义本身)。詹姆士就他认定的实用主义进行了
一个相当夸张的论述,包括实用主义关于逻辑程序与经验事实的
规定性。因此,涂尔干反对詹姆士的论点没什么特别有意思的地

134

---

① 詹姆士(William James,1842 - 1910),美国哲学家,著有《心理学原理》、《实用主
义》等。——译注

方,更何况这些论点本身也相当不细致。更有甚者,涂尔干的妥协也让他的论点相互矛盾:对真理的信仰根源于社会,它们的义务特征来自它们的社会性,它们具有构筑社会的效果或功能,即便与此同时它们也来自社会,而且"对真理的信仰绝非武断的,而是以现实为基础,尤其以社会生活的现实为基础"。(与他之后的一些马克思主义者一样)涂尔干似乎主张,真理的理性标准与一切事物一样都有社会的根源,这一说法并不能提升真理标准对普罗大众的效力。然而,在这些课程期间,偶然的自我反思会让涂尔干承认"以真正客观的方式描述社会现象的概念还是很少",这与他早期的主张完全相反;而且他还承认,"在缺乏客观知识的情况下,[社会]只能从内部了解自己,它必须辨析关于自身的情感,并顺应这些情感。这就是说,社会必须接受某种'持续再现物'(representation)的引导,后者与那些塑造神秘真理的持续再现物是一样的"。涂尔干的社会学是一个由内在相关的概念构成的先验体系,这些概念的有效性,不论是分开看,还是综合看,主要是以对第三共和国一个道德正当的社会秩序的必然基础的优先与直觉认定为基础,而不是以经验确定性为基础。

无论如何,涂尔干用他的天赋提升了社会学。1896 年,他中断了社会主义历史的课程,创办了《社会学年鉴》,每一期的编辑他都参与了,每一期他都贡献良多,特别是评论文章,每一期都是一次确定的学术事件。在作为一名教育学的助理教授的职业生涯期间,涂尔干给未来的中小学老师授课;涂尔干关于教育应该为何的观念,关于社会正确的涂尔干道德的系统培育,都对第三共和国早期的费里改革①的精神产生了相当大的实际影响,也因此同时遭到左派与右派的敌视。涂尔干反复辩称社会学的学理特殊性与无穷

---

① 费里(Loi Jules Ferry, 1832 - 1893),法国政治家,担任教育部长与总理期间颁布了两个教育法令,规定了免费义务教育、强制教育与世俗教育的原则,为现代国民教育确立了典范。——译注

的力量,这在《社会学方法的准则》中表现得最明显,但此后的著作中几乎再无强调,这一主张或许是最重要的,它已经成为一套名副其实的专业章程。正因如此,或许解释了为什么后来的社会学家都不愿意批判涂尔干,或者至少,如果他们批判了,总是要通过指出涂尔干思想无比的丰富性以缓和他们的评价。其中一些思想确实丰富,尤其《宗教生活的基本形式》的思想,然而事实依然是,就他的核心意图而论,即,关于道德的描述,关于个人自主与社会秩序一致性的辩护,关于社会的结构特征与观念特征的因果论证,关于切实可行的科学方法的实践,他都没有成功。

　　或许,关于涂尔干的声誉最讽刺的事情是,涂尔干社会学的目的正是沃林(Wolin)所说的"彻头彻尾复述卢梭",而且他批判卢梭的地方,往往是从自己理论最薄弱的地方入手。似乎直到 19 世纪 90 年代末,只有涂尔干才真正理解了卢梭。他早期对卢梭的介绍表明,他对卢梭的理解较为粗糙与肤浅,而且与法国离经叛道的哲人时代流行的、也许还有几分自相矛盾的曲解十分相似,这些哲人既是无政府主义者,也是主张镇压的极权主义者,他们是恐怖(Terror)的预言者。诚然,我们可以假定(因为没有证据),当涂尔干最终理解卢梭之时,他淡化了自己与哲人极端的相似性,因为卢梭背负的道德与政治的名声,正是涂尔干希望回避的。涂尔干就卢梭做了两部长篇评论,在关于《爱弥儿》的评论中,他没有进行任何的批判(而且就针对卢梭的各种批判进行反击辩护,而他本人早先也做出类似的批判)。在另一篇关于《二论》和《社会契约论》的评论中,他批评卢梭没能解释"社会生活是如何产生的,即使是在不完善的历史形式中也很难证明,社会如何摆脱它的不完善性,并建立在逻辑的基础之上"。这些批判在双重意义上十分奇怪,因为它们也可以用来批判涂尔干《社会分工论》及其关于法律、习俗、政治的讲稿中的观点,而且就《社会分工论》而言,涂尔干恰恰之前就驳斥了卢梭。事实上,涂尔干反对卢梭《二论》和《社会契约论》论点的主要看法是,卢梭坚持认为,尽管自然因素有可能促成社会的创造,但理性的运用对建立一个好的社会是必需的,可是卢梭设定

136

了一个独立于"自然"或社会因素的理性。涂尔干完全不能，或许是拒绝，看到需要这样一种设计，它严重损害了涂尔干本人的理论。卢梭把特定的倾向与理性的能力保留为个体的真正特征，它们逻辑上先于社会，同时又暗示，正确的道德感是社会关系的产物，就在这里，涂尔干只是把某些非理性的倾向保留为逻辑上先于社会，并且把个人能力合并为理性与道德感，宣称它们都是社会产物，据此涂尔干创造了一种既无说服力，又无趣的理论：无说服力是因为他关于理性产生的解释，无趣是因为根据他的定义，道德难题的解决办法就在它的原因之中，而理性产生的原因又必然要确保解决办法。简而言之，涂尔干的成功是一种彻头彻尾的空洞的成功。

第七章　意志决定的历史

席勒曾宣称,德国的伟大是一种伦理的伟大,"蕴藏在德意志的文化与民族性格之中",而且"不受一切政治命运的摆布"。正如当时一位记者所言,到 19 世纪中期,德国的中产阶级"厌恶各种原理和学说,厌恶书面的伟大与理论的存在"。面对德意志西线表面创建的各民族国家,以及南线终令德意志受辱的民族国家①,德国中产阶级迫切要求认同感、安全和繁荣,并对革命的无序感到不安,他们要求政权。然而,1848 年至 1919 年的德国历史,与其说是德国中产阶级获取国家政权的历史,不如说是他们在国家政权崛起过程中政治失败的历史,随后,在这一阶段的末尾,他们在国家战败与再次屈辱中获得了黯淡的成功。

在 1847 年为伦敦的共产主义者同盟撰写的宣言中,马克思和恩格斯已经认识到,德意志各邦,尤其是普鲁士的社会动荡,是一种自由主义的社会动荡。如果工人要想战胜他们"真正"的敌人——资产阶级自由派,他们首先应当加入自由派共同反对"绝对君主制、封建地主阶级和小资产阶级",此后才能与资产阶级决裂。但马克思和恩格斯不仅高估了工人的力量和决心,而且也过于相信资产阶级自由派了。自由派没有采取马克思期盼的行动。正如马克思后来亲眼所见,资产阶级自由派并不想革命,而只想要一种地位,他们也没有能力摆脱社会主义者或君主制和贵族制自行其是,并且毫不犹豫地支持后者。无论如何,1848 年在自由城市法兰

---

① 西线是指联系脆弱的尼德兰联邦(荷兰),南线是德国的对手法国。——译注

克福成立的德意志国民议会毫无作用。北方的普鲁士和南方的奥地利撕裂了德意志，唯一可行的方案是一个合并奥地利的"大德国"，或者排除奥地利、由普鲁士及其容克贵族等级操控的"小德国"。

138　　法兰克福议会的普鲁士代表讽刺资产阶级自由派的要求是"畏首畏尾渴望权力与温顺革命的一种混合体"。这位代表与头脑较清晰的自由派一样，认为只有强权能促成统一，这种强权属于普鲁士，而且只有让奥地利保持中立，普鲁士才能运用之。这个人就是冯·俾斯麦，1862年9月他成为普鲁士的外交大臣与内阁首相。1866年俾斯麦发动了对奥地利的战争，出乎多数人的预料（包括恩格斯），他依靠全面革新的普鲁士军队一战得胜。结果，奥地利放弃了它在"小德国"的势力，而普鲁士兼并了汉诺威、石勒苏益格—荷尔斯泰因（Schleswig-Holstein）、拿骚（Nassau）、法兰克福等公国，建立并统领北德意志联邦。巴伐利亚、符腾堡、巴登与黑森等德意志南部各邦国，形式上仍独立于奥匈帝国与普鲁士。但俾斯麦已经与它们签订了秘密攻守协定，而且让它们与北德意志联邦结成初步的经济同盟。1870年，俾斯麦又发动了一场战争，这次对手是法国，南方各国立时卷入这场战争，俾斯麦获胜，新德意志帝国于1871年1月1日宣告成立。

　　当时，德国已经成立了七个主要的政党：保守党、自由保守党、国民自由党、进步党、天主教中央党、全德工人联合会和社会民主工人党。1866年，为支持俾斯麦发动对奥地利的违宪侵略，自由保守党、国民自由党与保守党、进步党决裂。它们还接受了俾斯麦的普选权计划，俾斯麦误认为这项政策能够确保稳定和保守统治。在帝国早期，俾斯麦主要依赖这两个政党。相对缺乏效率的进步党主要由立宪派法学人士组成，奇怪的是，该政党不支持俾斯麦本人主张的普选权，这引起了俾斯麦的愤怒。中央党最主要是天主教徒，其领袖是才华横溢的威豪斯特（Windthorst），这是一个可以长期与俾斯麦抗衡的人。威豪斯特是一位巧妙的机会主义者，但当时在传统等级群体（Stände）和新兴工人阶级之外，缺乏明确的结139　构化利益群体，以至于机会主义者也需要一种意识形态。威豪斯特的意识形态同时是保守主义、自由主义和社会主义,既主张秩序和共同体,也主张个人权利和所有阶级的尊严,它灵活、善变而且相当成功,是德国所有意识形态中,最接近饶勒斯和涂尔干的自由共和主义与社会团结主义的混合体。进步党激怒了俾斯麦,且在俾斯麦之后一直存在,但它的天主教基础一直在损害它的民族力量。1863 年,拉塞尔(Lassalle)成立了全德工人联合会,他一直领导这个政党直到 1864 年去世。这个曾让马克思公开表示厌恶的拉塞尔,主张建立普遍权和生产协会,建立由工人运营、国家财政支持的工厂。但拉塞尔绝对不是革命者,甚至也不是马克思所说的社会主义者。与拉塞尔的继任者冯·施韦泽①一样,持续增多的工人中的大多数人,仍然支持各大自由主义政党。反普鲁士的激进左翼认为,"大德国"比"小德国"更能促成无产阶级的事业。这是 1869 年李卜克内西和倍倍尔②合力组建社会民主工人党的原因。但是 1871 年俾斯麦"小"帝国的成立,立即挫伤了他们的目标,1874 年他们与全德工人联合会合并成立社会民主党。拉塞尔是一个成功的组织者,他生前领导的联合会最初主导了该政党,但他不是一个杰出或强力的宣传家。因而,社会民主党在名义上越来越有马克思主义的特点,该党在 1891 年的《埃尔富特纲领》比1875 年成立之际的《哥达纲领》更正统,而且后者惹恼了马克思。它出色的组织和日益明确的意识形态允诺使得它日渐巩固,直到1914 年一战爆发,然而正因为名义上是革命政党,继任的总理也不可能容纳它(尽管选举稳步成功),其他政党也不理会它,所以它一直没有权力,它是德国最大、最团结、也是最无政治影响力的政党。

①　冯·施韦泽(Jean Baptista von Schweitzer, 1833 - 1875),德国政治家,戏剧诗人,生于天主教贵族家庭。——译注
②　卡尔·李卜克内西(Karl Liebknecht, 1871 - 1919),德国马克思主义政治家,德国社会民主党的创始人之一,斯巴达克同盟与德国共产党的主要创始人,1919 年为德国自由军团杀害;奥古斯都·倍倍尔(August Ferdinand Bebel, 1840 - 1913),德国马克思主义政治家,德国社会民主党的创始人之一,著有《社会主义与德国皇帝》等。——译注

正如马克思在《哥达纲领批判》中所言，俾斯麦的帝国是"军事专制体制……有代议制度的装饰，又掺合了一些封建主义，受到了资产阶级的影响，依据官僚制组建，并由警察保护"。帝国一直维持到 1918 年。代议制度的装饰由国家议会与普鲁士主席团组成，前者自由主义和社会主义色彩日益浓厚，后者则保守。帝国议会（Reichstag）①有权力，但只是以消极的方式体现。1890 年，帝国议会批准普鲁士国王解除俾斯麦的职务，当时俾斯麦已年届古稀，但之后帝国议会就不再能有效掌控威廉二世的政策了。自 1871 年以来，帝国的政策一直为国务大臣掌控，形式上只对德皇负责。1890 年之前，俾斯麦曾成功控制了国家官僚机构。之后这些机构日益自行其是。控制海军与陆军的机构是最自成一体的，结果到 1914 年，德国拥有了仅次于英国的海军和世界第一的陆军。和其他机构一样，它们也由普鲁士人指挥。而普鲁士的领导者是容克地主（*Junkers*），是乡村贵族等级群体的成员，在德国东部他们是其领地上名副其实的封建领主。

法国贵族最终退出了积极的政治生活，英国贵族也一样，可他们都很富有。容克地主阶层则不同，他们面临一个简单的选择：要么灭亡，要么在没有坚实经济基础的情况下，继续掌控扩张中的德

---

① 为便于原文理解，就德国政治制度的演变做一简要介绍：1866 年 8 月，普鲁士取得普奥战争胜利，促使美因河以北的 24 个德意志邦（含 3 个自由城市）共同缔结了联邦条约，组建北德意志联邦，并通过普遍、平等和直接选举产生议会，并于 1867 年 4 月由议会通过联邦宪法。按照宪法，各邦形式上保持独立，联邦的行政权归联邦主席团，普鲁士国王掌握主席团大权。立法权属于两个机构：上院，即经过普遍、平等和自由选举产生的帝国议会（Reichstag）；下院，联邦参议院（Bundesrat）。真正掌权的联邦参议院是由各邦代表组成，在联邦首相（即普鲁士首相）的主持下讨论、决定上院提出的法案与决议。联邦首相只对普鲁士国王负责，不对议会负责，而且当时普鲁士在联邦参议院的 26 票中拥有 14 票的绝对多数，同时又掌握联邦主席团，联邦实为普鲁士专政。1871 年 1 月 18 日，德意志统一为帝国，普鲁士国王威廉一世加冕为德意志帝国皇帝，俾斯麦出任帝国首相。按照 1872 年 4 月 16 日的帝国宪法，议会由上院（帝国议会）与下院（联邦参议院）组成。联邦参议院由各诸侯国与自由城市的代表组成，掌握国家实权，皇帝直接任主席。——译注

意志。他们之所以能成功掌权，是因为他们利用国家机器有力促进了工业的增长与繁荣，这符合资产阶级的利益，因而阻止他们成为可能强大而独立的中产阶级。德国繁荣成绩斐然。19世纪70年代后期，德国的生产总值超过法国，到1900年赶上英国。到1910年，成为仅次于美国的第二大国。人口也持续增长；1900年，2/3的人口，即3500万人都是产业薪酬工人。后来托马斯·曼①称，1914年之前的德国是"受权力保护的内在性"。这一描述恰如其分。总体而言，在普鲁士国家机器提供的安全中，资产阶级心满意足地追求利润与文化（1848年以后一直如此）。冯·提尔皮茨②着手用他的海军保护的，正是资产阶级这只软体动物那虚胖而无力的中心势力。

普法战争之后，经济变革与政治发展的力量分道扬镳，知识分子对此颇为不满，这是其性格使然，知识分子，尤其是综合大学（universities）和高等院校（Grande Ecoles）③的知识分子，本身就致力于资产阶级的事业。毕竟，技术院校的设立是为了促进法国的治理。大学也在第三共和国早期彻底脱离了教会，也就脱离了保守观念的一个基本源泉。德国的情况正好相反。在18世纪，当时新成立的哈勒大学就明确致力于"财政学"（cameralistics），即治理的科学与技艺，而其他大学抵制这种实用性。哥廷根、柏林与其他地方的知识分子致力于教育和文化事业，追求最纯粹的个人发展

141

---

① 托马斯·曼（Paul Thomas Mann，1875－1955），德国20世纪著名的文学家，著有《布登勃洛克一家》《魔山》等，1929年获诺贝尔文学奖，他在一战之前曾是热情的德意志民族主义者，后支持民主共和，反对希特勒及其国家社会主义（纳粹）。——译注

② 阿尔弗雷德·冯·提尔皮茨（Alfred von Tirpitz，1849－1930），德意志第二帝国第一位海军元帅，担任德国海军大臣期间，说服德皇威廉二世建设海军与英国皇家海军对抗，是德国海权战略的奠基人。——译注

③ 法国高等教育系统主要分为两类：综合大学系统（Universite）与高等院校系统（Grande Ecoles）。前者面向所有通过高中会考的学生，基本不收学费；后者是各种专业学院，通常报考学生要在通过会考后进入专门的预备班，并通过入学考试，主要是一种高等专业教育。——译注

理想，后者主要源于本土的虔信主义，表现在浪漫主义的概念与唯心主义哲学，极度蔑视世俗世界。这种个人发展理想在谢林、费希特①以及黑格尔的某些观点中发挥到了极致，在某种程度上，19 世纪 30、40 年代，自诩为唯物主义者的青年黑格尔派是对其最极端的回应。到 19 世纪末，德国哲学家和历史学家都认为这种理念已经处在颓势，并为此深深惋惜。他们坚信，德国的伟大之处是它的独特品质，是以知识教化为目的，更准确地说，是精神科学（*Geisteswissenschaften*），是人性的历练。经济学家与历史学家桑巴特②在一篇反英格兰的一战宣传文章中指出，堕入日常生活的实践教育，就可能导致商人的理想取代英雄的理想。这些知识分子敌视他们眼中的德国经济迅猛发展产生的粗鄙唯物主义和自私自利，而且对经济发展的产物，即资产阶级与无产阶级，以及他们现实的抱负与肤浅且只精于算计的实证主义哲学，也抱有敌视态度。19 世纪末期，他们关注德国的社会和政治变迁，因而他们倾向于强化原先唯心主义的国家观，国家不仅是社会的仲裁者和治理者，而且是规定社会的目的并超越社会的制度。就此而言，他们至少是普鲁士心照不宣的同盟，他们的门生遍布普鲁士的官僚机构。因此，德意志帝国不用担心它的知识分子，而且知识分子具有一种实在的社会地位，是独立的等级（*Stand*），拥有特定的特权和隆重的声望，乃至资产阶级本身也以送子弟加入知识分子行列获得绅士教养为荣。然而据当时的文献，这种官方意识形态既不清晰，也不完全一致。它只是一种大体的态度，至于准确的说法与应用，人们

142

---

① 弗里德里希·威廉·约瑟夫·冯·谢林（Friedrich Wilhelm Joseph von Schelling，1775 - 1854），德意志哲学家，是唯心主义哲学发展中期的主要人物，著有《先验唯心论体系》等；约翰·戈特利布·费希特（Johann Gottlieb Fichte，1762—1814 年），德意志哲学家，唯心主义的奠基人之一，为德意志国家统一的理论奠基人之一，著有《全部知识学的基础》等。——译注

② 桑巴特（Werner Sombart，1863 - 1941），德国社会学家、经济学家，与韦伯等人创立德国社会学会，合办《社会科学与社会政策》杂志，著有《19 世纪的社会主义和社会运动》等。——译注

的争议很大。这场争议涉及哲学、经济、政治与方法论,而特色鲜明、自成一派的德国社会学最初就脱胎其中。

简单地说,德国人关于这一时期特定哲学与总体精神科学的进程的看法是,在19世纪中期,这一进程受到了实证主义和实践性的渗透。但这不完全准确。当然,与以柏林的谢林、费希特与黑格尔为主的、无所不包的唯心主义相比,后来的德国哲学的确变得死气沉沉,没能提供十分清晰的学理方向,而且心理学家和历史学家也更多转向了经验研究。但是,在所有人文学科中,几乎没有一个德国学者会以英国人或法国人认定的"科学"方式来对待自己的研究材料,马克思是唯一的例外。近年来,我们已经习惯于指出马克思与黑格尔的学理关系,因而视之为唯心主义者。但马克思本人却禁止发表自己的哲学著作,并有意让世人认为,他的理论是日常意义的科学。然而,马克思的理论是关于社会变迁引发革命的理论,是另一次可怕的1848年革命,这让当局既谴责,又恐惧。乃至于德国知识分子十分熟悉的黑格尔,也受到了马克思的牵连,要为反对马克思的思潮承当学理的责任。奇怪的是,在19世纪后来的岁月里,在德国与其他国家,学界与马克思的哲学交锋都是间接的。对多数学者而言,马克思要么令人畏惧不敢直面,要么不值一提。

相反,德国哲学选择直接回到康德,重新发扬他的批判哲学和伦理学。他们的意图很明显。后一代思想界的耆宿狄尔泰在19世纪80年代写道,"关于社会势力的知识,关于理想事业的知识,这已经引发了社会的动荡,还有关于促进正确进步的社会可用资源的知识,这些知识都已经成为德国文明至关重要的问题。因此,社会科学相对于自然科学的重要与日俱增。"他在1867年的就职演讲中指出,"任务已经清楚展现在我们面前:一以贯之地追随康德的批判思路,建立一门研究人类心智的经验科学……认识支配社会、知性与道德的法则……最终根据对人世宏大的法则体系的清晰把握,积极投身人世。"英国、法国、意大利乃至美国,都可能与德国一样赞同狄尔泰阐述的目标。与孔德、密尔、斯宾塞、霍布豪

143

斯与涂尔干一样，狄尔泰也主张，"致力于人文研究的人，倾向于基于社会的现实需要来研究人文现象，因为专业教育是让社会的领袖成员具备知识，以要求他们完成任务。可是，专业教育越是超越技术训练的局限，才越符合高级产业工人的要求。"然而，狄尔泰承认了他的失败，他没能为一般心理学提供一个令人满意的基础，在他看来，这一基础是必需的，而且独立于他本人和康德思想所处的特定历史条件。于是，他也就从早期自然主义的立场转向根本上扬弃康德的观点，他主张我们对自身的理解（对自身的艺术、政治、社会乃至哲学本身），在于持续重新评价我们自己的生活，并拓展至"自身与他人生活的每一种表现"。狄尔泰的这一主张与费希特、黑格尔及其他人的主张背道而驰，而且"否定了一种观点，即认为历史是从相对价值、义务、规范或者说好东西（goods）进步到无条件的价值、义务、规范或好东西"，取而代之的是，狄尔泰认识到，从某个人综合但特定的高屋建瓴的视角来理解过去，只是为这类无止尽的重新评价过程提供了素材。任何一致意见都是暂时的，绝对标准问题存在于"扬弃哲学的最深处，后者超出了历史的经验范围，即便哲学也无法从中强求答案（哲学'寻求世界与生命的谜底'）"。让狄尔泰有些始料未及的是，他是在柏林大学所能提供的一座最大的礼堂举行了职业生涯的收官讲座。狄尔泰学术研究的时代与风格，为下一代人所痛斥，而且尽管狄尔泰是以显而易见的诚实从事学术研究，而且是在最优秀的科学（*Wissenschaft*）传统中进行的，他得出的结论似乎是，就人遭遇的难题而言，一门自然科学可能的贡献比他预想得小得多。这时德国其他地方正在重新界定和推崇康德传统，他这么说就间接批评了他们。

狄尔泰没有坚持他之前开辟的道路，这并不奇怪，因为心理学和哲学之间的紧密联系是独一无二的，他的哲学文化一直是路德宗的哲学文化（起初他的哲学文化就是为路德宗而准备的），也一直是柏林大学的哲学文化。在德国，狄尔泰哲学文化的力量在经济学研究中表现得尤为突出。马克思对英法古典经济学的意识在德国经济学家中十分常见，马克思主张，以往自诩为普遍与永恒的经济行为法则,只是经济活动史的某个特定时期的某个特定阶层为追求特殊利益与价值的说法而已,在这一点上,马克思与罗雪尔(Roscher)、希尔得布兰德(Hildebrand)、克尼斯(Knies)①及其学术继承者认可的其他学者是一致的。而且,马克思也意识到经济科学有其伦理意涵,尽管所用的表达方式不同,并认为经济反映并默认人们之间的特定关系,这也是其他人的共同观点。然而,马克思用自己科学的"运动法则"(laws of motion)替代了古典经济学的法则,而且在他人看来,他坚决主张社会的经济组织决定社会的性质。在这些方面,马克思与众不同,除社会民主党人之外,其他人都反对他。

　　1872 年社会政策协会(Verein für Sozialpolitik)成立之时,就承认一种观点,即,经济生活应当为国家与社会的特质服务,而不是决定它们的性质。玛丽安妮·韦伯(Mariannne Weber)后来说,社会政策协会的成员之所以走到一起,是为了"群策群力在各个特定群体的经济要求与对理想利益(ideal interests)绝对高于物质利益的坚决捍卫中间,寻求妥协的办法",但他们的分歧日益明显。一派人依然认为,普鲁士国家官僚制度是理想利益合适的代理人,另一派则认为,普鲁士官僚制的利益与所有其他群体一样狭隘,是国家软弱与冲突的源泉,不能产生力量与团结,这一派的影响力与日俱增(但从未占据主导地位)。(涂尔干在第二派人形成气候之前到德国访学,第一派人的理想让他颇为触动,时人略带轻蔑而不准确地称之为讲坛社会主义者②,尽管涂尔干本人的思想体系有独立的来源,但与他们的思想也确有相似之处。)第一派坚持他们的政治信念,没有充分重视"资本主义"力量的重要性,因而也不重视马克思的相关思想;第二派则不然,尽管他们也很少赞同社会民主党人。

145

---

① 罗雪尔、希尔得布兰德与克尼斯都是 19 世纪德国著名的国民经济学家,历史学派的代表人物。——译注

② 讲坛社会主义者主要代表人物有阿·瓦格纳、古·施穆勒、路·布伦坦诺、威·桑巴特,因为他们都是学院出身,所以称之为讲坛社会主义,在 19 世纪 70—90 年代的德国颇有影响力。他们主张可以通过工会与法律等手段节制资本主义,实现劳资双方的共赢,避免无产阶级革命运动。——译注

　　每一种思想潮流，尤其是狄尔泰的哲学和社会政策协会资深成员的立场，都在一定程度上引发了方法论的争辩。可是争辩的焦点不止是学术问题，因为尽管争辩发生在学术界，发生在大学之间，但围绕应当如何看待德国本身的政治、经济和社会变革这一问题引发的激情，让争辩各方卯足了劲，这一问题也引发了保守派学者的恰当地位、义务和哲学的问题。参与争论的人物着实不少，与德国历史上经常发生的讨论一样，多数论点晦涩难懂，但其实所有论点都围绕着两个相关的议题：如何在普遍意义上研究精神科学（Geisteswissenschaften），以及价值在其中的特定地位。

　　争论开始于 19 世纪 90 年代。狄尔泰曾以英雄般的气概试图为精神科学确立一种基础，而马堡大学①的两位哲学家，文德尔班（他后期的德国哲学史汇聚了这一辈中的很多人对 19 世纪中期的厌恶）②和李凯尔特③面临更明显的混乱。狄尔泰力图在一种修正的心理学中实现实证主义与唯心主义取向的方法论关联，而文德尔班在一篇自称针对实证主义的战斗檄文中间接抨击了狄尔泰的做法。为此，他详细阐述了狄尔泰本人关于普遍科学和独特科学的区别，前者关注特殊事务，只是因为它构成了普遍的一个例子，后者因其本身、因其不可化约的独特性而关注特殊事物。文德尔班认为，前者是英国与法国视野中的科学的特点，包括心理学；后者关注把握事物的具体直观（Anschaulichkeit），尤其是人们可能赋予意义的具体直观；在文德尔班看来，19 世纪中期的唯物主义思潮败坏的正是后者。李凯尔特是一位思想更清晰，总的来说也更锐

146

① 作者有误。文德尔班与李凯尔特不是马堡大学的教授，也不是马堡学派的代表人物。——译注
② 文德尔班（Wilhelm Windelband, 1848 - 1915），德国哲学家，新康德主义弗赖堡学派（又称西南学派）的创始人，著有《哲学导论》《哲学史教程》等著作。弗赖堡学派上起狄尔泰，下启马克斯·韦伯，对德国学界乃至政界都影响深远。此处所说的厌恶是指对 19 世纪中期德国庸俗唯物主义泛滥的厌恶。——译注
③ 李凯尔特（Heinrich Rickert, 1863 - 1936），德国哲学家，新康德主义弗赖堡学派的代表人物，著有《自然科学与文化科学》。——译注

利的思想家,他进一步区分了普遍的科学与独特的科学,在科学与普遍、文化与独特之间画上了等号,尽管他充分认识到,很多学科最终是一定程度的折中,包括心理学和经济学(李凯尔特通常认为经济学是历史学的分支)。然而,李凯尔特的论点最富特色的地方是他关于一门学科成为具有独特研究取向的学科的条件,他称之为,"与文化价值关联,其目的是分辨有意义与无意义。"此后,这一论点成为关于人文科学地位的哲学讨论的陈词滥调(但应当承认,李凯尔特本人对其论点的辨析与拓展仍是上佳之作)。我们的研究对象的选择,以及从所有可能的概念化中遴选我们的概念,这都取决于文化既有的重要性标准,因此,用李凯尔特的话说,"有多少不同的文化域,就有多少不同的历史真理",这与自然界的真理形成截然反差,后者是永恒的、无条件的。事实上,李凯尔特得出一个推论,在文化科学中,古典意义上的"真理言说已经不再有"。可是,(在狄尔泰及其"客观精神"概念之后)李凯尔特确实试图主张,既然赋予选择与概念化的文化是客观的事实,所以作为结果的历史学(或者是心理学与经济学)也可以说是"客观的"。至于是否存在普遍的文化,能否构建一门所有人都认可的文化科学(Kulturwissenschaft),对此李凯尔特有些犹豫,但他毫不迟疑得出一个结论,"总体而言,研究文化现象的历史科学的立足点要高于自然科学。""不单自然科学是文明人的一种历史产物,而且从逻辑或形式上说,'自然'概念本身也只是文化生活的理论价值……而且正是自然科学必须总是预设自然概念的绝对有效价值。"若把李凯尔特的哲学视为德国保守派学者的传统地位的简单合理化,就过于粗俗了,不过他们确实认为维护他们的地位很重要,这一事实也清晰反映了他们的社会与政治焦虑。

147

　　20世纪前十年,方法论的分歧一直在社会政策协会的内部积累,在1914年1月的一次会议上,终于发生交锋。阿尔弗雷德·韦伯与马克斯·韦伯[①],这对兄弟是其中最引人注目、最执著的两

---

① 本书中凡单列"韦伯"名字之处皆为马克斯·韦伯。——译注

位参与者,而马克斯·韦伯研究了更抽象的内容。马克斯·韦伯期间的一篇论文已经成为社会科学哲学的经典文献,尽管其中的观点并不完全清楚,但韦伯的目的却很清楚,区分了价值关联与价值,区分了根据李凯尔特称之为的现象的"文化价值关联"来选择现象的必然而且实际上完全是可能的情况,与在分析中融入个人价值或意图从分析中得到个人价值的错误行为。韦伯的目标是社会政策协会中的那些老一辈经济学家,他们自以为为德国经济生活的组织化与控制提供了明显合理的建议,这些建议在保守主义与马克思主义的社会主义这两个极端之间,但其实他们的做法只是为了炫耀自己作为利益无涉的经济学家的折中方案。与阿尔弗雷德和其他几位年轻经济学家一样,马克斯·韦伯强烈反对老一代的经济学者倡议的现实纲要;韦伯对他们的敌意与此也有些关

148 系。在早期的一篇文章中,韦伯以一种近乎李凯尔特的方式讨论了社会科学的"客观性"是否可能的问题,当时他们两人已经有热烈的私下交流。很明显,韦伯的意思与李凯尔特的是一致的,即,从主流文化的视角选择与描述一个现象的条件,而且若不考虑文化的偏好是不可能做到的,韦伯似乎也认为不可能。韦伯在文章中得出一个结论,"一切经验知识的客观有效性都完全取决于根据某些范畴形成的既有现实的次序,确切地说,这些范畴是主观的,即是说,这些范畴呈现了我们知识的前提预设,而且它们是基于某些真理的价值的预设,而唯有经验知识能够给我们提供这些真理。"更直接地说,"在文化科学中,概念的建构取决于问题的设定,而问题的设定又牵扯出了文化本身的内容问题。"根据韦伯稍后的经验主义批判的意思,客观的是文化(有别于纯粹个人价值),而不是判断。为了明确价值关联和价值之间的区别(而当时韦伯给李凯尔特的信中写道,"精准的措辞尚属次要"),韦伯从同时代的一位学者耶利内克①那里借用了"理想型"(ideal type)的概念,按韦伯

---

① 耶利内克(Georg Jellinek, 1851 - 1911),德国公法学家,著有《国家通论》等。——译注

的说法,理想型的描述"只是有完善的逻辑依据,但绝非标准的模式",理想型的描述(从"客观"的视角)包含了一个现象的必然特征,裁剪了这个现象在历史事例中的偶然特征。据此,韦伯相信,他可以为李凯尔特提出的中间科学(intermediate sciences)更牢固地确立一种研究程序,而李凯尔特似乎对此表示赞同。理想型能让历史学家面对的前提预设彻底清晰,而且鉴于理想型与现实的事例绝没有完全吻合的情况,因而强化了或许还确保了分析的客观性。然而,理想型并不构成分析。韦伯宣称,这必然是因果关系的分析,尽管完全的因果解释是不可能,就如它在实践中不可能实现一样(更别说成功归因于单一的原因)。因此,我们不但不能以在 149 历史科学中阐述普遍法则为满足(如果有普遍法则的话),而且,即便是遇到我们能提供完整解释的个案,我们也不能保证正确。韦伯不是一个哲学家,他确定这些论点的现实目的,是为了促进威廉德国(Wilhelmine Germany)良性的历史学和"社会经济学"。然而,这些论点形成了韦伯独特的社会学概念,韦伯只是在其学术生涯后期经常使用社会学的概念来描述他的研究。这与其说是有别于历史学的行为,不如说这是历史学的自我澄清,特别是在分析预备阶段。

韦伯在 1895 年弗赖堡大学经济学教授的就职演讲中,承认他是"资产阶级的一员"。他说,"我感觉自己确实是,在资产阶级的意见与理想中成长。"韦伯在 1920 年辞世之前撰写了多篇文章,其中一篇是宗教论著的导论,他在其中解释说,"作为现代欧洲文明的产物,在研究有关普遍历史的任何问题时,必须自问,为何在而且只在西方文明中,出现了一些文化现象,它们形成了具有普遍意义与价值的发展路径,这一事实应当是哪些情况的综合所致? 对我们而言,核心问题不是……一般意义的、只是随着文化的不同而形式有所不同的资本主义活动的发展,……而是西方带有自由劳动的理性组织化的、严谨的资产阶级资本主义的起源问题。或者用文化历史学的术语说,问题是西方资产阶级及其特质的起源问题,当然,这个问题与劳动力的资本主义组织化的起源密切相关,但二者不是一回事。"[①]韦伯学说随后的解释,都紧紧围绕这种明显的资产阶级利益的发展结果与对资产阶级的关注,既不再涉及方法论纯粹的哲学意义,也与历史学、社会学纯粹的分析和经验内容也无关。韦伯是一个资产阶级分子吗,最普遍、最熟悉的那一种,他是否忠于市场及其相应的自由与理性?或者他是一个独特的德国资产阶级吗,忠于资产阶级的要求,早在 1848 年之前,就要求一个统一而强大的德意志?或者因特定的缘故,他并不反对一般意义的社会主义与特殊的马克思主义与社会民主党?假如他执著于所有这些立场或某一种立场,又假如这些执著影响了他的学术研究,那么韦伯本人关于价值关联与价值本身应当泾渭分明的准则,又该怎么办?

韦伯 1864 年出生于埃尔福特。他的父亲当时是一位文职官员,之前曾在柏林工作,1869 年又举家回到柏林,老韦伯作为国民自由党人在普鲁士议会[②]下院获得席位,而且(短期内)还获得德意志帝国议会的席位。老韦伯是一位充满活力且智慧的人,而且不论他有什么看法,他都绝对支持俾斯麦或者说普鲁士的霸权。韦

---

① 这段文字出自韦伯的《资本主义精神与理性化》,是韦伯宗教论著的总导论。帕森斯英译本《新教伦理与资本主义精神》曾经把这篇总论放到该书前面,结果造成了一定的误解。此处译文参考了康乐、简惠美翻译的《韦伯作品集Ⅴ:中国的宗教 宗教与世界》,广西师范大学出版社,第 448 页,第 458 页,有较大改动。——译注

② 1850 年,经过 1848 年革命冲击的普鲁士政府颁布宪法,规定普鲁士建立两院制议会:上院是贵族院(Herrenhaus),由世袭贵族和由国王授爵的终身贵族组成;下院是代表院(Abgeordenetenhaus),根据三级选举制选出。根据宪法,所有年满 24 周岁的成年男性选民依纳税情况分为三级,纳税最多的为第一等级,约 13.3 万人;纳税较少者为第二等级,约 49 万余人;纳税最少者为第三等级,约 265 万余人。三个等级人数虽然不同,但从中所选出的议员数目相同。下院行使的主要权力是参与国家经济生活,如批准新赋税、监督国家财政开支。宪法规定,立法法案可由政府向两院中的任一院提出,两院也可以自行提出法案,财政法案必须首先在下院提出,但法案只有经两院一致通过才能成为法律。国王对法案有否决权,政府不经议会产生,也不对议会负责,而是向国王负责。——译注

伯的母亲是一个内敛、注重精神生活的人，她日益与她的丈夫及其世俗满足疏远。老韦伯夫妇及他们的关系对他们长子的影响很大，但较之心理学，对社会学的影响可能更明确，这里有充分证据可以说明，马克斯·韦伯为此心烦意乱，他是一个天赋异禀、信念热烈的人，却痛苦地认为他的思考是失败的（特别是在实践事务中），他有强烈的责任感，有时几乎是偏执。韦伯在海德堡大学和柏林大学学习法律，并在教学和写作中间，断断续续从事法律职业，直到1894年弗赖堡大学为他提供了一个国民经济学的教席。这得益于两篇论文，一篇关于中世纪商业团体，另一篇是古罗马农业史及其对公法与私法的意义，此外还有韦伯为社会政策协会所做的德国东部农业劳动力的全面分析。1896年，韦伯移居海德堡，1897年他的精神崩溃，尽管若干年后韦伯逐渐又能开始写作，但直到1918年他才重返大学，短期任教维也纳大学，1919年韦伯接受了慕尼黑大学的教席，一年之后去世。

因此，为韦伯赢得声誉的著作主要写就于大学之外，在1907年至1918年间，韦伯保持着与协会的联系，加入了新成立的德国社会学会，接触了广泛的同仁和朋友，最后还经历了一段尝试性的、痛苦的、不成功的政治生涯。在最后二十年的生命中，韦伯著作等身。在探索西方资产阶级的独特特征的过程中，韦伯完成了有关新教、儒教、道教、伊斯兰教、印度教、佛教和犹太教的著作。为力图建立社会学的基础，他不仅撰写了几篇方法论的文章，而且草创了具有不朽意义的"理想型"的纲要。为了努力理解并在一定程度上影响政治进程，韦伯还撰写大量关于德国与俄国现状的重要文章。韦伯最后一部精心作品是在慕尼黑大学的课程讲座，后来根据听众的笔记重新整理，以《经济通史》为名出版。辨析该书的学术部分和讨论部分容易让人误读，就如认为它是一个整体一样。它的难处和关注点在于它的分析、赞扬、谴责和建议的复杂关系。这些分析、赞扬、谴责和建议与一战结束之际韦伯撰写的关于德国和俄国事件的大量评论十分类似，至少与理想型的纲要类似，但都不是直截了当的。

1886 年和 1890 年，社会政策协会两次讨论了 19 世纪 70 年代世界粮价下降在德国引发的问题，廉价的进口粮食替代了本国的粮食，为了生计，德国农民转种其他的经济作物，劳动力开始离开土地。在德国东部大容克地主的领地上，波兰人愿意接受更低的工资，他们进入德国取代了德国农民。德国人把这次斯拉夫人的"入侵"视为是德意志文明统一性的潜在威胁。在 1890 年的第二次讨论中，协会决定向全国的土地所有者发放问卷来调查这个情况，韦伯的任务是分析最敏感、问题丛生的易北河东部地区。此处的问题既是经济的也是政治的。较之西部与南部地区，东部农场面积巨大。自 19 世纪初以来，它们就能以年度合约的形式维持数量相对巨大的劳动力，劳动合约在实践中向劳动力提供了相当可观的保障，而且一些报酬是以实物方式计算，这促使劳动力融入到整个当地社会，因而，按韦伯的分析，融入了农场的经济远景。因此，普鲁士的土地所有者既可以维持一种切实可行的农业生产，又能保证一种经过改进且安全的世家门第支配（patriarchic domination）。但迫于生产更低作物的压力，也产生了相应的用短期契约取代长期契约的压力，因而出现了计日工阶层，他们的物质利益更狭隘，与农场关系的工具性更强。然而，容克地主无法支付高工资，即便能（东南部的部分地区），脱离了传统的依附和隶属关系的工人，也迫不及待地要争取独立和向上流动。若不能实现，他们就离开。韦伯从中得到了两点结论。首先，随着韦伯后来所谓的"自由劳动力的理性组织化"或者说资本主义的到来，容克地主失去了他们传统的权威；其次，从世家门第制度中获得解放的工人，更热衷个人独立，而不是社会主义的集体主义。这两点都让韦伯很高兴，尽管他与社会政策协会其他成员一样，都很担心贫穷的波兰移民。然而让韦伯不高兴的是，尽管容克地主已经"为［他们］自己的组织挖掘了坟墓"，但他们还在逆历史潮流，把持着国家政权，并为社会制定标准。资产阶级，尽管容克地主被迫采用他们的经济事业，但他们还是继续模仿容克地主，把后代送入官僚机构，并寻求尊贵与地位，据此以享受荣华富贵；无产阶级，至少是东部的农业计日工人,他们已经展现了可圈可点的活力和独立性,可是社会民主党却妨碍了他们的社会和政治表达,社会民主党的革命学说隔离了无产阶级,促使资产阶级更坚决地与普鲁士贵族勾结。韦伯在 1895 年指出,"我们希望培养和支持在我们看来人自身中有价值的东西:个人的责任感、追求高尚的基本动力、追求人类的精神和道德价值的动力,即便一些人的动力以最原始的形式出现。只要我们力所能及,面对不可避免的生存斗争及其痛苦,我们还是希望创造一些外部条件,有助于保存人自身最好的品质,那些我们试图为国家保存的身体与精神品质。"韦伯的意思是,威廉德国的"外界条件"正在窒息最好的品质,在韦伯看来,直到他去世一直如此。

　　根据韦伯赞同计日工人的动力,不赞同资产阶级的态度和行动(正如韦伯所言,他父亲的立场清楚表明了资产阶级的"怯懦"),可以清楚看到,韦伯珍视独立和自由的传统人文美德。他关于俄国与社会主义的论文就更明显了。它们写于 1905 年、1917 年和 1918 年,这些文章尽管是追记革命活动,但却意味深长,因为韦伯看到了俄国和德国惊人的相似性。在两国,资本主义都是自上而下实施的,都率先确立了经济个人主义,无产阶级都先于资产阶级宣扬自己的主张,而且教派都没有为个人主义提供伦理基础。到 1918 年,韦伯严厉批评柏林和慕尼黑的苏维埃坏分子①是幻想家,批评坚决隔离社会民主党的悲剧后果②,并认为俄国的布尔什维克是军事独裁者,他们"保护,更准确地说,是重新引进了高薪企业家、计件工作、泰勒制(Taylor System)③及军事和企业纪律,着手引

①　1918 年基尔港水兵起义成立工兵苏维埃,引发德国部分地区的连锁反应。——译注
②　俾斯麦统治时期曾通过《反社会主义法》。——译注
③　20 世纪初,美国工程师泰勒在传统管理基础上首创的一种新型企业管理制度,彻底贯彻了规范化、标准化、机械化的原则。泰勒制的主要内容有:1. 管理的根本目的在于提高效率;2. 制定工作定额;3. 选择最好的工人;4. 实施标准化管理;5. 实施刺激性的付酬制度;6. 强调雇主与工人合作的"精神革命";7. 主张计划职能与执行职能分开;8. 实行职能工长制;9. 管理控制上实行例外原则。——译注

进外国资本"，简而言之，他们已经"再次完全接受了他们曾经反对的资产阶级制度，为了确保国家与经济的运行"。

然而，韦伯对自由、经济独立、民事与政治权利，还有"灵魂……选择自身存在意义"的条件的执著，在他对官僚制的态度上体现得淋漓尽致，实际上他提出了现代的争论话题。从形式上看，官僚制是技术有效的行政工具，"是已知最合理的运用权威治理人群的手段，……较之其他形式，官僚制在精确性、稳定性、纪律的严格性、可靠性方面都更优越"，本身是"完全有必要的"。但在实践上，韦伯反复提到德国，还有1917年前后的俄国及其他社会的例子，他认为，官僚制倾向于超越纯粹的行政功能，变成一股政治力量，它只表达掌握官僚制的阶级的利益，并因其固有的限制性后果，妨碍了其他人的自由。这一态度也许是韦伯与协会的保守党成员最明确的区别，后者与俄国人及本国先辈黑格尔一样，都认为官僚国家必然能超越特殊利益，唯有它能统一和领导德国。1909年，韦伯兄弟在社会政策协会一次会议上与保守主义者展开争论，尽管两兄弟各有应对之策，马克斯·韦伯希望把国家官僚制与其他类似机构都限制于它们的技术、执行功能，阿尔弗雷德·韦伯则认为，可以通过让官僚人员信服自由价值的德性来解决问题。但他们两人失败了，战争一爆发，普鲁士官僚制的权力递增。然而，韦伯的目标，不只是普鲁士官僚制及沙俄类似的组织。最让韦伯恐惧的是，社会民主党的官僚制端倪，与一个未来的社会主义国家，为此他极力抨击之。韦伯警告说，"若取缔私人资本主义，那国家官僚制必独治。目前政府机构与私人企业至少原则上可以相互制衡与约束，到时它们就重铸成一个单一的等级秩序。"工人没有任何补偿。任何形式的自由都将窒息。出于激情，韦伯甚至运用了他广博的知识，略带倾向性地认为，古埃及和罗马的衰落提供了一个明确而可怕的历史教训。

根据这些政治分析，有人可能推断，韦伯的观点是只要鼓励资产阶级坚持自己的利益，就能避免近期历史的重演。尽管韦伯认为这是必要的，但绝不是充分的，因为没有迹象表明，资产阶级对自身利益有清晰或者说正确的认识。在弗赖堡大学的就职演讲中，韦伯问道，"他们政治上是否成熟，也就是说，他们是不是都具备一种理解力与能力，把国家政权的利益置于其他一切之上。"当然，韦伯接着指出，"非个人的阶级支配"正在取代"个人的支配"，新的阶级斗争已经进入政治。若认为能忽视这一事实，就如认为能消灭这一事实同样愚蠢，在这方面，保守党人、国民自由党人与社会民主党一样无知。阶级斗争根据定义是物质利益的斗争，即使是正确的政治化，阶级斗争自身也不可能引导国家。"缺乏伟大的国家政权的本能，政治目标止步于物质目标或者说至少止步于自己这一代人的利益，对未来毫无责任感"，这一切都应该谴责，而且可能被利用。韦伯为德国超越疆域的帝国行动提供了一种坚定自信的民族主义论证，他有三点本质的理由。首先，它促进资本主义的发展，犹如之前在英国那样。其次，通过大国之间的制衡，给欧洲小国一些安全，确保它们的自由。或许最重要的是，它能提升德意志文化的荣誉、完整性和活力。

155

　　正如施穆勒①所言，就韦伯的观点本身而论，他的民族主义的推进需要"能超越政党和阶级的人"。施穆勒是社会政策协会保守阵营的一员，在他看来，这样的人物必然来自普鲁士官僚机构。韦伯反对这一点。他转向英国，转向格拉德斯通和劳合·乔治②的政府，认为这是他想要的例子：一位选举产生的领袖，但他能超越物质利益的冲突，而且凭借个人的眼光，在关键问题上能保证整个国家的拥护，因而部署真正的国家政策，而不只是服从选民的呼吁。"当选者自我表现为完全是其选民主人委任的代表，同时领袖自己

---

① 古斯塔夫·冯·施穆勒（Gustav von Schmoller，1838－1917），德国新历史学派的创始人，韦伯的方法论论战对手之一，著有《国家科学和社会科学方法论》。——译注

② 格拉德斯通（William Gladstone，1809－1898），1867年议会改革后新自由党的首任党魁，19世纪后期四次出任英国首相，推动多项改革；劳合·乔治（David Lloyd George，1863－1945），20世纪初期英国自由党领袖，一战时期英国首相，政绩斐然。——译注

一个人担负所有行为的责任。这意味着，领袖，只要他能成功宣称获得选民的信任，就能根据自己的信念行事，议员则不同，他要根据全体选民明确的或可能的意愿。"议会协调众多经济阶层的要求，保证选民的个人权利。领袖负责领导。到 1919 年，韦伯看透了德国议会，主张实行总统制，领袖可以完全独立于代表们的各种妥协与物质关注（战败后尤为必要）。

因此，针对韦伯是否是一个英国自由主义者（Manchester liberal），或者是一个德国自由主义者（韦伯父亲可能反对的那种德国自由主义），或者只是一个反对马克思主义和社会民主党的有产者，这一问题的答案是，前两者是肯定的，但韦伯绝对不止是第三种人。韦伯认识到工业社会的阶级斗争的必然性，也认识到官僚政府深恶痛绝只有资产阶级能领导国家的观点，他在一种残酷的现实主义的政治观点中结合了二者；进而认为，资产阶级唯有超越狭隘的阶级利益，才能成功领导国家。

韦伯这些政治著作的目的，是坚决主张，在他看来，德国需要什么及如何实现。客观性的问题还没有出现。在政治上，唯一适合当代状况的就是资产阶级的"特质"，这是韦伯的预设的基础。在政治的框架中，资产阶级的特质没有"普遍"意义。可是，在世界宗教文集的导言中，韦伯提到了作为一种现象的"严谨的商业资本主义的起源"、"西方资产阶级的起源及其特质"，认为它们形成了"具有普遍意义和价值的发展路径"，而且韦伯明确宣称，正是它们的意义与价值预示了他的宗教论著。因此，韦伯的政治价值理念和他的历史学、社会学分析的普遍对象有一致性。这种一致性暗示，与正统的历史哲学家一样（不论是否有社会学的倾向），韦伯的全部研究都来自并且试图确保历史事件的明确意义与渴望实现的特定目的。但韦伯本人似乎完全不赞同这种关联。他写道，"我们必须认识到，经验知识的积累绝对不可能产生普遍的生命观与世界观"，经验知识也绝不可能让我们"领会到世界的意义"，只有"在与其他理想的斗争中"，在纯粹的道德争辩中，世界的意义才能出现。然而,韦伯也欣然承认,他的历史解释和社会学的类型学的主题和用语是根据"普遍"价值的关联性进行选择的,尽管随后的分析不能在逻辑上让任何价值成为必然,但用与价值有关的术语进行分析,这一事实意味着,若不从逻辑的视角看,这一分析必然赞同且绝不会批判韦伯本人所谓的分析有效性。纵使客观分析不能正确地推演出道德,但"道德冷漠的态度绝不等同于科学的客观性"。于是结果是,确定"价值关联"与"价值"之间的界线的难度当时就超过了韦伯的意愿,更无论现在。

《新教伦理与资本主义精神》是韦伯第一部同时也一直是最著名的学术著作,它的主题是西方资产阶级的独特性,分为两部分发表在 1905 年社会政策协会的杂志上。韦伯指出,这纯粹是一篇"预备性"的文章,不是解释资本主义的发展(资本主义扎根于更世俗、更冷漠的环境中),而是阐述它的精神,及这种精神与新教改革各宗派的独特伦理之间的"选择性亲和"。韦伯在书中指出,一方面,信徒有视经济活动为"天职"(*Beruf*),视工作为义务、把节省和投资本身作为目的本身、否认任何享乐主义的观念,把经济活动作为生活中心而不是道德边缘的义务,以及把资本主义的独特性区别于其他形式的积累的观念;另一方面,加尔文宗预定教义宣称,人在此世对上帝的决定无能为力,来世的命运已经预先决定,预定论教义的心理后果是,为了确信来世的蒙恩,人们必须在此世禁欲勤劳,韦伯认为,两者之间是有亲和性的。从心理学的视角看,它们之间的亲和性是因果关系,但韦伯不是要建立因果命题,而且要说明,资本主义最独特之处、本质上区别于其他形式的占有和积累之处,是它的道德特点,这与当时主流的唯物主义解释截然相反(保守主义者和马克思主义者都很盛行唯物主义的解释)。就此而言,《新教伦理与资本主义精神》是意图确立一个"理想型",西方资产阶级资本主义的纯粹、必然的特征。

在 1904 年访问美国及范围较广的城市生活调查之后,韦伯撰写了另一篇论文《新教教派与资本主义精神》,相比之下,就能发现《新教伦理与资本主义精神》的上述目标更清晰。在这些论著中

157

158

（及后来《经济通史》的讲稿摘要中），韦伯把资产阶级资本主义的发展归因于西方城市各类异质居民之间没有仪式的隔离和禁忌，在群体内部及群体之间也都没有自成一套或相对的道德（尤其是亲属团体），也没有来自外部的支配。就这一点，韦伯的立场与马克思类似。西方资本主义的特征是，冷酷的金钱关系侵入所有社会关系，是社会生活的彻底算计化（rationalisation），致使一切事情都服从于资本和形式自由的劳动力的物质利益斗争。但韦伯坚持认为，马克思和保守主义者都没有认识到这一过程的道德意义，即西方资产阶级不只是专注物质积累的社会阶层，物质积累对他们同时也有宗教和道德价值。其他群体或者分离了道德生活与物质生活，或者受道德禁令深度支配，完全抑制了他们积累的活力。

　　起初，韦伯计划深入研究新教的社会史，但他的同事和好友特洛尔奇（Troeltsch）已经在从事这项研究，于是韦伯决定转向研究儒教、道教、伊斯兰教、印度教、佛教和古犹太教等其他宗教，以增强他关于西方资产阶级的独特性和"唯一性"的观点。显然，在每一种宗教中，韦伯都集中关注宗教伦理与世俗意义的关系的至关重要性，关注它们区别或不区别道德生活与物质生活的方式，以及教义关于教徒与世界的关系的调整范围，更准确地说，征服世界的程度。基督教源于犹太教，因而新教也是，而且（桑巴特等）一些同时代学者也都强调犹太教对资本主义的发展的意义，所以犹太教的研究也许最有启发性。韦伯认为，大约公元前 1200 年以来，犹太人就过着颠沛流离、动荡不安的生活，这导致犹太人产生一种自卫性的族群团结与上帝意志的命定观念。之后韦伯指出，"以禁欲方式治理世界是加尔文宗的特点，这不是一个传统虔诚的犹太人能想到的事情。……单个犹太人有义务与一个事实和解，即，只要上帝允许世界如是，世界就可以不服从上帝的指望。……[犹太人的]责任是与世界的不服从和解，假如上帝因对付犹太人的敌人而赋予他恩典与成功，而且他必须以冷静、合法的方式行事，那犹太人就获得了满足……这意味着用一种客观的或非私人的方式对待非犹太人，没有爱，没有恨"。

　　因此,尽管非西方社会也有物质积累的现象,也很少有资本主义式的,而且都为社会生活的伦理所唾弃,至少受到全面的限制。同样,尽管人们也经常称欧洲的犹太人和天主教徒明显的物质积累是资本主义,但其实也不是,因为那只是一种道德的附带现象,对犹太人与天主教徒的基本价值观影响甚微或没有影响。只有新教教派,用此世的物质积累和投资来增强他们来世获选蒙恩的希望,从而使得真正的资本主义行为成为社会生活的中心。只有通过新教徒,资本主义的独特理性化开始主导一切社会关系。只有通过新教徒,西方资产阶级才获得了实践与道德的独特性。但为了捍卫他的观点,韦伯执著于一种异乎寻常的呼吁。当然,韦伯一直珍视一切群体对"高尚的事物、对人类的精神和道德价值"的追求的普遍重要性,因而珍视西方资产阶级的历史独特性,特别是因为资产阶级的价值观是他认可的价值,学界也是这么看待他的。而且韦伯认为,组织化机构的形式纪律产生的资本主义理性后果,是有效的现代社会管理不可避免的必然。但接受并不意味着肯定,韦伯的政治论著清楚表明,他谴责资本主义形式理性导致的世界"祛魅"(disenchantment),拒斥官僚机构僵死的"精神与道德价值",即便是有效的,拒斥选举产生的政客的纯粹物质争吵。

　　在 1897 年精神崩溃之前,韦伯所有的文章和大部分后期的政治论著,都是历史学的,试图"对具有文化意义的个人行动、结构和人格做出因果分析和解释"。韦伯对世界诸宗教的研究是从他的历史学主张引发的,他力图根据它们与经济活动的关系,进一步确定每一种宗教的理想型特征,尽管自《新教伦理与资本主义精神》之后,特别是关于该书,韦伯关于宗教学的激烈论战都基于一个假设,他提出了最合适的因果观点。可是,韦伯后来区分说,它们主要是社会学的研究,试图"构建类型的概念和概括经验过程的规则性"。1910 年到 1914 年之间,韦伯着手另一个类似的"社会学"计划,他称之为"经济和规范的、实际的诸种权力"(The economy and normative and *de facto* powers)①，而这也有很多的因果关系的责难。直到生命最后两年，韦伯经过一定的犹豫和疑虑（他说，"人们不会同意我的观点"），又回到纯粹的理想型研究与一些"社会学的基本概念"的提炼。然而，韦伯对这些事缺乏热情，所以就放弃了，最终又回到了经济通史的研究。这些基本概念的篇章，与更大部分的关于经济和权力的著作，组成了我们今天的《经济与社会》的两大部分。

在准备写作《经济和规范的、实际的诸种权力》时，韦伯称这是一项关于经济发展的研究……［视之为］"生活普遍理性化的一部分"和"以比较、系统的方式探索政治组织的结构"。即是说，这是经济行动与经济组织的类型分析，是规范、道德和政治支配及其关系的类型分析。就此而言，它既是类型学的，也是命题性的。这项研究的特点与命题和韦伯战后添加的"基本术语"有抵触之处，虽然至少某一组概念有助于解释这项研究的观点。这就是区分"社会行动类型"的术语。韦伯分为四种：工具理性型、价值理性型、情感型和传统型。后两类的意义是直接明了的，是以人们的情感或习惯特性为特点的行动，但前两类就不清不楚。工具理性行动的定义是为实现某一目的合理考虑可能的手段的行动，价值理性行动是秉持"某种伦理的、美学的、宗教的或其他行为方式本身的价值的行动，不顾及行动能否成功"。根据一些可能出自韦伯本人的虚构旁白②，评论者在价值理性行动中看到了尼采的影子，但用康德的术语或许更容易理解价值理性行动，作为一种道德命令，它的社会表述是有高于一切的、追求理想的义务。我们容易理解这种表述。但韦伯称之为价值理性却很难理解，因为很明显，它既不是康德的理性，因为它能产生一种有约束力的理性法则（韦伯从不承

① 韦伯这里的 power 不是狭义的政治国家的执行权，而是指家庭、庄园、行会、国家、法律各种社会结构性的力量，能对社会行动产生影响力的要素。——译注
② 指韦伯在课堂上曾说过，马克思与尼采是此后的学者绕不开的两个思想家。——译注

认这种可能性），也不是任何"不理性"（irrational），除了它是一种不顾及事实竟也能有用的行动。简单地说，它是"非理性"（non-rational）。

不论价值理性是否是理性的，韦伯在价值理性、工具理性与传统之间对比，是为了阐明他在"经济和规范的、实际的诸种权力"研究中的意图，或许这项研究本身反倒没能阐明。他的意图是区分与经济行动类型相对应的权力类型。韦伯从未质疑马克思主义的基本信条，正如他所言，人们的利益，特别是物质利益，几乎总是其政治主张的根源。韦伯反对的是，这一信条不能放之四海而皆准，又或者说，即便确实如此之处，也不能认为这是唯一、简单清楚的动机。韦伯最反对的是，马克思主义者认定人们应该如此，这也是为什么韦伯投入巨大精力去探寻例外与原因的复杂性。韦伯同意，物质利益是中世纪晚期欧洲城市的动力，"当时权力是基于各利益阵营形式上自由的相互影响，尤其是在集贸市场"。但其他情况下几乎都不是这样，或者因传统的力量在起作用（印度、中国等地起主导作用），或者即便传统已经失效，但一些人为了确保权力而诉诸伦理的论据，致使物质利益复杂化，实际上，欧洲早期确实如此。

于是，韦伯区别了两大类的支配：法理型和非法理型。在法理型的支配类型中，韦伯又区分了以传统为名的法理化、以感召魅力（charismatic）为名的法理化与以既定的、有全面约束力的、形成法律的规则为名的法理化。这在两方面与韦伯的行动类型学有抵牾之处。首先，尽管"感召魅力"的支配与价值理性行动对应，传统的支配与传统型行动对应，但法律的支配与非法理型的支配都对应工具理性的形式。但第二，鉴于诉诸传统是确保忠诚的一种方式，因而也有工具理性的色彩，所以传统型行动在行动类型中的独特地位更显突兀。其实根据韦伯的描述，传统型行动似乎不是一种纯粹类型的行动，更多是工具理性和情感诉求在具体情境中的混合物。实际上，人们可能彻底忽视韦伯的行动类型学，因为它混淆而非澄清了韦伯的观点，也就只是解释了中世纪晚期的欧洲城市

162

的全面自由竞争和历史上间隔出现的"感召魅力"。然而，资本主义与"感召魅力"的新教宗派主义者在中世纪晚期城市同时出现，正因为这种独一无二的历史巧合，这也是韦伯全部观点的关键，让混淆又清晰了。这并没有澄清《经济与社会》现有的类型学，反倒是澄清了韦伯建构行动类型学的意图，他通过形式的分析阐明西方资产阶级资本主义独一无二的"价值关联"双重悖论：悖论一，西方资产阶级资本主义起源于相对无限制的物质可能性与高于一切的价值理性的非同寻常的结合，悖论二，它发展成为最冷酷、影响最深远的工具理性，这只能考虑到它的起源才能理解。

163 　　韦伯是最难评论的社会学家。实际上，若只用社会学的标准评论韦伯，就忽略了他的价值与"价值关联"。韦伯提出了逻辑不完整的研究方法，反对构建普遍的、程序的、确定的理论。因此，以专业方法的不一致性或不完整性批评韦伯，意味着把他从未有过的学理意图加之于他，这或许能让某些人感到满意。韦伯传世的价值在于他真正实现了他的意图。韦伯在西欧和北美的社会理论史中特立独行，他反对古典社会学构建综合的类型学和完整的因果解释的筹划，与此同时，韦伯又成功解释了西方资本主义的独特性，是唯一能与马克思等量齐观的解释，就历史敏锐性而言，为其他解释望尘莫及。从好的方面说，韦伯既克服了历史学特殊性的道德与分析缺点，也克服了社会学普遍性的道德与分析缺点。但期间，韦伯损害了他本人的两大原则。他没能一直坚持他在社会政策协会的方法论争论中关于"价值"与"价值关联"的区分，与此相关，他也没能完全遵守他本人反对赋予历史以意义的禁令。的确，韦伯拒斥目的论。但西方资本主义对韦伯而言既是独特的，又是普遍的，他对此很执著，这让韦伯给过去事件赋予了未来的意义。尽管如此，我们必须承认，即使韦伯没能遵守他的两大原则，也没有关系。倘若他成功遵守了，反倒可能写不出一部价值如此之高的比较史。倘若他没有努力去遵守，就不能这么清楚地表明，写作这部历史非同一般的难度。

韦伯在构思他的问题时，确实是威廉时代有教养的中产阶级（*Bildungsbürgertum*）的一员，尽管他是一位卓绝的政治清醒的人。但就问题的解决措施而言，韦伯就不属于中产阶级的一员了。在这一方面，韦伯不属于任何群体。特别讽刺的是，韦伯1904年访问美国之后曾称赞美国的前途和个人主义，从此美国人就认为韦伯是一个实用主义的社会学家。有谁与韦伯一样，与所谓的现代专业社会学的知性贫乏和道德昏庸形成如此巨大的反差。又有谁能与韦伯一样，与有教养的中产阶级的知性自满及道德与政治的不负责任形成如此巨大的反差。

第八章　让人困惑的历史

一般认为，1914 年到 1918 年的第一次世界大战与 1789 年的法国大革命一样，是欧洲的一个决定性的转折点。一战或许标志着纯粹工业资本主义终结的开始，这与它的辩护者和马克思的描述相似，同时也标志着一个制度化共产主义的开端，事实上根本没有人曾想象过制度化的共产主义（甚至是列宁）。它也标志着对 19 世纪所有标榜进步的社会理论的驳斥。但这些都是事后诸葛。若有人在 1918 年，或 1920 年，甚至是 1930 年的时候就认识到这些，那就高明了，但几乎没有。因此，较之社会本身的发展史，两次世界大战期间的社会理论发展有更强的连贯性，这不仅包括大多数的一般假设（通常来说，一般假设也不会有突然的转变），还有理论的意图和预期。

英国最明显，它获得了一战的胜利，也没有受到革命社会主义的严重威胁。英国的社会学与法国和德国的社会学一样，一如既往，在一战之前也是某些人的托辞，今天我们可以称之为"现代主义者"，他们试图根据对身处其中的特殊的社会与政治乱象的认识，来解决资本主义变迁的问题，同时不采取过时的反动或剧烈的变革。但与同时代的法国与德国同仁不同，英国的社会学家不需要一直从理论上论证他们的解决方案，也不需要在政党之外成立组织来实现。人们逐渐认识到，古典的自由主义不可能自动增加所有人的福利，这在 19 世纪 70 到 80 年代就初露端倪，当时人们已经开始厌恶各种解释与论证自由主义的理论，特别是各种功利主义,但当时未形成气候。到 1914 年,牛津的唯心主义者力主国家采取更积极的干预政策,缓和无节制的资本主义造成的痛苦与不公,不论是政府还是知识分子,都广泛接受了他们的观点,以至于他们都不再需要理论基础,大多数人也不再关注他们的理论基础。例如霍布豪斯,就已经成为一个不合时宜的人。牛津唯心主义者的观点成为主流,这对英格兰的知性生活有深刻而自相矛盾的影响。这使得英国的知识阶层不再那么关注欧洲大陆的理论变化,并让欧洲大陆再度为 19 世纪 70、80、90 年代罪恶、虚幻的假设争论不休,而英国人自己已经开始拒斥这些假设,后果是相对快速的社会改革期间的理论混乱。

亨利·西季威克(Henry Sidwick)的《伦理学方法》十分清晰地阐释了 19 世纪后期的理论预设,1885 年,他向不列颠皇家协会明确介绍了一般意义的社会学。西季威克痛苦地放弃了青年时期的基督教教义,他试图结合一种由来已久的观点,即可以通过直觉感知道德的善;同时与大多数同时代人一样,西季威克也认为功利主义不足以成为一种正确的道德哲学的基础,但对个人福利与公众福利的折中抉择至关重要。人们一眼便知,西季威克的努力注定要失败。除非人们能凭直觉知道,道德美德的方向能与个人幸福和公共幸福的一再巧合一致,不然就不能确保相容的结果,也很难避免三者可能的冲突。很多哲学家曾一度不在意西季威克,其中多数人或者与摩尔(Moore)一样,放弃了功利主义及任何经验计算善的努力,或者与格林(T. H. Green)、霍布豪斯(Hobhouse)等人一样,转向黑格尔。如果 19 世纪末的慈善干预争论没能形成气候,那大体来说,中产的知识分子很可能赞同有必要从根本上重新考虑自由主义的前提,至于劳工阶级和新兴的工党很可能采用马克思的学说。可是慈善干预的争论取得成功。大多数人(包括大多数劳工)都能让对方相信,能通过一些可行的政策,把资本主义的结构及其创造的社会导入更让人满意的发展方向,同时不影响资本主义与社会的基本结构,于是大多数人都相信,西季威克的方案完全是合理的(但没有涉及他不佳的专业名声)。牛津唯心主义者等人与1918年后英国社会问题相关的假设,实际上在一战之前就已经形成,严格来说,它们是一种不连贯的伦理学的假设。

西季威克的伦理学意味着资本主义的发展与积极的社会改革可以相容,在最宽泛的意义上说,它也是法国和德国社会学家的哲学。涂尔干的观点剔除了法国本土的理性主义,它们与西季威克的观点(包括弱点)十分相似,马克斯·韦伯则明确认为格拉德斯通和劳合·乔治是合适人选,他们能以他完全赞同的方式,超越粗糙的物质主义(materialism)和毫无节制的经济竞争的明显不公,引导国家实现更高的理想,韦伯相信资产阶级有能力实现他的理想。但英国的自由党和走向联合的各大工人政党早就开始进行这一进程,所以诸如讲坛社会主义者们建立的社会政策协会(及后来滕尼斯和韦伯建立的德国社会学会)之类的学术桥头堡,或者涂尔干及其追随者试图在社会学年鉴圈子及后来的巴黎高师里建立的组织,英国都不需要。霍布豪斯在一战前的"孤立"完全可以理解。这不是因为他反对主流观点。正是因为他与主流观点近乎雷同,以至于几乎无人要求他说明(他的普遍社会学的概念)与主流观点的不同。霍布豪斯之所以在他这一代欧洲社会理论家中独一无二,是因为根本没有英国本土的人与之争论。尽管如此,英国还是有几拨人认为,在自由主义和自由社会主义的广泛共识框架内,他们能以"社会学"的名义最大限度地实现自己的抱负。霍布豪斯本人,他的继任者金斯伯格(Ginsberg),还有几个朋友是其中一拨。另一拨是布兰福德(Branford)、杰德斯(Geddes)及其小圈子,他们一战之前就组建了社会学协会,并说服了马丁·怀特(Martin White)支付伦敦经济学院社会学教席的费用,还一直坚持编辑《社会学评论》(*Sociological Review*)到20世纪30年代初。还有一拨人,人数远超前两者,但内部联系松散得多,他们相信理性改革需要事实,于是进行了大量的社会调查以发现之。

布兰福德和杰德斯是思维十分发散的怪人。布兰福德受过内容广泛的苏格兰科学教育,创作诗歌,组织修建巴拉圭的铁路,在

167

致力于他们二人所谓的"市民社会学"(civic sociology)之前,还曾在古巴成立过一家电话服务公司。他们的市民社会学灵感来自勒·普莱(Le Play)。布兰福德反对简单基于设想的劳资对立所做的分析,他认为所有成功的文明都来自"领袖人物""人民""情感炽热者"与"知识分子"的合作,这些群体合作的当代表现形式与引领力量是以社会学"充满活力的学说"统合一切科学、哲学与美学。布兰福德还援引了勒·普莱的观点,而且也正是勒·普莱深深影响了杰德斯,这并不体现在精致的语言文字方面,而主要体现在杰德斯实践性更强的社区愿景,其中生活的各个方面都应当相互和谐,并与自然环境和谐,这让人想起了早期乡村乐园生活,但杰德斯要以更现实的调和方式在其预想的"花园城市"中实现之。"花园城市"的概念在英国颇有影响(1945年英格兰和苏格兰"新城镇"建设之后重获生机),但作为它的基础理论,市民社会学则与其鼓吹者一起烟消云散,布兰福德于1930年去世,一年之后杰德斯也谢世。他们的朋友法奎哈森(Farquharson),继续担任《社会学评论》的一名编辑,但他们的期刊几乎立即改变了风格,到1934年,开创者的浪漫主义气息再也无处寻觅。

尽管布兰福德和杰德斯一起保证了伦敦经济学院第一个社会学教席的经费,但这一事实并没有让霍布豪斯或金斯伯格对他们另眼相看,这无疑令他们尴尬。与霍布豪斯一样,金斯伯格也是从哲学转到社会学,最初是霍布豪斯在伦敦经济学院的助手,之后一战期间临时代替阿特利(Attlee)和托尼(Tawney)的职位。霍布豪斯出身黑格尔主义的牛津大学,尽管他绝不是一个传统的黑格尔主义者,甚至不是传统的英国黑格尔主义者(他要为此感谢斯宾塞),但他字里行间总流露出黑格尔式的目的论。金斯伯格深受霍布豪斯而非黑格尔的影响(撇开观点不论,霍布豪斯无疑是一个受人爱戴和尊敬的人)。按照金斯伯格自己的回忆,他的直接灵感来自西季威克,而后者的抱负和失败与他的完全一样。与霍布豪斯不同,金斯伯格不是一个目的论者,但他坚信,历史的进程最终迈向道德的普遍化,道德对人们良知的影响力会更大(因而也对人们

168

自己独立的批判理性的影响力也更大），个人责任和集体责任的界限更清晰（这明显表现在道德、宗教和法律的稳步分离中）。即便道德进步不像霍布豪斯所说的是事先注定的，似乎也是要发生的。但金斯伯格认识到，道德进步是有条件的，在他看来，社会学的任务应该是洞察和明确道德进步得以持续的条件。显然，这也正是涂尔干的观点，实际上金斯伯格曾说过，若西季威克还活着，面对他所谓的涂尔干和霍布豪斯的明显一致（他过于谦虚，没有加入自己），西季威克一定会承认自己关于一般社会学的错误观点。对金斯伯格而言，他构思的一般社会学无疑已经证明了自己。他既正确，又错误。他的正确在于，甚至到 20 世纪 30 年代的大萧条时期，多数文雅的英国人还坚持西季威克的信念；他的错误在于，正因如此，英国人不需要通过孤立的知性与学术努力来保卫他们的信念并为之辩护。事实上，金斯伯格确认了一批与自己和霍布豪斯规定的学科精神保持一致的人，诸如霍布森（J. A. Hobson）、狄金森（Dickinson）、托尼（R. H. Tawney）、科勒（G. D. H. Cole）和拉斯基（Harold Laski）。有趣的是，这些人觉得有能力阐明自己关于经济学、经济史和社会史、新的政治科学与工党等领域问题的观点，按霍布森的观点，他们甚至能分门别类相互独立地阐明之。除了几个学生，没有人需要或注意到金斯伯格的社会学。

169　　霍布森在 20 世纪 30 年代指出，英国社会学家的"主流意见是不承认社会心智和集体意识的存在，认为一切社会活动和制度都是为参与这些协作过程的个人做贡献"。与之相反的意见则是避免谈论结构、意识等抽象概念，关注经济和社会环境对个人的影响，这让人想起密尔近一个世纪前的建言。这一意见准确刻画了某些人的意图，那些曾经自称为"社会学家"的人绝大多数都在此之列，他们相信有效的改革要以详尽了解改革对象为基础。对密尔的回想也不止是学术性的，因为那些密尔之流的人想当然地认为，他们的听众具有一副大体一致的社会整体及如何改造的图景，只需要告诉听众细节即可，而欧洲的理论家几乎没有这种想法。因此，他们对特定的、通常是地方性的调查的热情高涨，到 20 世纪

30 年代中期已经完成了近 200 次调查,目的是尽可能精确记录英国社会的环境对弱势群体的影响。

这些社会学家在调查中处理"阶级"概念的方式,清晰呈现了调查工作的道德、知性与政治条件。在德国,资本主义经济阶级迅速取代了前工业社会的社会结构,后者到 19 世纪几乎还毫发无损。因此,德国的社会理论家本身都卷入了变革(马克思和韦伯只是最耀眼的人物),阶级之于他们确实是一个合适的论题。在法国,资产阶级的出现明显更早一些(别忘了,圣西门就讨论过阶级),但巴黎公社之后,讨论阶级就等于承认革命社会主义者的分析框架,因此自由主义社会学就抛弃了阶级概念。但在英国,人们就可以承认资本主义在某种意义上是阶级对抗的清晰与潜在的发展,这也不意味着向革命的因素让步,而在其他国家,也只是涂尔干等固执己见的人不承认。英国没有革命党。实际上,在英国,所有的讨论都涉及到阶级的术语,而且人们普遍同意,阶级的存在和性质是理所当然的。阶级只是社会景象的一部分。所以,两次世界大战期间的英国,处处有关于"阶级"的讨论,但几乎没有分析。1911 年,登记总监(Registrar General)①正式制定了一个粗略的阶级分类,之后虽稍有改动,但一直到二战爆发,人们大体认可这一分类,实际上二战之后若干年才得以修正。

因此,就英国在 1939 年之前没有形成繁荣且自成一派的社会学这一事实,无需过于惊讶。也不必归咎于"英国思想的经验主义氛围",或者杜撰一些阴险的敌人,例如牛津或剑桥等古老的大学,来解释这一事实。毕竟,黑格尔曾一度风靡牛津剑桥;马克斯·韦伯也在一定程度上成功地让"唯心主义"的德国人相信有必要进行经验调查,滕尼斯也有那么一点贡献;涂尔干成功主导了法国教育事业的核心理念。恰当的解释应该始于重新描述必需解释的东西。实际上,社会学作为知性和学术都独具一格的事业,在英国处于缺席状态,因为它已经完全是普遍自由主义和自由社会主义共

170

---

① 英国家庭事务部(Home Office)的高级官员。——译注

识的一部分。英国人经常抱怨社会学只是一种常识，这有充分的历史缘由。

如果说，整个 19 世纪一直到 20 世纪前四十年，英国的社会和政治思想能保持连贯，可以最简单地理解为，英国既没有来自左派的革命威胁，也没有来自右派同心协力的抵抗，那么法国思想在同一时期的连续性，也可以最简单地理解为，两种威胁一直存在，尽管并不总是成为现实，但始终能觉察到，1789 年之后，1848 年之后，1871 年之后，最后是 1920 年之后。圣西门的敌人也是孔德的敌人，孔德的也是涂尔干的，涂尔干的敌人也是他 20 世纪 20、30 年代的追随者的敌人，这些追随者虽然没有涂尔干那么武断，但明显继承了他的衣钵，由于涂尔干在法国教育系统取得了巧妙的成功，较之一战之前那些年，到 20 世纪 20、30 年代，他的追随者已经更学院派了。

围绕在涂尔干周围的这群理性共和主义者，他们反对右派和革命的左派，倡导一种由知识分子阶层主导的有序演化的思想体系，1914 年之前，他们在法国政治生活中只有零星的声音。法国社会主义党是他们的阵地，涂尔干的同伴、巴黎高师学生饶勒斯是领导者，尽管名为社会主义党，但该党不同于布朗基主义者、老的工人党的一些人，后者组成了盖德的法国社会主义党，饶勒斯的社会主义党不主张也不希望从资本主义的崩溃中获得解脱，相反主张改革，认为通过议会体制的民主改革能创造一种进步的秩序，其中所有阶级都能享受自由、平等、博爱的成果（而不只是资产阶级）。在正统的政治抱负的驱使下，饶勒斯起初与激进党人①进行了短暂的结盟，之后，为了寻求更广泛的基础，他又与盖德进行了更心思缜

---

① 激进党成立于 1901 年，原名为"共和、激进与激进—社会主义党"（Parti républicain, radical et radical-socialiste），是法国最古老的政党。激进党最初是左派政党，1905 年工人国际法国支部成立后，转变路线至中间派，现为法国国民议会第四大党。——译注

密的合作,1905 年成立的工人国际法国支部(S. F. I. O)①是他们合作的产物,饶勒斯与盖德一起领导这一党派,直至 1914 年饶勒斯遭暗杀,之后这一党派加入了法国各左翼团体组成的神圣结盟(Union Sacrée)②参加一战。工人国际法国支部在成立之初,是一个意识形态与政治观点纷纭的组织,它联合了多个完全不同的党派,左派有巴贝夫③精神坚定的捍卫者和激进的工团主义者(syndicalists)④,右派包括比社会主义者更自由的、彻底的资产阶级温和派。就其分析而言,工人国际法国支部是马克思主义的,尽管并不总是,就其建议而言,从所有通常意义的马克思主义来看,没有一点激进的意味。涂尔干不可能再隶属于这一组织,正如他不可能属于宣扬无政府主义的工团主义或同样主张无政府主义但更温和的激进派。

一战之后,工人国际法国支部保持了一种不稳定的联合状态,直到 1920 年,其中一派分离出去,成立了一个新的共产主义政党,以实现无产阶级专政为目标,另一派仍以社会主义为目标,他们沿用了工人国际法国支部的名称,列奥·布鲁姆(Leon Blum)是新的领导;尽管从灵感来源上说,法国支部还算是马克思主义,但它反对法国共产党人试图把一个阶级的利益乃至苏维埃俄国的利益置

---

① 工人国际即"第二国际",又称"社会主义国际",成立于 1889 年,较之第一国际对各国支部的领导,第二国际是各国社会主义党派的联合组织。一战前夕,第二国际的主力德国社会主义民主党率先支持德国"保卫祖国",列宁因此宣称,第二国际已死,随后各国社会主义政党纷纷支持政府参战,工人国际的活动陷于停滞。一战之后(1920 年)恢复活动,现为世界最有影响力的国际工人组织。——译注
② 神圣同盟是法国左翼的各党派在一战期间的结盟,支持法国政府参战,反对工人国际法国支部及其领导人饶勒斯。——译注
③ 格拉克斯·巴贝夫(Gracchus Babeuf,原名 Francois Noël Babeyf, 1760-1797),法国 18 世纪革命者,著名空想共产主义者,平等派运动领袖,主张废除私有制与暴力革命。——译注
④ 工团主义(Syndicalism)是一种以劳工运动为主导的社会主义,主张工人阶级组织工会,通过各种产业行动,使社会由资本家主导变成由工人主导,结合社会主义及无政府主义,主张废除政府与资本制度,由生产工人组成的工团代替政府,以性质不同的工团来管理与占有社会资源。——译注

于法国各阶级之上的做法。① 两年后,工人国际法国支部又以类似的方式分化出一个共产主义联盟和一个信奉雅各宾派古老信念的团体。工商资产阶级和更传统的保守派与反动派,都属于右翼政党,19世纪90年代,自我标榜进步的人士曾为德雷弗斯(Dreyfus)和保守派与反动派进行斗争。中间势力是激进党人,尽管中间这个词相当不准确,激进党是小资产阶级的政党,到20世纪20年代,由律师、医生和教师所组成,它的基础几乎全在巴黎之外,在小城镇和农村地区,其意识形态本质上是否定性的,反对教会、军队和共产主义者,较之其他政党,激进党的中间立场最有可能让它获得权力,但因为激进党不信任权力,这几乎彻底损害了它枢纽性的政治地位。各政党的分裂状态导致一个无效率的政府,1936—1938年的人民阵线②时期,有过短暂的、姗姗来迟的好转。之所以如此,是因为法国极端复杂的利益格局,存在于工业与农业之间、巴黎与外省之间及教会与普通信徒之间。意识形态的混乱就反映了这一点。

两次世界大战期间,激进党人和布鲁姆的法国社会主义党之间的意识形态混乱,与法国的社会学史息息相关。一战之前,理性共和主义对饶勒斯和涂尔干等巴黎高师学生颇有影响力,就其反对

---

① 1920年12月,工人国际法国支部召开图尔大会,左右两派围绕该党是否加入俄国主导的共产国际展开激烈讨论。结果,以马塞尔·加香(Marcel Cachin)为代表的派系退党,另立共产国际法国支部。1921年,共产国际法国支部改名为法国共产党。——译注

② 1935年7月14日,法国社会主义党、法国激进社会主义党、法国共产党和各大工会组织全国规模的反法西斯示威,并决定起草统一左翼各党派行动的共同纲领,"人民阵线"遂宣告诞生。1936年1月,人民阵线纲领公布,主要内容为:取缔法西斯组织,保障人民民主权利,将法兰西银行和军事工业收归国有,提高工人工资,设立国家失业基金,对富人增税,在国际上建立集体安全制度。5月,人民阵线在众议院选举中获胜,社会主义党人L.布鲁姆组织首届人民阵线政府,共产党表示支持,但未入阁。1937年2月,政府迫于大资产阶级的抵制和反抗,宣布暂停实施人民阵线纲领,布鲁姆于6月辞职,激进党人C.肖当、达拉第先后组阁。1938年10月,英、法、德慕尼黑协定签订后,人民阵线公开分裂,此后名存实亡。——译注

的事情来说,除了饶勒斯本人的社会主义党之外,激进党人最能代表理性共和主义。实际上,20世纪20年代,大部分知识分子都是激进党的成员。就理性共和主义的主张而言,它似乎与布鲁姆更合拍。但布鲁姆一直宣称他信仰马克思,这与理性共和主义者有矛盾,后者认为,尽管劳资矛盾产生了很多困难,但若以偏袒某一方的方式来决定争端,那一切都付诸东流(这一点与英国进步自由社会主义者的观点非常类似)。直到20世纪60年代,法国政治虚空,或者说,圣西门精神论坛的缺失,才得到填补。最终,涂尔干迅速且用尽心机复兴的理论传统,没有现成的实践出路,依然是一股纯粹的学院派势力,但在法国这不可小觑,因为在一战之前,教师的正确训练与孩子的正确教育也是人们争论的话题。

　　然而,在某些方面,法国的学院派势力与英国的自由主义和自由社会主义很相似。列维·斯特劳斯就二战之前这段时期写道:"法国社会学不认为自己是一门孤立的学科,专注自己专门的领域,它更倾向于认为自己是一种方法,或者是一种对人类现象的特定态度。所以,人们不需要为了研究社会学而成为社会学家。"这在1914年之前也是正确的。与涂尔干一起编辑《社会学年鉴》的那一群老师大部分受过哲学教育,而他们的领袖后来也很关注心理学、语言学、历史学、法学、地理学乃至经济学,经济学在法国长期发展迟缓,一点不亚于对他们自己命名的社会学的关注。年鉴的集体精神首先是一种体系的精神。这一群人确信,涂尔干的概念是基础性的与高度概括的,以至于他们认为,凡是了解涂尔干概念的人,都理所当然要努力到处应用它们。从形式上说,涂尔干概念的应用都是在其他学科的名义下进行的,这完全归咎于法国大学学科的组织结构,其中社会学没有现成的地位。到20世纪30年代末,还只有波尔多、巴黎和图卢兹三个地方设有社会学教席,但值得注意的是,年鉴学派最早的一位成员,布格勒(Bouglé),当时已经成了巴黎高师的负责人。布格勒在1938年指出,涂尔干的社会学主张一种反个人主义、反专业化的人文主义,主张国家以理性进步的精神实现知性联合,作为一股强大的团结力量,涂尔干的社

173

会学甚至得到了古老的教会敌人的承认，后者到 20 世纪 30 年代还宣称，提议在 200 年历史之久的巴黎高等师范大学开讲涂尔干的社会学，这是法国面临的最大危险。但这可能同时证明了涂尔干主义者与教会的短视，20 世纪 30 年代的法国正值衰退的艰难时期，双方都应该认识到这一情况才是重中之重。

一战夺去了很多年鉴学派早期成员的生命，包括涂尔干的儿子，他的外甥莫斯(Mauss)自然而然成为了学派的继承人。莫斯试图在 20 世纪 20 年代复兴年鉴学派，但结果不尽如人意，学界近乎石沉大海的反应也表明了他的研究方向的保守性。① 在为涂尔干歌功颂德之后，莫斯制定了"社会学的领域划分及其比例"，这立即让人想起了《社会学年鉴》的早期研究计划，莫斯与其他涂尔干主义者随后的研究，概念和主题都与涂尔干一模一样。拜耳(Albert Bayet)和哈布瓦赫(Halbwachs)各自发表了关于自杀的著作，较之学派的早期成员，他们进一步承认了心理的因素，但还是强烈主张社会学的解释。这让心理学家与精神病理学家十分不满。福孔奈(Fauconnet)出版了一部关于责任概念的专著，他认为，责任概念是社会长期分化的产物，期间形成了高度的个体化及对个体的相应尊重，因此就要求"社会"承担针对个体的犯罪的责任。戴维(Davy)和莫雷（Moret)② 在《从氏族到帝国》(*from Clans to Empires*)中证明了图腾群体在早期埃及社会的重要性。莫斯则持

① 1925 年莫斯重新恢复《社会学年鉴》，1927 年再次停刊，1934 年又重新发行，1942 年随着哈布瓦赫与莫斯的继任者葛兰言(Marcel Granet)等核心成员的逝世，年鉴彻底停刊。——译注
② 文中提到的莫雷(Alexandre Moret, 1868-1938)、布格勒(Célestin Bouglé, 1870-1940)、莫斯(Marcel Mauss, 1872-1950)、保罗·福孔奈(Paul Fauconnet, 1874-1938)、莫里斯·哈布瓦赫(Maurice Halbwachs, 1877-1945)、阿尔伯特·拜耳(Albert Bayet, 1880-1961)、戴维(Georges Davy, 1883-1976)；此外还有亨利·于贝尔(Henri Hubert, 1872-1927)、弗朗索瓦·西米昂(Francois Simiand, 1873-1935)，一战阵亡的涂尔干之子安德鲁·涂尔干及罗伯特·赫兹(Robert Hertz, 1881-1915)等，都是围绕在涂尔干周围的法国社会学年鉴学派的核心成员。——译注

续他对"心理主义"的全面攻击,其热情犹如涂尔干对简化社会的关注。但至少在哈布瓦赫、戴维和莫雷的著作中,我们能觉察到他们不再那么拒斥心理学,也不再那么坚持"宗教完全是社会的产物"的教条,莫斯集中关注共变研究方法的倒置,关注共变量无法解释的其他部分,因而到 20 世纪 30 年代,他倡导更多的经验研究,训练了一大批民族志田野工作者。同时,批评纷至沓来,不仅来自心理学家,当然他们本身有偏见(*parti pris*),还有来自其他学科中敌视涂尔干主义者抱负的人,如拉孔贝(Lacombe)清楚地看到,这种推定式的科学社会学其实只是一种奇迹般维持的同义反复,目的是维护传统的资产阶级在有序变革中的利益。

　　因此,1918 年之后,法国社会学界的状况与英国社会学界的状况有些相似,但它们的相似完全是表面的。法国与英国一样,虽然社会学的概念得到广泛传播,受众却主要不是社会学家,他们也肯定不会自称是社会学家,而且这些概念是抽象的,它们的传播几乎完全在学术领域。事实上,直到 20 世纪 30 年代,面对多列士(Thorez)①对共产主义的拙劣模仿(多列士越来越听从莫斯科的指示)与激进派彻底保守的个人主义之间的种种可能,法国都没有进行关于社会改革的持续思考,或许知识分子与其他人一样,对这一现象负有同等的责任,但事实是社会学家除了学校课堂的研讨和争论之外,没有其他舞台。由此可见,偏好极端普遍性的法国唯智主义(intellectualism)的既有态势没有得到纠正,这也不是莫斯的人类学门生的兴趣所在。涂尔干一战之前的学术胜利只是一个纯粹的口头胜利,实际上他的门生没有进步。尽管法国的经济和社会情况发生了改变,但它依然是半农村式的,而 1940 年法国社会学的学术特征,几乎与 1914 年的完全相同,道德和政治的力量还更弱。

175

————————

① 莫里斯·多列士(Maurice Thorez, 1900 - 1964),法国共产主义运动领袖,1930—1964 年任法国共产党总书记,坚持议会斗争的改良途径。——译注

总体而言，就第一次世界大战引发的变化，德国知识分子的评价比英法知识分子更尖锐，但这种比较意义不大，因为德国人觉察到的变化，与人们事后观察到的西方世界的变化截然不同。众所周知，德国不仅要承受，用马克斯·韦伯的话说，一场"可怕的失败和侵害"。而且，更重要的是，战败似乎彻底摧毁了德国的前工业秩序，因而促使整个国家进入一种状态，其中一切力量都能成功联合起来加入战争。这不是标志着资产阶级秩序的终结，相反是开始，标志着荣誉与理想的崩溃，标志着人们忧虑已久的物质主义（materialism）、"唯利是图"与怀疑主义的到来，标志着斯宾格勒在《西方的衰落》中所谓的浮士德文化（Faustian Culture）的衰落，与桑巴特称之为可恨的英国的唯利是图价值观的胜利。惟有在这种背景之中，人们才能理解马克斯·韦伯为何在政治上竭尽全力保全他眼中的资产阶级的利他理想主义。到 1919 年，他已经无能为力，除社会民主党的成员之外，韦伯与其他所有德国人一样，很可能要向"工具理性"屈服，甚至可能是向社会主义屈服。

1919 年，社会主义的威胁似乎不可小觑。社会民主党在 1912 年的选举中就已经成为国内单个最大的党派，获得了 35％的选票，拥有德意志帝国国会 28％的席位，较英法的社会主义政党可怕得多。但到 1914 年 8 月，社会民主党对国家事务的影响力减弱，因为他们坚持建立一个充分的议会统治，政府则拒绝让步，各大资产阶级政党也不愿意帮助社会民主党向政府施压。社会民主党的领袖们同时也持有国际主义者的观点，反对一战，这也使他们同其他党派比较疏远。然而 1914 年，社会民主党接受了德国皇帝的邀请，加入了为获胜而组建的德意志帝国国会，他们担心若拒绝邀请，可能失去许多成员，并再次陷入被其他党派孤立的境地。1918年夏末秋初，德国的普通民众（包括士兵）和政府都明白败局已定，但在政府采取措施重建战前获准的正常政治生活之前，民众要自己来掌控事情。海军士兵哗变，慕尼黑发生一场革命，各地发生罢工，工人和士兵建立了自己控制的委员会。政府匆忙任命社会民主党人艾伯特①为"维稳"首相,同时冯·兴登堡②发电报给军队指挥官,要求他们支持艾伯特,"阻止布尔什维克恐怖主义在德国蔓延"。不过艾伯特可不是别人的小卒。尽管有别于军队和其他保守人士要求的秩序,但艾伯特也希望秩序,即一个充分的议会民主制。因此,当李卜克内西于11月9日宣布成立一个苏维埃国家时,此事发生在艾伯特的同事塞德曼③宣布成立共和国2小时之前,艾伯特就走到了极左势力与人民委员会的对立面。1919年5月,最后一次起义在慕尼黑遭到镇压,事实上同年1月,一个新国民议会的选举活动已经展开。

社会民主党、激进的独立社会主义党、老的天主教中央党,还有三个新的党派:民主党,德意志人民党与德意志国家人民党;诸种势力在议会选举中各显神通。④ 社会民主党主张个人自由与社

---

① 弗里德里希·艾伯特(Frederick Ebert,1871-1925),德国社会民主党领袖,1913年倍倍尔去世之后成为党主席,一战后利用国内形势迫使德国皇帝退位,建立魏玛共和国并成为第一任总统。——译注

② 保罗·冯·兴登堡(Paul von Hindenberg,1847-1934),德国著名将领,1916年成为陆军最高指挥官,1925年继艾伯特之后成为魏玛共和国第二任总统,1933年任命希特勒为联邦总理。——译注

③ 菲利普·塞德曼(Philipp Scheidemann,1865-1939),德国社会民主党领袖,魏玛共和国第二任总理,后因反对艾伯特签订凡尔赛合约辞职,逐渐淡出政治生活。——译注

④ 尽管1871年实现统一,但长期的割据状态让德国的地方势力与封建势力相对强大,经济快速发展与政治民主滞后的冲突较为严重,宗教、地域、种族等因素进一步强化了政治的多样化与碎片化。可以说,德国社会结构、经济和政治力量格局是传统与现代、保守与革新的多面体。第二帝国时期,德国帝国议会推行"多数选举制",获得选区多数选票的政党获得该区在议会中全部席位,政党格局相对集中,大致是五大利益群体:保守派集团(德意志保守党和自由保守党为核心)、天主教集团(天主教中央党为核心)、右翼自由派集团(国家自由党为核心)、左翼自由派集团(进步党等)、社会主义集团(社会民主党)。但第二帝国时期,各大政党不介入政府部门,国会主要是辩论场所,难以产生杰出的政治家。由此造成了魏玛时期政党领导人素质堪虞,他们往往追求狭隘的阶级和局部利益,没有真正的理想,没有坚持道义的勇气,也没有足够的责任感,不懂得妥协与调和。加之魏玛时期,实行"比例代表制",各政党按所获选票数占总票数的比例分配席位,这虽然比较客观反映了党派的实力,也有利于小党的发展,但极端立场（转下页）

会责任，力图获得希望既没有社会主义，也没有反动的议会民主制的人们的支持。社会民主党吸纳了进步党人和原有的国民自由党中主张自由主义的成员。但国民自由党最杰出的人物，施特雷泽曼[1]，他不同意社会民主党试图左转的举动，于是率领国民自由党的其余成员成立了德意志人民党。形形色色的保守人士与大部分保皇团体联合组成了德意志国家人民党，他们各自都认识到，在1919年的政治气候中，单打独斗不可能有所作为。但若联合起来，他们就是一个不可小视的组织，不仅能得到老式贵族和实业家的支持，而且通过基督教社会主义者的作用，还能得到几大雇工组织的支持。两大"人民"党对共和理念的态度，即便谈不上敌意，也很冷淡，它们支持共和制是因为缺乏一个合理的备选方案，而且共和制至少是反对"布尔什维克主义"的。社会民主党在大选中获得38%的选票，共有3/4的选民明确宣称赞成共和制（其中80%参与了投票，女性也有投票权）。新宪法的起草得到了马克斯·韦伯的鼎力相助并很快获得批准，相比之前，它赋予了帝国议会更多权力，尽管它也允许总统保留紧急时刻超越国会的权力，1932年的事件证明这一条款是灾难性的。

到1928年，社会民主党和德国共产党（几乎完全听从莫斯科的指示）的选票份额持续增加，这是以国家人民党（甚至刚成立的国家社会主义党，1928年丢掉了一些席位），还有天主教中央党丧失选票为代价的。然而，这只是有助于加强右派势力、工业信托机构、旧式贵族和军队的权力，到1930年前后，这已经很清楚了。当然，统治无力、向希特勒的让步等共和国的失败事例已经是老生常

（接上页）也随之产生。比例代表制无疑强化了多党格局。1920年，参选国会选举的政党为24个，1924年为29个，1928年达到32个，1932年达到峰值42个。——译注

[1] 古斯塔夫·施特雷泽曼（Gustav Stresemann, 1878-1929），德国政治家，德国人民党的灵魂人物，1923年8月出任魏玛共和国总理兼外交部长，因被怀疑是纳粹慕尼黑政变的主谋，同年11月辞去总理职务，1923—1929年一直担任外交部长。——译注

谈了,各种指摘也是堆积如山。左派既谴责右派,也谴责社会民主党,因为社会民主党人没有认识到,他们只一味执著于议会民主制的理想,却没有充分运用1919年选举赋予的权力(没有一以贯之地运用)。国民自由党人谴责天主教中央党不支持社会民主党,因为中央党没有能力觉察到社会民主制和革命的差异。右派谴责保守人士没有意识到他们不可能再恢复帝国的荣耀。然而,唯有马克斯·韦伯的评论与所有指摘不矛盾,而且正确,他认为德国社会最至关重要的结构缺陷是缺少一个稳定、进步的中产阶级,这致使1919年的德国承袭了一个数量持续庞大、意气消沉的无产阶级,只有旧式的国家机构(Stände)、军队和高度集中的资本家与之抗衡。英国则截然不同,即便是法国,较之中产阶级诸团体,共产主义者、军国主义者、保皇派和天主教右翼都无足轻重。

大多数学者支持德意志国家人民党,一些人在民主事业中脱颖而出,只有四五位教授可以说曾经隶属于马克思主义政党。尽管社会学家卡尔·曼海姆(Karl Mannheim)和滕尼斯是其中两位教授,尽管韦伯兄弟在德意志民主党中声名显赫,但大多数社会理论家,与他们多数同事一样,或支持右派,或不问政事,在魏玛共和国时期,他们的立场等于支持魏玛共和国的敌人。这是一种奇特的状况。之前或之后,没有哪一群欧洲社会思想家,在各自的时代背景中,拒绝"进步的"观点,"进步"观点的称谓,尽管有些不严谨,但说得过去,至少原因相对清楚。事实上,1914年之前,德国所有的社会理论家都属于有教养的中产阶级(Bildungsbürgertum),是继承所谓教养(Bildung)和文化(kultur)传统的那一部分中产阶级,是德国人文主义独一无二的精髓(略带传奇色彩)。可是,绝大多数人同时又是风格各异的现代主义者,甚至施穆勒和桑巴特也是。第二帝国时期,他们认为很有可能融合传统与现代,探索一条独特的德国道路,今天我们称之为"现代化"。但战争摧毁了他们的信念。战时的口号形容"一战"是一场文化与市民化(civilization)的英雄斗争、一场德国的高尚理想主义与英国的粗俗物质主义(materialism)、肤浅平等主义之间的殊死搏斗。一战的失败似乎意

味着，不仅文化及相关的人文主义世界观（*Weltanschauung*）完全输
给了英国的"市民化"，更可怕的是，德意志自己的新共和国拙劣模
仿唯物主义和"唯利是图的风气"。由此引发的绝望情绪解释了为
何斯宾格勒《西方的衰落》（*the Decline of the West*）在 1918 年之后
大受欢迎，书中关于文化与市民化的区分得到了最充分的关注，并
影射了由此到彼、浮士德文化由盛而衰的转变，必须承认，虽然错
误连篇，德国人的影射方式即使到今天还铿锵有力。时人面临一
个选择：是把命运交付给民主及随之产生的平庸与社会主义？还
是为高尚的文化理想继续奋斗？若选择了第二条道路（实际上几
乎所有人都会选择第二条）又如何与社会政治变革的时代大势结
合起来？本质上说，有四种回答。第一种回答是干脆回避问题，也
是最常见的，认为理想的追求纯属私人问题，与实践生活的丑陋现
实无关。第二种是直接面对问题，也是最少见的，如马克斯·韦伯
一般，主张以斯多葛式的坦然承受必然之事，用至高的意志力克服
之，但这一方式的有效性可能有限。第三种是干脆承认物质的进
步和文化的优越水火不容，取其一，几乎必舍其二。第四种回答坚
称，现代潮流非但不会阻止理想愿景最珍视的东西的实现，相反，
它最有能力实现之。当然，没有人完全属于某一个回答，但大多数
人都倾向于其中之一。最让人吃惊的是，马克斯·韦伯逝世之后，
竟然没有人与他一样关注新社会的真实面目。

　　逃避是推脱其词，能导致各种可能。但就德国人文主义知识分
子的思想来说，逃避致使内向性急剧增加，并脱离实践事务，后者
是德国知识分子的长期特征。新兴的现象学哲学讨论最能体现这
一点。一战之前，康德主义经历了若干年的复兴，现象学哲学发
轫于对它的复兴的回应，回应康德主义的一个观点，即我们关于
世界的知识是根据理性的形式范畴的经验建构的，每个人作为人
本身都具有这些形式范畴。首先，现象学家认为，知识的构造
（constitution）不是形式问题，而是实践问题，是经验自我（empirical
ego）现实意向的结果。因此，有多少思考的人，就有多少种知识构
造。后来，为了避免这一观念的唯我论危险，一些现象学家尤其是

埃德蒙德·胡塞尔试图回到康德,不是回到康德的范畴形式主义,而是回到范畴概念提供的先验可靠性。为此,胡塞尔本人主张,建构的自我不是偶然的(因而也不是多样的),而是先验的(因而是同一)。与康德的不同之处在于,胡塞尔相信,先验自我必然是一个积极的思想实质(substance),在意向者中得到展示,而不是一个先在于积极意向的形式格子;此外,借助通常所谓的"自由想象变异",这个得到展示的先验自我能穿透它的活动传递给自己的现象外表,把握现象背后的本质。到 20 世纪 30 年代,多数着迷胡塞尔思想的人回到了更激进的早期观点,也是更危险的唯我论和相对论,认为构造是一个可变的东西,取决于不同经验自我的不同意向。这一点早在战前就很明显,1919 年后更显著。更激进的反康德主义的现象学观点是一种隐退的精神,完全否认建立可靠的公共知识的可能性,相反,劝告每个人去发现、追求自己的意向。这种现象学向知识分子承诺,从一直以来假定的外在世界的可怕规律性中获得解放,据此允许他们保有自己的理想,对抗其他人看作是事实的东西。

　　这种现象学的主张,不只是通过隐退来逃避。同时,它诉诸意向的相对性,允许个人脱离他人及其主张。相应就产生了"知识社会学",1918 年之后,知识社会学成为一些人对魏玛时期德国社会困境的一种表达方式,一定程度上这也是逃避。卡尔·曼海姆最明显体现了这一点。曼海姆是匈牙利人,到德国求学,受教于齐美尔和阿尔弗雷德·韦伯,在二战爆发返回布达佩斯之前,他深受当时学术潮流的影响(包括胡塞尔的现象学)。曼海姆也深受马克思主义的吸引,但历经 1919 年匈牙利的短暂共产主义革命之后,他意识到自己不能像其他同伴那样完全投身革命。革命失败后,他的战友让他离开匈牙利,再次回到德国。战争之前的德国教育与1919 年春天布达佩斯的革命经历,使曼海姆倾向于认为,尽管形形色色的是非对错的主张水火不容,这些主张至少部分是人们社会处境的结果(马克思给出了最有说服力的解释),但无论如何,知识分子应当宣称有能力形成尽可能公正的观点,不受社会时局的影响。很多批评者指出,这一看法有明显的不稳定性,而且事实上,就各种观点的内在解释和外在解释的关系看,曼海姆从未给出自己的答案,除此之外,他的解决方案其实是无解,因为纵使知识分子或许比其他人更有洞察力(这对魏玛政要是勉强的赞誉),但涉及到具体论题本身,有人会阻止他们讲解劝说。曼海姆既怀念古典德国的知识可能性的概念,又以无比诚实的态度理解中欧社会的事态变迁,身处两难之间的他最终没有提出任何主张。

另有两位致力知识社会学(*Soziologie des Wissens*)的学者,他们也认为不可能融合理想主义的承诺与现代社会的世俗利益,然而他们却能用迥异的方式令人满意地协调彼此的主张。他们的做法是认定理想主义的承诺与世俗利益是不同类型的主张。第一位是马克斯·舍勒(Max Scheler),影响也更深远。舍勒彻底、绝望地蔑视他眼中的德国社会的平庸,对任何可能的破解方法的相对性都十分沮丧。这使他在一战之前支持前景黯淡的独裁主义,并关注尼采的思想,战争期间,他在撰写英国思想的"伪善"与军国主义的光荣的宣传稿中获得了一定的解脱。此后,他回到了早期的天主教思想。在此前后,他一直致力于自己观点的学理辩护,他的观点犹如他的绝望一般,与知识分子中间普遍的德国文化危机感密切相关,而且很明显能看出,现象学对身处此种困境中的人的吸引力(1901 年舍勒经人介绍在耶拿与胡塞尔会面)。然而,舍勒觉察到了人的意向多样性与人们努力知道的方式的多样性,所以他的反思让他含蓄地相对化了现象学家本身。舍勒区分了三种不同的知识。第一种西方人理解为"科学知识",这是关于事物的偶然本质的知识,事物的偶然本性(contingent nature)是在分类、规律、最终是技术中获得圆满,追求科学知识是为了掌握和控制。人和动物都有科学知识。第二种知识是存在、本质(*Wesen*)的知识,是为了理解现象本身的知识,是现象学的知识,其中"爱取代了控制,成为了动机",这一种知识为人类所独有。第三种知识是关于永恒价值的形而上学的现实性的知识,在舍勒看来,这是最重要的知识(正如他在后来的知识社会学中指出),人们获得第三重知识带有丰富的主观性,丰富程度取决于他们无限多样的社会处境,不过一定程度上也要撇开社会与物质的偶然性,从先验性来理解人的主观性。舍勒视角哲学困境无疑是巨大的,但若视之为一种视角而非学术意义的哲学(这也不是他的本意),他让人想起了马克斯·韦伯关于实践领域和终极价值领域严厉而绝望的比较。与韦伯一样,舍勒不久再次放弃了罗马正教,开始关注他所谓的"文化政治学的创立",并认为他的知识社会学有助于此。与韦伯一样,他也寄希望于某个领袖,他通晓舍勒的知识社会学,能统一各种分散、偏颇的大众视角,整合成一门一致、合意的政治哲学。但与韦伯不同,舍勒相信存在一些永恒不变的绝对,尽管它们只是时隐时现,隐晦难见。舍勒本人是除魔的(disenchanted),但不彻底。而且他认为并非只有以往社会的人能感受到魔力(enchantment)。舍勒从彼时德国社会的肤浅和嘈杂,追溯到他理想化的古代共同体(*Gemeinschaften*),其中爱是古代共同体的纽带(此时他认为,天主教也是纽带),同时展望了一个普遍的融合体(communion),其中一个集体人格(*eine Gesamtperson*)会以最大的努力去明白并共同实现完美的团结。舍勒的哲学轰动一时,1927 年,舍勒受时任总理邀请在柏林为官员和公众讲授他的哲学,他的讲座相当成功(有时持续4 个小时),甚至影响了寿命仅八年的魏玛共和国的政客和军队。

　　阿尔弗雷德·韦伯不及舍勒深刻,也没有柏拉图主义的信念。阿尔弗雷德的学术生涯最清晰地展示了 1918 年前后人文主义知识分子关注点的变化。一战之前,他成为一个历史经济学家,撰写了一篇区位经济的论文,参与社会政策协会政治色彩浓厚的讨论。1919 年,小韦伯试图确保对他们两个兄弟及其他人新创的德国民主党的领导权,但折戟沉沙。这次失败与后来魏玛共和国的政治把戏让阿尔弗雷德失望至极,之后他恢复了海德堡大学的教研工作,并着手系统论述他的新学说,认为德国需要的是一种文化的复兴。他描述的文化社会学(*Kultursoziologie*)让我们想起舍勒,尽管小韦伯到 20 世纪 20 年代才阅读舍勒的著作,并就来自马克思主义者的批评为舍勒辩护,但他的文化社会学同样也可以理解为是

183

马克斯·韦伯关注点的拓展,以及包括舍勒在内的大多数知识分子关注点的普遍反思。阿尔弗雷德·韦伯利用了斯宾格勒深入人心的对比,区分了"社会"进程、"市民化"进程与"文化"进程。"社会"进程、"市民化"进程分别与纯粹的物质增长与社会扩张及各自相应的管控工具的发展有关,遵从的规律适用于所有文化。"文化"进程则不同,它是每个社会在历史中形成的独一无二的"内在超越性"。它不遵从简单的发展过程且不可预测。但若没有文化的进程,社会就只是按照预定路径进行量化增长、物质积累和技术改进,缺乏任何全局性的目标。就此阿尔弗雷德·韦伯再次与其他知识分子一样,不清楚他的分析的政治后果。他建议一种自由社会主义形式,称之为自由主义和工团主义的奇异混合物,这立马让人想到了滕尼斯,但阿尔弗雷德从未研究马克斯·韦伯的问题,即如何把市民化的必然要求与文化的前景、把对组织结构与发展方向的双重需要融入到自由社会主义之中(或其他政治方案)。1919 年,马克斯·韦伯目睹新的魏玛共和国成立,几个月内,他就以独一无二的方式回答了上述问题,至少专业的知识分子无人可比。事实上,马克斯·韦伯在同时代的知识分子中是孤独的,韦伯面对的事实与康德之前面对的一样,从康德实证主义的意义上说,自由的条件是"市民社会"(*bürgerliche Gesellschaft*),不论市民社会在多大程度上威胁着曾激发市民社会的价值理念,唯有这些价值理念的正确运转才能确保市民社会。猜测韦伯对 1920—1933 年间的事件的反应几乎毫无意义。但即便他进入政界,用其超乎寻常的现实主义影响其他自由主义政治家(其中一些人一定会支持韦伯),他也不可能缔造一个庞大、稳固的中产阶级,而韦伯与后来的历史学家都强调中产阶级的必要性。

右派自然不同意中产阶级的必要性。对他们来说,中产阶级代表个人主义和竞争,而且对日渐衰败的社会紊乱负有责任。事实上,德国的保守派,更像马克思主义者而非西方的自由保守派,认为紊乱应当归咎于资产阶级而非无产阶级。因此,他们提出了第三类答案,他们对 1918 年的战败困境和新共和国的回应是:干脆

压制现代的大势。奥特马·斯潘①的说教和论战理论明显体现了
这一点,尽管他在维也纳大学教授经济学和社会学,但在德国也有
众多信徒。斯潘认为,"经验"调查能展示两种构思个人的方式,或
者作为完全自足的理性主体,没有从社会那里获得任何东西,除自
身利益之外也不亏欠社会任何东西,或者作为一个主体,个人是作
为社会的客体获得其主体性,而且唯有通过赋予其主体性的社会
才能实现自身的主体性。第一种个人观引发无政府与破坏,第二
种促成责任、共同体与成就感。前者是阶级社会的特征,后者是等
级(*Stände*)社会的特征,以互惠、相互责任和友谊为基础组建。因
此斯潘认为,社会应该重建为一个各等级永恒的有机联合体,从底
层的体力劳动者到顶层的精神劳动者,建立等级议会(*Ständhaus*)
代替代议议会(parliaments)和诡计多端的操控者。当时,法国有人
比较了斯潘与涂尔干的理论,尽管斯潘的思想更直接,据其前提看
也更合理,但两人的理论源自完全不同的意图。涂尔干试图拯救
团结共同体中的个人,斯潘纯粹试图压制个人。那些卢梭与黑格
尔的庸俗解读者曾赋予了两人理论一些特点,而斯潘的理论几乎
具备所有这些特点。但平心而论,斯潘的理论没有历史维度。斯
潘似乎认为,完全可以阻止变迁。另一种更合理的观点可能会说,
市民社会本身可以被逐步超越,最终重塑古老的价值,事实上汉
斯·弗莱尔②提出了一观点,他是希特勒1933年掌权之后少数几
个依然活跃的魏玛时代的社会学家之一。弗莱尔宣称,正如市民
社会取代基于亲属关系的古老共同体,一个强大、统一、坚定的国
家要取代市民社会,他的观点与通常认为的国家社会主义政治理
论相似,早在1933年之前就得到了军队和实业家的欢迎,他们怨

---

① 奥特马·斯潘(Othmar Spann, 1878 - 1950),奥地利思想家,深受德国浪漫主义
　传统影响,反对自由主义与社会主义,经济学造诣颇深,著有《经济理论的诸类
　型》《法西斯主义的哲学家》等。——译注
② 汉斯·弗莱尔(Hans Freyer, 1887 - 1969),德国社会学家,莱比锡大学社会学系
　与"莱比锡学派"的创立者,曾支持纳粹(国家社会主义),出任德国文化研究所负
　责人,著有《社会与历史》等。——译注

恨各民主党派强加的活动限制。尽管 20 世纪 20 年代,有斯潘与弗莱尔等人的社会理论,而且颇为得势,但它们不是最能代表保守势力的学说。第三种回答依然是非政治的。

186　　　然而,第四类答案却是政治性的。倘若有人要利用(也可以说相信)社会变迁实现资产阶级社会一直拒斥的一整套意识,那就要敢于促进相应的社会变迁。既然根据假定不能与资产阶级,或者说世家门第右翼势力共进退,就必然要支持无产阶级。1847年之前,马克思就工人阶级如何通过革命实践实现黑格尔的普遍性提出了一些观点,倘若了解这些观点,理论上说第四类答案就很清楚了。可是 1920 年,无人知晓马克思的早期著作,黑格尔也被新康德主义者及其批评者弄得声名狼藉,而改革人士之外的主流马克思主义观点是工人阶级的必然胜利是彻底的唯物主义理论的预断。此外,布尔什维克在落后的俄国的胜利,也引发了人们对阶级行动的可能性的疑虑,前者与党派行动截然不同。因此简而言之,尽管可以通过经济和政治的变革取代资产阶级的市民化,但无论在理论上还是实践上,马克思主义似乎都不是一条解决之道。正因为 1920 年无人知晓马克思青年时期的理论,它才必须得到重新解读,解读者是卡尔·柯尔施[①]与格奥尔格·卢卡奇(Georg Lukcás),前者是一位德国哲学家,后者是一位匈牙利知识分子,他们的解读构成了第四类答案。其中,卢卡奇的答案更有意思,它直接源自一战前夕德国多数知识分子普遍弥漫的绝望情绪。

　　卢卡奇和曼海姆一样,也在德国学习过,先在柏林师从齐美尔,后在海德堡师从埃米尔·拉斯克[②](Emil Lask)和马克斯·韦

---

① 卡尔·柯尔施(Karl Korsch, 1886 - 1961),西方马克思主义早期代表人物之一,主张马克思主义是对社会总体批判与革命,1926 年被德国共产党开除党籍,代表作是《马克思主义与哲学》。——译注

② 埃米尔·拉斯克(Emil Lask, 1875 - 1915),德国哲学家,李凯尔特的学生,继承了新康德主义西南学派关于文化与价值的主张,著有《哲学的逻辑与范畴的学说》。——译注

伯,之后返回布达佩斯,就他本身而言,是参与了1919年短暂的革命①。齐美尔是一位机智多变的人,尽管他的思想不成体系,特别是兴趣庞杂,而卢卡奇当时正专注于美学问题,但齐美尔却让卢卡奇深刻接受了他的观点,即,文化形式繁多,它们的内容和原初动力来自个人的行动,然而一旦形成之后,文化就展现出作为独立客体的生命力,而且当代各国社会在文化客体与创造性个人之间形成了有史以来最极端的分离。拉斯克的观点与舍勒十分相似,因为他也运用了新兴的现象学家的武器来反对新康德主义,否认存在一个形而上的绝对价值领域。他们两人一起给予了卢卡奇一种自然和文化客体的概念,以及自然与文化客体在资产阶级社会中陷入危机的概念。与同时代最富有哲学气息的人不同(狄尔泰除外,他对卢卡奇意义重大),卢卡奇还超越了他们对新康德主义的抵制,而去阅读黑格尔。起先,所有这一切的结果是卢卡奇的一个信念,文化危机就其本身而言需要一个纯粹文化的解决方案,当然,很多同时代的人也持有这一观点。卢卡奇也很热衷工团主义,而且尽管他反对马克斯·韦伯的政治学说,但韦伯却让他认识到,解决方案终究是政治性的。卢卡奇的疑惑在1919年夏季的布达佩斯结出果实,此后卢卡奇开始认真对待革命的社会主义。结果是一系列文章,1923年以《历史和阶级意识》为题在柏林集结出版。事实上,这些文章的观点较之某些人认为的要更含糊(毫无疑问,比苏联共产党当时认为的含糊),尽管如此,卢卡奇在文章中确实暗示了,而且人们也认为它们暗示了,不仅恩格斯与列宁倡导的"唯物主义"本质上是前康德主义,因而也是资产阶级哲学,而且还暗示,政党作为革命先锋至多是暂时的必要,它以阶级的名义进行统治,而政党必然要被阶级所取代,随着阶级获得预定的能力,在

187

---

① 1918年10月,匈牙利爆发无产阶级武装革命,11月匈牙利共产党成立,12月卢卡奇加入匈牙利共产党并投身革命。1919年3月匈牙利苏维埃共和国成立,卢卡奇出任主管文化和教育的人民委员。同年8月匈牙利苏维埃共和国被推翻,革命宣告失败,卢卡奇流亡维也纳。——译注

黑格尔的意义上废除一切阶级,进而实现黑格尔哲学憧憬的知性、道德和政治的总体性。对官方的共产主义者来说,卢卡奇的观点是一种无法容忍的背离,当时他们正在迫不及待地向苏俄内外的政党强加列宁主义的正统,而后来卢卡奇希望留在共产党内,这迫使他在之后三十年放弃了大部分观点。[①] 尽管如此,卢卡奇后期多数的自我评判是正确的,他以讽刺的形式批判了谢林到魏玛时期的思想潮流,后者仍是"第二帝国时代"德意志社会学的一部分,他的自我评判就蕴藏其中。几乎所有德国人与德国社会学家,面对帝国的危机与 1918 年崩溃,都试图从纯粹理论的视角解决之,但他们都没有认识到黑格尔的真理,即理性的道路遭遇了需要实践行动的实践问题,最终他们竟不得不为自己最痛恨的"现状(*status quo*)"辩护。例如,齐美尔就因此遭到非议,尽管当初正是齐美尔给予了卢卡奇灵感,即《历史与阶级意识》一书中的市民化的客观"物化",而唯有作为历史主体的无产阶级能超越之。然而卢卡奇与其他理论家一样(马克斯·韦伯除外,或许还有滕尼斯),他要为理论的解决方案感到愧疚,他的理论确实指向实践本身,但却对 20 世纪 20 年代欧洲中部发生的实际情况视而不见。就此而言,卢卡奇是一个典型的魏玛时代的知识分子。

同时代许多马克思主义理论家也一样。例如,1924 年在法兰克福的新大学中创建社会研究所的那群马克思主义者,前期成员就有卢卡奇和柯尔施(两人后来都因各自不同的政治主张而离开),这群人从一开始就否认了卢卡奇设想的和解的可能性。法兰克福的成员也都以魏玛时代的假设为起点,即资产阶级文化已经夭折,而且他们每个人都以各自的方式认为,一些人所谓的"左派黑格尔主义"的立场是评价这一事实的恰当立场,他们没有人愿意承认,一个号称是工人阶级政党的胜利,诸如苏俄共产党,竟然不能承诺任何解决办法。就此而言,他们或许比卢卡奇更现实,自然

[①] 1930—1945 年,卢卡奇一直在莫斯科马克思恩格斯研究院工作,思想立场受政治活动左右。——译注

也更诚实。这意味着法兰克福学派与卢卡奇在两个截然不同的方向上分道扬镳。卢卡奇坚持认为，一种德国特色的社会主义仍有可能，尽管社会民主党的日益瘫痪，社会民主党、共产党和其他左派团体的分化，苏联共产党的持续干涉，魏玛共和国本身的混乱与绝望都使得他的坚持逐渐没有理据。法兰克福学派则主张，工人阶级的行动最终可能与德国社会的问题，乃至马克思主义者注意到的问题完全无关，因而建立一种纯粹的文化批判，没有特定的政治纲领，反倒是可能的道路。就其假设、倾向和解决措施（几乎没有）而言，法兰克福学派与那些在纯粹哲学批判中寻求安身之地的知识分子的渊源，要远胜于任何实践的马克思主义者。无疑，在1931 年社会研究所全盘迁往荷兰（1934 年迁往美国）之前，这决定了它的研究方向。

因此总体而言，1918 年前后，相比于英法的知识分子，德国知识分子更敏锐地洞察到了自己社会发生的事情，但他们的洞察力源自一种局势，并且持续推动之，这种局势本身也构成了他们看到的问题的一部分。本土的文化传统，加之德国各主要阶级的知识分子与历史残余的"等级"（*Stände*）的社会分裂（很难说明这些情况凑到一起的原因及其后果），促成了帝国崩溃转变为共和国的诊断，而这个共和国也仅仅是在勉力维持传统与体制的分裂，共和国本身就在其中苟延残喘。社会的紊乱与无序实际上促进了学术研究的连续性。尽管不乐意，1919 年普鲁士文化部还是竭力让更多的大学引入社会学，目的是打破院系壁垒，促使学生更积极地回应社会与政治变迁。这促使两三个科研机构创建了社会学，比如法兰克福、科隆等地的科研机构[时任科隆市长康拉德·阿登纳（Konrad Adenauer）十分支持]，但也引发了正统学者的激烈争论（来自桑巴特等人，他们一战之前就已经在维也纳言传身教倡导对当前社会变迁的分析），于是文化部期待的社会学反倒没有兴起。即便是滕尼斯都无法反驳 1918 年后他的著作得到的姗姗来迟的评判，滕尼斯来自丹麦的农业地区，与普鲁士的学术生活毫无瓜葛，1887 年就出版了他最著名的著作《共同体与社会》，也没有介

189

入一战之前意识形态色彩浓厚的方法论之争，而且 1909 年他费心成立了德国社会学会作为进步观点的研讨平台（这也是马克斯·韦伯加入学会的缘由）。滕尼斯在《共同体与社会》中主张建立职业团体，融合社会（*Gesellschaft*）的组织优点与共同体（*Gemeinschaft*）的团结优点，但学界却简单认为，滕氏在为爱和共同体的优点胜过资产阶级社会的分化与干瘪辩护。实际上，一个社会学家若真想逃避此类争论，唯一的方法就是像维泽（von Wiese）一样把研究主题重新界定为社会互动要素的纯粹形式分析，但即便是维泽也让一些人怒不可遏，他们认为维泽的研究其实是非正统方法狡猾成功的证据。

所以，1918 年到 1939 年之间（德国是 1933 年），英、法、德的社会学思想主要是根据各国一战之前本质的学理传统，对资本主义本性的明显变革与社会主义的变革可能性作出回应，尽管方式各异，这也就决定了各国社会学家没能充分理解上述变革。当然，这个结论没有多少批判意义，因为只是事后见解。但它倒是可以解释为何 1945 年之后英、德、法会厌恶历史学的思考乃至史学讨论，以及它们对美国思想的高度热情，至少英、德两国是这样。因为到 1945 年，欧洲社会似乎已经脱胎换骨，而唯有回到 19 世纪 90 年代的预想才能理解何以有如此变化。

第九章 为人忽视的历史

1916 年,斯莫尔(Small)①回顾了"美国社会学 50 年",这位新兴的芝加哥大学新社会学系的主任哀叹,美国已经建立了社会学学科,但却没有独特的知性内容与方法,甚至没有独特的观点。与很多同时代人一样,斯莫尔无疑是与德国做比较,而且有些夸大,斯莫尔在德国学习过两年。其实美国的社会学学科建设早已成绩斐然。19 世纪 80 年代末,大约只有 6 所学院或大学讲授所谓的"社会学"课程;到 1894 年,已近 200 所;1909 年有 400 所之多;社会学专职教授由 29 个上升到 50 个。到 1916 年,共有 26 种教材满足教学需要,尽管第一本只卖了几百册,但后来的一些教材销量就有数千册,乃至数十年后达到百万册之巨。1909 年,美国社会学学会曾要求解释这种需求,全国各地的教师回答说,主要用于指导改革实践。大多数学生不关心理论问题,但他们购买的教材却几乎没有提到美国生活的现实。它们主要是在啰嗦地阐释原理。它们确实有观点,甚至有独特的学理(intellectual)内容,尽管可能不是欧洲意义的学理内容。的确,只有相比于欧洲思想,才能明白美国的学理内容,按欧洲人的看法,美国当时根本没有"学理",如今更不可能称之为"学理"。这一显而易见的矛盾更多是美国思潮的矛盾。它意味着,美国的社会思想与社会学一直都和欧洲的思潮相去甚远,以至于欧洲各国的思潮几乎是一体的。

---

① 斯莫尔(Albion Woodbury Small,1854 - 1926),美国社会学家,芝加哥学派的创始人之一,著有《亚当·斯密和现代社会学》《美国社会学五十年:1865—1915》等。——译注

192 　　这马上又引发了另一个矛盾，因为人们通常认为，美国人的主流假定是洛克的思想，但也有人认为，人们过分夸大了洛克对新共和国缔造者的直接影响，这种说法也有一定道理。尽管如此，美国在洛克思想风靡时的社会状况，与后者出现时英国的社会状况却有天壤之别，这足以解释两派人的分歧。就美国人借用洛克与其他辉格党理论家的意图而言，他们与这些理论家本身的意图相去甚远。洛克与 19 世纪的青年密尔一样，他的《政府论》（*Two Treatises of Government*）认为，当时英国社会关于约束与义务的密集而复杂的结构是理所当然的。洛克只是强调，英国的结构没有赋予任何人处置其他人的正当性，相反，每个人，不论地位高低，在认识论层面都有决定自己生活限度的自由，但他的观点显然是颠覆性的。洛克反对重建绝对君主制与罗伯特·菲尔默①绝对等级化的、永恒的家长制（paternalism）。而托克维尔在 19 世纪 30 年代就指出，美国人已经彻底消灭了绝对君主制与父权制（patriarchy）。美国本土没有封建制，没有父权制，也没有挺身为之辩护的菲尔默爵士。美国革命不是一场反对旧秩序的革命，而欧洲人当时正在批判、攻击旧秩序。它是一场捍卫无历史国家的成果的革命。美国人有效地利用了欧洲启蒙运动的激进修辞，但美国人的目的其实是保守的。

　　这产生了三方面影响深远的后果。第一，美国人唯一认识到的社会制度是财产和国家。这个新国家没有欧洲的等级制度，也没有罗马正教。美国只有个人（拥有财产或没有财产）与政府。当然，有奴隶制，南方奴隶主在 19 世纪后期试图维护奴隶制，有人据此把奴隶视为传统的欧洲等级，但更多时候，人们认为奴隶只是个人财产的拓展。主导的宗教模式是一种多元宗派主义（毫无疑问，美国当时是一个宗教性极强的国家，美国人对宗教性的维护独一

---

① 罗伯特·菲尔默爵士（Sir Bobert Filmer, 1588 - 1653），17 世纪英国绝对君主制的热烈拥护者，著有《父权制，或国王的天赋权力》（Patriarcha, or The Natural Power of Kings），洛克的《政府论》第一篇为反驳菲尔默爵士而作。——译注

无二），新英格兰的清教徒是其中最重要的教派，他们完全遵从加尔文主义，而洛克本人也隐含了加尔文主义。美国的这段历史意味着，而且一直意味着，美国人不能充分理解英国人或中国人一直视为理所当然的概念，今天的社会学家称之为"社会结构"，它是一种制度复合体，即便不是永恒的，也是持久的；制度也不像激进自由派认为的那样只是约束个人，相反，制度是根据从生到死的成员身份构建、规定个人成其为人的。当然，今天美国的思潮与其他各国的思潮一样，到处充斥着各种制度的用语；但相比之下，美国人的制度的涵义一直较为狭窄。

第二，美国看似非保守的自由主义，经过保守联合形成了一致立场。这既是实践的，也是意识形态的，而且长期如是。从实践的角度说，任何人都不敢认为自己或他人在任何方面高于或低于其他的人。从意识形态的角度说，在废除基于财产的选举资格之后，任何人都没有理据宣称根据某种特点他就有领导他人的资格，例如基于卓越洞察力的特权、经验、固有的附属关系或正当权利。新教激进的平等精神煞费苦心才影响了英德两国的哲学与政治思潮，但在美国，新教精神没有遭遇必须软化立场或与之妥协的敌对制度或意识形态。美国人以自由与平等的名义形成了一种持续的压力，要求承认自由与平等，对拒绝承认的人来说，有时压力几乎是恐慌，而且引发了广泛的迫害，理由就是被迫害者拒绝的自由与平等理念。这让美国人特别脆弱和焦虑。美国人既不能逃避任何制度，也不能把他的信念或行动的责任转移给制度，他要面对公共舆论的压力，因此必须完全作为个体进行反省，可以说他身处一个最高度结构化的社会。

第三，美国作为一个自由社会经历了独特的、非历史的融合，这产生了一种很特别的时间感。欧洲典型的事件序列感来自基督教，后者认为，未来能有某种改善，或许是真的完美。就世俗形式而言，进步观念可以追溯到启蒙运动，但进步背后的希望则是古代的观念。实际上，正是基督教的希望，预示了新英格兰清教徒的定居，也预示了其他教派遍布全美，形成了美国信仰的独特性，这种独特性让 1904 年游历美国的马克斯·韦伯印象深刻。可是，在脱离英国建立新共和国的过程中（各教派的鼓舞是独立的部分原因），美国似乎已经实现完美。过去统一于未来，未来的完整性在于尽可能维持现状。用霍夫斯塔德①的话说，"美国人与历史私下争吵的结症"是："一个起点近乎完美的民族如何进步？"很多美国人已经含蓄地给出了一个答案，一个简单的答案，即，虽然美国社会本身可能没有改进的空间，但物质的改善和技术的更新却有无限可能，而且一直都有。如果说物质的改善和技术的更新并不是社会必需的，那它至少也没有害处。实际上，我们视之为美国自由的自然伴生物与结果。然而，美国人对欧洲进步思想残存原则的坚信，引发了美国社会一个最持久的困境，即如何调和辉煌的物质积累和技术进步与明显的原初纯真无邪状态下的完美社会的既定理想。这一困境在 19 世纪 40 年代就已经很明显，1914 年之前已经是焦点议题，20 世纪 60 年代它再次显现。它一直促使南部与西部的原始民粹主义对抗东部的信托机构、银行和政客。

美国早期历史的这三大后果都深刻影响了知性生活。首先，也是首要的，相比于欧洲，美国的哲学、社会与政治思潮的发展都囿于极端狭窄的领域，即，一种既定的自由主义。在欧洲，自由主义起初只是一项批判原理，它成为既定的原则之后，就被通常所谓的社会主义所削弱（甚至在与父权制争论之时就遭到了削弱）。美国则不同，自由主义一直都只是一项驳斥欧洲的批判原理。作为观念体系的自由主义与新生的共和国同时建立，尽管在事实层面上还尚未形成气候，而且自由主义一直都用自己的术语批判或褒扬进步与新生的共和国。美国不仅反对各种形式的父权制，而且因为美国人对社会主义名声显赫的团结和相互义务完全没有一丝的怀旧情感，所以社会主义在美国最好的情况是无人问津，最差是害群之马，因为有各种集体强制和制度支配，按自由主义者的看法，

---

① 霍夫斯塔德（Richard Hofstadter, 1916 - 1970），美国历史学家，公共知识分子，著有《美国思想中的达尔文主义：1860—1915》等。——译注

这些东西在父权制中就很明显,然而社会主义在欧洲却充分利用了人们的怀旧情感。这就是美国知性生活的悖论。在欧洲,涂尔干和他的反对者等人认为(欧洲一词的现代意义正始于当时),作为知识分子,其任务就是批判,不仅批判不同群体试图实现目标的手段,更重要的是,批评目标本身。在美国,目标是给定的,既是观念体系给定的,更有力的是,是社会体统给定的。发起一场针对目标的争论,等于发起一场针对美国的争论,因而也就等于发起一场令争论本身毫无意义的争论。争论涉及的只是手段,呼吁社会回到本来毋庸置疑的原型的手段,这是一种历史的本来,而且毋庸置疑到你若置疑它,就不仅是置疑某个人或社会某个群体,而是置疑社会本身。因此,第二,美国知识分子缺乏一部分现代欧洲思想规范的理论工具,人们可以假想根据或多或少是想象的未来状态来定位自己的批判原理,这种未来状态从未实现,但人们却认为它是过去通往未来的必然之路,自欧洲启蒙运动以来,人们就视之为理所当然。诚然,欧洲人把基督教一度自吹自擂来世拯救的承诺转译为今生的拯救,尽管困惑争论不断,但学理上没有太多困难。　196
1776年之后,美国就不再可能有类似的转译。有着古老教派信仰的殖民者可能还希望转译。新共和国的公民就不可能。美国的世俗化有着一种近乎讽刺的扭曲。第三,美国本土的自由主义导致了僵化的、恐怖的平等主义,而且这种平等主义一直在损害他们的知识分子,甚至在他们的批判中都能看到损害的痕迹。尽管欧洲知识分子与之前的教会人士一样也为类似的抨击所困扰,但他们却能利用受压迫者与底层劳动者的尊重,后者一直是不情不愿地,或许是错误地,尊重他们的精神先行者,甚至在这些知识分子拒绝承认自己与他们同一阵线时,亦是如此。相比之下,美国知识分子困境的独特性是他们的地位受到质疑。他们的批判通常基于本土的自由主义,挑战也来自于此。美国人的反智情感世所罕见。正因为反智情感的合法性与日俱增,它的表达也日益常见。知识分子也意识到反智情感的合法性,而且经常为之辩护,由此陷入了苦闷的无力状态。在别人没能削弱他们的地方,他们为自己掘好了坟墓。

这是美国社会思想的遗产与特点，充满活力、批判性乃至激进，但它的激进主义是实质的保守与明确的非历史，更倾向于表面的描述，而非真正的学理描述。这充满了紧张。1890 年之后专业社会学突飞猛进，这既是一种结果、一个实例，但也最终成了加重紧张的因素。

尽管如此，美国第一轮自觉的社会学思想还是出现于南北战争之前而非之后，它是为后来战败的南方奴隶主的利益辩护。这一思潮本身，因与欧洲社会学理论的共同目标格格不入而显得可笑。美国的社会学思想与马克思对古典经济学家的解读如出一辙，而且他们早在马克思完成解读之前整整十年就完成了，当人们认识到这一点时，美国社会思潮给人的乱七八糟的感觉就更强了。19世纪 30 年代的事件推动了第一轮的社会学思潮。当时南方种植园主对其认定的北方资本的剥削怒不可遏。他们受北方商业势力的摆布，不能发展自己的银行、工业与运输业，不仅如此，联邦政府还对他们的农产品课以重税。而且北方废奴运动的讨论日趋热烈。这一困局十分棘手，而约翰·卡尔霍恩①以最睿智或许也有些古怪的提议破解了困局。卡尔霍恩是一位南卡罗来纳州的参议员，据说他是一个给定前提就能创造奇迹，但选择前提却优柔寡断的人。他在参议院讲道："请利益攸关者谨记，劳动是财富的唯一源泉，然而在所有古老的文明国家，即便是治理得最好的国家，给用劳动创造财富的人的份额是多么得小。"这一说法必然引发革命，因此，他继续讲道，财富的所有者，即劳动的所有者，应该联合起来保护他们拥有的东西。北方的政治家应该与南方的种植园主联合，较之北方的一切，后者主导的"社会状况"极大有利于"自由、稳定的制度"，而下一代的北方人必然爆发革命。但按此推理，北

---

① 约翰·卡德威尔·卡尔霍恩(John Caldwell Calhoun, 1782 - 1850)，美国政治家，奴隶制的强烈支持者，参议院"主奴派"首领。——译注

方的自由劳动者也应被奴役,卡尔霍恩的主张因此徘徊不前。

　　这并不能阻止其他人。大约十年之后,乔治·菲茨休与乔治·霍姆斯①用近乎相同的论点主张所谓的北方"自由社会"根本不是那么回事。他们两人欢喜地抓住1848年巴黎、柏林等地的混乱,并展示给北方人士,这让对欧洲自由名义下的变革已经习以为常的美国人感到惊讶,菲茨休指出,很多北方公民本身已经着手呼吁改革,改进北方"自由"社会的状况。菲茨休认为,为解决"自由"的伪善,消除社会主义的威胁,北方应该与南方一样建立等级社会,一个有既定、持久等级秩序的、真正保守的社会,其中高等级要为 198 低等级负责,低等级要为高等级劳作。的确,菲茨休,而不是卡尔霍恩,是彻底放弃美国社会主流假定的少数几个思想家之一,后者是以自由主义的名义呼吁一个美国人似乎拒绝的保守社会。但即便菲茨休也同意,南方贫穷的白人应该在一个受调控的市场经济中获得一些补助。不管怎么说,菲茨休与卡尔霍恩、马克思一样,都误解了社会主义的起源。社会主义不完全源于资本主义,而是封建主义向资本主义转型的岔道。与卡尔霍恩一样,菲茨休也误解了李嘉图关于人口资源比对工资的影响的观点。美国资源十分丰富,它有足够多尚未开发开采的资源,可以使每个人都成为资本家。就在菲茨休无可奈何地承认美国经济的"反常与例外"时,美国经济一飞冲天,这一事实令他一败涂地,同时也击败了他痛恨与轻视至极的自由主义观念体系。大多数欧洲人早已忽视博纳德或迈斯特(Maistre)之流的思想,而菲茨休却以精巧或者说离奇的方式试图把它们介绍到美国,当然,1864年南部联邦战败彻底否定了他的努力。

　　南北战争前,北方主流的哲学思想是上帝一位论(Unitarianism)

---

① 乔治·菲茨休(George Fitzhugh,1806–1881),美国早期社会学家,支持黑奴制,著有《南部社会学,或自由社会的失败》;乔治·霍姆斯(George Frederick Holmes,1820–1897),美国著名学者,曾任密西西比大学第一任校长,支持黑奴制与州的自治权。——译注

和超验主义,这是一种冗长的唯心主义基督教神学,容忍约定俗成的自由主义思想,但并不鼓励。南北战争结束之后,一种新兴的批判圣经学开始侵蚀他们颇为得意的虔诚,但很多人已经受到英国科学普及化的影响。莱尔①的《地质学原理》(*Principles of geology*)于 1832 年出版,达尔文的《物种起源》出版于 1860 年,斯宾塞的著作战后连载于各大杂志。达尔文与斯宾塞的影响十分深远,他们都宣扬"社会达尔文主义",常常被误认为是一个人。甚至是青年亨利·亚当斯②等悲观主义者也成为其中一员,内战期间短暂的外交生涯曾让他痛苦与迷茫。亚当斯以让人疑惑的第三人称笔法回顾了自己的教育,"整齐划一状况下的持续进化让每一个人感到愉悦,除了教区牧师和主教。这是宗教最好的替代物:一个安全、保守、实用、彻底的普通法神祇。这样一个宇宙运行系统适合一个青年人,他[在北方治理国家事务的过程中]刚刚帮助耗资大约 50 至 100 亿美元拯救了 100 万人的生命,把统一与一致性强加给反对者;就其完美性而言,进化观念十分诱人;它有艺术的魅力"。的确,这样一个宇宙系统适合每一个人,因为战争已经是不堪回首,是原本纯真无邪的美国的伤痕。它似乎也在相当程度上解决了美国人对其历史的困惑。确实,1776 年美国的历史已经接近完美,但还只是一个"军事的"而不是"工业的"社会。斯宾塞已经指出,军事的完美可以进步到工业的完美。因此很明显,美国人可以在一个彻底完美的工业未来恢复近乎完美的军事过去。还有,斯宾塞就工业所有者所谓的"宗教系统和政府规划面临的难题"提出了解决方案,他的回答是"让人们在自由中平等,也就是在

① 莱尔(Charles Lyell, 1797-1875),英国地质学家,提倡"均变论",认为地球表面特征是在不断缓慢变化的自然过程中形成的,拒绝求助于圣经,《地质学原理》是其代表作。——译注
② 亨利·亚当斯(Henry Brooks Adams, 1838-1918),美国历史学家,自由撰稿人,其曾祖父约翰·亚当斯、祖父约翰·昆西·亚当斯分别是美国第二任、第六任总统,文中提到的教育著作是他的代表作《亨利·亚当斯的教育》,1919 年获得普利策奖。——译注

政治权利,因而也就是在拥有财产所有权的资格中自由,同时乐于
接受分配的不平等,后者是正义法则的必然结果",这让其他一些
美国人感到欣慰。1882 年,纽约德洛莫尼克饭店,斯宾塞在其美国
得意之旅最后一晚的晚宴期间朗读了这段颂词,实际上这甚至让
他本人都感到难为情,但次日早晨,斯宾塞在码头罕见地激动万
分,他紧握安德鲁·卡内基①的手,向人群致辞说这里的人都是他
最好的朋友。诚如斯言。斯宾塞的著作销量远高于其他人类似主
题的著作。每个人都在谈论他。对 19 世纪 60、70 年代和 80 年代
的一部分美国意识而言,斯宾塞的思想十分对味,并在之后很长一
段时间内主导着主流观念。

　　威廉·萨姆纳②也是德洛莫尼克饭店晚宴之后发表演说者之
一,他赞扬斯宾塞已经建立了社会学方法的基础。萨姆纳是英国
移民后裔,认为自己属于"《马德米切镇》(*Middle march*)里的加思
(Caleb Garth)之类的群体"。他毕业于耶鲁,在日内瓦、哥廷根和
牛津度过了一段时间,1868 年返回耶鲁做助教。四年后,他受聘为　200
社会学和政治学教授。萨姆纳或许是整个美国社会思想中最有魅
力的老师。几乎每一个耶鲁人都想听他的课。他以睿智、充满活
力及十分糟糕的脾气鼓吹斯宾塞。1868 年获得耶鲁教职那年,萨
姆纳接触到斯宾塞的《社会学研究》。他回忆说,"这本书化解了社
会科学与历史学的关系这个古老难题,从人的支配中解救了社会
科学,并提供了一种明确、庄重的研究领域,这让我们最终有希望
获得社会问题明确的解决办法"。但他不只是简单地重复进化论。
萨姆纳以最强烈的信念、最无情的加尔文主义的方式及进化必然
论的名义,持续抨击他称之为糊涂的、多愁善感的改革鼓吹者,他
认为,进化必然已经向所有理智的人毫无疑义地证明,适者生存之

---

① 安德鲁·卡内基(Andrew Carnegie,1835 – 1919),美国 19 世纪后期最杰出的实
　业家,与汽车大王福特、石油大王洛克菲勒齐名,身后捐献了近乎全部的财产,是
　美国精神形成年代的代表。——译注
② 萨姆纳(William Graham Sumner,1840 – 1910),美国社会学家、经济学家,社会达
　尔文主义的主要代表人物之一,著有《民俗论》《社会的科学》。——译注

外的唯一可能是，不适者生存与随后的全部灭绝，这是维持自由和文明（civilization）的必然结果。那些新的百万富翁，19 世纪 70、80年代在铁路、石油、钢铁领域发财致富的卡内基们，集中体现了社会的健康。不平等不仅是不可避免的、命中注定的，它更是自由的标志。在《社会各阶层相互亏欠对方什么》为题的书中，萨姆纳认为各阶层互不亏欠，并为之辩解。因此，在萨姆纳看来，19 世纪80、90 年代那些自称从事的研究是"社会学"的学者，实际上都不足与议。这些人推崇的说法，是为了融合实践性与反思性关怀各自的优点，前者的优点集中体现了他们在"改革"中的利益，后者则体现了"社会伦理"这一主流词语。就此而言，他们惹恼了萨姆纳，但他们与萨姆纳一样，也尊重斯宾塞严格的知性意图，也需要向那些新兴世俗大学精明的赞助人证明自己。纵然萨姆纳的《民俗论》（Folkways）成为了美国社会学课堂的首批社会学经典教材之一，他还是一直拒绝与他们有什么瓜葛，在这部晚期著作中，他主张进化的变迁必然为人们所接受（因而，有人可能会猜想，就随之而来的无节制的经济与社会竞争的可取性等观念的变化，萨姆纳可能也主张接受，但这可能是误解）。1907 年他当选为新成立的美国社会学学会的主席，这似乎是个错误。斯莫尔认为，萨姆纳与社会学这门新学科的精神气质（*ethos*）格格不入。但萨姆纳 1910 年就过世了，只留下了一些关于他的启迪的回忆、一些耶鲁的信徒，与一部被人重新平淡解读的《民俗论》。

　　与斯宾塞在英格兰一样，萨姆纳在世时就被人淡忘了。他的很多著作竟被人们用于反对改革者，这一事实就足以证明他们对 19世纪 70 年代初期的美国的推崇。改革压力的来源错综复杂，改革的要求也是毫无章法、充满矛盾。但究其本质有两大压力。一是来自南部与西部，来自农场主；二是来自北部和东部，来自城市。两者都在主流的自由主义中发声。农民的不满来自于，一方面他们自认为是美国的精英，集中体现了乡村乐园与原初 18 世纪相应的纯朴价值，一方面他们被迫顺从经济变迁，二者之间的紧张最终令其不堪重负。特别是在种植出口作物的地方，19 世纪后三十年世界粮价的长期下跌与《宅地法》(Homestead Act)①让农场主深受其苦,《宅地法》本打算提供更多的土地以缓和他们的不满,结果却只是恶化了局势,因为在扩张过程中,新的农场主不得不抵押举债。随着粮食价格的下跌,他们债务的金额随之增加,他们被迫向铁路公司及其他利益集团出售土地,后者一直为了自身的利益利用《宅地法》,新农场主的痛苦在增加。一位痛苦的幽默者说道:"上帝让我们信仰,堪萨斯州让我们破产。"敌人看来是东部的银行和信托机构。至于出路,首先是各州内部实现融合,要求发行更多货币遏制通货紧缩,后来借助一个新兴的全国范围的人民党,再后来,1896 年总统选举的溃败之后,还是与信托机构联手,在农场主看来,可怕的信托机构首先是多数麻烦的制造者。但那时,孱弱的农民已经陷入绝境,因而流入城市。1880—1890 年这十年间,芝加哥人口数量翻了一番,1860—1910 年整个时期,城市人口增加了 7 倍。这是困局的根源,也是后来中产阶级抗议和试图改革的问题(如果可以用中产阶级这个术语的话)。后人所谓的进步运动(Progressive movement)②显然是一次中产阶级的运动。体力劳动

202

---

① 1862 年,在南方奴隶主代表退出国会之后,美国总统林肯顺利颁布《宅地法》,旨在为广大移民无偿分配美国西部的国有土地。《宅地法》规定,凡一家之长或年满 21 岁、从未参加叛乱的合众国公民,在宣誓获得土地是为了垦殖,并缴纳 10 美元费用后,均可登记领取总数不超过 160 英亩的宅地,登记人在宅地上居住并耕种满五年,就可获得土地证而成为该项宅地的所有者。——译注
② 美国史学界一般把 1900—1917 年间美国的政治、经济和社会改革运动统称为"进步运动"。其背景如下:19 世纪后期,美国经济高速发展,工业化城市迅速崛起。1884 年,美国工业产值超过农业产值,成为工业国。1894 年,美国工业总产值超过英国,跃居世界第一。1860—1910 年,美国城市人口从 621 万剧增到4464 万,比重由 19.8% 上升到 45.5%。与此同时,工商界和金融界的兼并狂潮兴起与垄断组织势力膨胀,财富高度集中,社会分配不公和贫困化问题日益突出,社会骚动和阶级冲突此起彼伏。据 1896 年的统计数据,1% 的美国人占有近50% 的国家财富;12% 的美国人拥有近 90% 的国家财富,与此对应,1886 年"五一"运动、1892 年荷姆斯特德钢铁工人大罢工、1894 年普尔门城工人大罢工等相继爆发。正是在此背景之下,"进步运动"孕育而生。这是一场以中产阶级为主体,各阶层广泛参与的改革运动,旨在消除"自由竞争"蜕变为"垄断"引发的社会弊端,重建社会价值体系和经济秩序。进步运动在联邦、州和市三级同(转下页)

者主要是来自美国中西部和欧洲农村的第一代移民。他们贫穷而困惑，不能理解改革者，就国外移民而言，他们更中意城市老板提供的安全保障，鉴于他们原来脱离的结构，这样一种依附与庇护框架，他们更熟悉，但这些体力劳动者也加入了新兴的反资本的劳工联合团体。另一方面，绝大多数非体力劳动者来自本土，他们流动性极强，但已经逐渐进入不稳定的独立状态，或者是过去的体力劳动者进入白领的受雇状态。1870—1910 年，全美人口的增幅略高于 100%，而体力劳动者增加了 200%，白领雇员至少增长了 8 倍。到 1910 年，只有 500 万体力劳动者与白领有独立性，到今天只有 300 万。两大群体最主要的利益似乎是流动性，即，实现繁荣年代、镀金年代或者后来所谓美国梦时代的愿景。因此，不满的意见有点混乱，甚至自相矛盾。但这很常见，而且人们对敌视自由良知的信托机构、资本联合机构等敌人的意见高度一致。人们普遍赞同，垄断与每个人、与所有人的利益都冲突，必须打破。另一些人则关注改善贫困和重建受压迫者的道德风气。

第一批改革者来自都市的教会、修道院和神学院，他们的良心被刺痛，他们的利益受到乡村福音复兴与城市移民精神冷漠的威胁。牧师们进行了一些最初的关于剥夺和绝望的调查，而美国最初获得认可的社会学教学就开始于修道院和神学院。但很快，越来越多精诚合作的慈善社团与善于揭发丑闻的记者也加入其中。不列颠社会科学会为 1865 年的美国人提供了范例，例如后来影响力巨大的全国慈善和矫正大会，尽管它的基调主要是世俗的，但它的活动与基督教社会学研究所等其他机构有颇多类似之处，后者遵从的启示更正统。这些机构资助调查、准备报告，发行期刊，招募头面人物进入它们的委员会，形成了一种兴趣与关注的氛围，其影响力远超牧师和社会工作者，最终导致世俗大学对应用社会学

203

(接上页)时展开，从政治领域的妇女选举权、市政改革到经济领域的反托拉斯运动，从救济穷人、改善工人待遇的社会正义运动到自然资源保护，囊括社会生活各个方面，影响深远。——译注

教育产生了爆炸性的需求。此时此刻,日益庞大的、能读写的城市人口首次为大众报纸提供了市场。新的编辑意识到,谁揭露最多震撼性丑闻(*exposés*),谁就更有竞争力。所有者通过努力获得财富,随之而来的利益就必然成为报栏作家鞭挞与读者怨恨的对象。

与此同时,教育正在发生变化。南北战争之前,绝大多数大学,或者如霍夫斯塔德(Hofstadter)所言,是"悲惨的、无图书馆的公寓,学生是钻床工人和受宗派控制的青年暴民",或者是"相对怠惰、绅士休闲的教育机构,学生是虔诚的信仰者",例如萨姆纳到19世纪70年代还看到类似的情况,当时他在耶鲁大学与波特校长就斯宾塞的《原理》应用发生了争论(他曾经是一个牧师)。最初的变化出现于1861年。国会出于对美国农垦的糟糕状况的担忧,同意资助购买土地,新建农业与机械学院。不久,私人捐助者开始争相资助各城市建立大学。结果是高等教育最卓越的提升和扩张。1868年康奈尔大学建立,1869年一个改革人物就任哈佛校长,1875年约翰·霍普金斯成立第一个研究生院,另一个改革者开始执掌密歇根大学,到1891年明尼苏达大学、威斯康星大学、芝加哥大学、克拉克大学、斯坦福大学相继成立,到1900年,耶鲁、普林斯顿和哥伦比亚发生了令人刮目相看的变革。直到1869年还相对减少的学生人数,在后来的四十年里增加了4倍。 204

这是社会学发展的制度框架。哈佛等古老的大学愿意在既有的院系里进行社会探索,但新兴的大学并非如此。并非所有的新校长都与传奇的威廉·哈珀(William Harper)一样充满活力,当他的浸信会教友约翰·洛克菲勒捐赠100万美元让他在芝加哥建立一所新大学时,他回答需要1500万美元,结果得到了3000万美元。1892年,哈珀聘请斯莫尔创办社会学系。若干年后,美国的社会学教授人数超过了整个西欧。这些人来自五湖四海,但极少来自传统学科。一些人去过德国,19世纪70年代,约翰·霍普金斯大学效仿了德国的研究生培养模式并令之享誉美国;一些人,包括耶鲁、芝加哥和哥伦比亚的第一批社会学教授,都曾为教会效力;一些教授的家人是牧师。另一些人是报刊作家。哈珀的活力促使

起初忧心焦虑的斯莫尔于 1895 年创建了《美国社会学期刊》
（AJS）；不论斯莫尔在 1916 年有怎样的判断，在这份刊物、新的教
科书及 1906 年成立的美国社会学会的论文中，我们能看到美国社
会学的遽变，从一系列不成体系的初步思考到日趋一致的纲领体
系，并有其独树一帜的"观点"。

　　莱斯特·沃德①，在担任四十多年的植物学家和博物馆馆长之
后，于 1906 年得到布朗大学的第一个教职，他在 19 世纪 90 年代
就指出，美国的社会学家"其实是斯宾塞的信徒"。更准确的说法
来自查尔斯·库利（Charles Cooley），他在 1920 年写道，"我认为，
1870 年到 1890 年前后，其间从事社会学的人都是受到斯宾塞的鼓
动"，库利是一位温和而害羞的人，他毫不犹豫地拒绝了在密歇根
大学创设独立的社会学系的诱惑，但他从 1892 年到 1929 年去世
一直在密歇根教书。但到 19 世纪 90 年代，只有威廉·萨姆纳还
在鼓吹斯宾塞，并灵巧地回避了其多愁善感且误入歧途的同事。
其他人已经以各种方式告别斯宾塞转向其他学理目标，而且与斯
宾塞最初的原理完全背离。他们以两种相互关联的方式告别了斯
宾塞。
　　第一种是沃德式的。沃德与他的同时代人一样（他出生于
1840 年），钦佩达尔文和斯宾塞从事的事业。但毕竟他大部分的职
业生涯是一个专业科学家。沃德敏锐并富有同情心地关注南北战
争之后美国社会发生的事情，更难得的是，他还十分留意英、法、德
诸国的变化。他认识到并指出，毫无限制的自由放任正在造成痛
苦与浪费，与斯宾塞一样短视的人，没有意识到欧洲各国政府与美
国政府都已经开始不同程度地控制自由放任的后果，即便各国政
府自己可能都不知道自己所作所为的意义。沃德积极反对自由放
任的政策与斯宾塞的学说。他最初以一种相当直率的方式与之争

① 沃德（Lester Frank Ward, 1841 - 1913），美国社会学家，著有《动力社会学》
　等。——译注

辩。"如果社会法则真与物理法则类似,社会科学就完全有理由进行自然科学那样的实际应用。"但后来,特别是在《动力社会学》(他原先想取名为《伟大的万能药》)中,他更清晰地主张区分"源起"与"目的论"、区分拉马克所谓的遗传塑造的人与通过教育自我塑造的人。他开始热烈地信仰教育,这是他转向学术职业的原因,但他一直没能彻底解决他思想的紧张。他坚信斯宾塞式的知性纲领是可行的,但他不再同意斯宾塞本人的结论,这与霍布豪斯颇为相似。

最初,人们可能猜想,沃德可能继承了黑格尔的某些思想,然后又问为何没有继承。一个原因是,一位就职于华盛顿博物馆、远离高校的植物学家,即便阅读再广泛,也很难关注到黑格尔。另一更重要的原因是,若沃德读过黑格尔的著作,并与他人讨论,那他一定能认识到并同意,黑格尔的思想路数恰恰是进步思潮不需要的。因为美国总体的学理变迁的一个面向是,在哲学上日益厌恶 206 老一辈大学教师信奉的先验唯心主义,默顿·怀特[①]称之为"反形式主义的革命",社会学也卷入这场革命,黑格尔首当其冲,老一辈教师口中的黑格尔是一位仁慈的、相当冗长的温和派共和主义者。相反,年轻的哲学家逐渐采纳"实用主义"的观点,1898 年威廉·詹姆士(William James)在加利福尼亚的一次演讲让实用主义风靡,因而也影响了其他的人。实用主义是第二种瓦解斯宾塞思想的方式,也更彻底。

詹姆士既不是实用主义的首倡者,也不是最细致的。但他向同时代人介绍并普及了实用主义。詹姆士活跃于马萨诸塞州的文学和科学圈,在哈佛医学院获得学位。他是一个有热忱宗教情感的人,个人色彩强烈;他十分讨厌哈佛神学家虔诚的抽象训导;而且信服人类行为的生物学解释。詹姆士后来在哈佛和纽约告诉他的听众,这些人是他的实用主义(Pragmatism)的第一批受众,而且他

---

① 默顿·怀特(Morton White, 1917-　),美国哲学家,主张整体论实用主义,著有《美国的社会思想:反形式主义的革命》等。——译注

无疑是在回顾自己的青年时期，他说，"你们想要一种体系，不管它是宗教的，还是浪漫主义的，能结合对事实的科学式忠诚与重视事实的意愿，结合适应精神与调整精神……而且能结合对人性价值的古老信心和必然的自发性。这大概就是你们的困境；你们发现自己目标（quaesitum）的两部分彻底分离。你们发现非人性的、非宗教的经验主义；或者发现一种理性哲学，其实可以称之为宗教，但与具体的事实、欢乐、悲伤没有一丝瓜葛。"然而，詹姆士的方案并非提供一套体系。相反，他扩展了斯宾塞的观点，认为既然所有的人类活动都可以理解为生存本能的结果，那么思潮也可以。他径直推论说，我们的所想对我们是有用的，由此就与任何形式的一元论彻底分道扬镳。詹姆士的结论是，我们的所想也可以完全根据它的有用性进行评估。真即是有用，若有东西对一个有用而对他人无用，也就是说对一个人是真，对另一人可能是假。皮尔士①（Charles Peirce）写道，"我曾经连续几晚不能入睡，因为痛心你如此不注意言词。"皮尔士略年长于詹姆士，也更小心谨慎，他试图保持理智的稳定性，在哈佛时对急躁的詹姆士有一些影响。但皮尔士主要是自说自话。正是詹姆士充满活力、不拘一格的不严谨性解决了一些人的困惑，他们深陷于破碎的神学一元论与自然主义之间，希望能结合两种思潮并为之正名，同时保留尽可能多的实践与知性的自决空间。"反形式主义的革命"已经走入极端。

显然，詹姆士的实用主义的一个重要事实是，它绝非日常意义上的一种学说。你若赞同实用主义，事实上就一定会摒弃其他人从中得到的东西。实用主义充其量是一种"视角"。由此，它影响了社会学家。到1900年，老迈的沃德已经不怎么关注新时尚，耶鲁的萨姆纳仍囿于他的世界，但其他人积极响应，库利可能最直接。与很多同时代人一样，斯宾塞既鼓舞他，又让他感到厌恶，斯氏"关于进步的生命组织体的普遍概念"吸引了库利，但他冰冷的

207

---

① 皮尔士（Charles Peirce, 1839 - 1914），美国哲学家、科学家，有"实用主义之父"的称谓，有大量论文传世。——译注

教条与对个人心智复杂性的浅薄理解让库利感到不满。库利开始在密歇根大学教授社会学时(密歇根大学是他的出生地,他几乎在此度过一生),读到了詹姆士的著作,并立即为詹姆士的自我概念所吸引。詹姆士在其更具心理学意味的论文中,已经区分了"主我"(I)与"客我"(me)、作为认知者的自我和被认知者的自我,并就后者说道,"有多少个体认识你,并在他们心中记录你的形象,你就有多少社会自我"。但库利在日记中写道:"尽管威廉·詹姆士洞察了自我的社会本性,但他没有发展出一套真正关于个人与社会总体之间关系的有机概念……一种社会学的实用主义有待努力。"库利本人为此做了努力。结果是,库利塑造了一个有同情与眷恋情感的个人概念,他在家庭等"初级群体"中获得了社会性他人与社会自我的感觉,他乐观地推测经此过程未来能达到一种状态,其中,一种基于相互同情意识的有机纽带能团结各种共同体、国家乃至整个世界,而"形式主义"和"解体"的罪恶、导致个人萎缩和社会分裂的罪恶都将消散。的确,库利很少关注制度。大体来说,库利认为冲突源于误解。斯莫尔在生命尽头用近乎自我挖苦的语气指出,他终其一生都在"宣扬社会学憧憬的终有成果",他很多纲领性文章都为此而写,这些文章发表于《美国社会学期刊》最初的若干期,以含糊其词的方式倡导积极改革的可能性与个人塑造社会环境的能力。尽管斯莫尔的文章没有承袭任何齐美尔的思想,但他确实为《美国社会学期刊》翻译了一些齐美尔的文章,这个德国人的生命哲学(*lebensphilosophische*)的精神让人想起了詹姆士的实用主义思想。吉丁斯①是一个暴躁、独断的种族主义者,他在哥伦比亚大学有意避开犹太籍同事,周围都是一些二流的助手;吉丁斯的道德和精神特质注定他是一个最传统的科学主义者,他曾以一种极具实用主义学理的方式告诉他的学生:"如果实用主义不是理论,那它就不能起作用。""社会的可能性"是吉丁斯的总体关怀,就

208

---

① 吉丁斯(Franklin Henry Giddings, 1855 - 1931),美国社会学家,著有《社会学原理》等。——译注

其个人的理论而言，他注重所谓的"相互刺激和反应"，后者产生了一种"类意识"。即便是爱德华·罗斯①也曾说过，社会学应该研究"社会进程"及"源于人们的行动与互动的群体、关系、制度、规则"的创制；罗斯是一个旧式大学受人欢迎的丑闻揭露者（他曾经写过一本名为《原罪与社会》的书），他在威斯康星大学建立了强大的社会学系（因拉弗拉特②的缘故，威斯康星大学与进步党政府关系至为密切），但对社会学的职业化颇为冷淡。他在自传中回忆说，相比于做系主任的日子，他更喜欢 1911 年辛亥革命之前在中国的生活，以及 1917 年在俄罗斯与托洛斯基（Trotsky）的谈话；至于创建学说，他就更不感兴趣了（他的教材销量远胜于同时代人）。

　　因此，不论斯莫尔对美国社会学的评价如何，早期社会学有它独特的"视角"。这一视角从来没有偏离总体的思想遗产，即便是沃德也一样。事实上，这一视角不关注欧洲的说法，至少是不重视，美国早期社会学家认为，社会是个体的创造，社会确实是社会，不是简单的集合，理由是一种共同体意识，但这种共同体意识源于个体互动，他们还认为（罗斯除外），制度实践的历史积累与具有约束力的传统几乎无助于理解人们的行为。用欧洲的术语说，这一视角很像一种自然状态，并暗示稳定的社会联合不来自理性的思考，而是实践关系的心理结果。但斯莫尔并没能认识到，美国早期视角也可能长期有害于其独特的学理内容或方法。这一视角孕育于一种社会环境，其中倡导这一视角的社会学家都不认为这种社会处境是理所当然的；它还孕育于一种大众哲学文化，一种实用主义的文化，拒绝任何稳定的体系化思想。这一视角是迫切希望复兴美国早期灵感的产物。就其本身而言，这一视角要持续回到最初的原理，因而要一直自我损害。正因如此，这一视角缺乏一种独

---

① 爱德华·罗斯（Edward Ross, 1866 - 1951），美国社会学家，优生学家，在犯罪学领域卓有建树，著有《社会控制：秩序基础的调查》。——译注
② 罗伯特·拉弗拉特（Robert Marion la Follette, 1855 - 1925），美国政治家，曾任威斯康星州州长，多次当选国会众议员与参议员，美国进步党的创始人之一。——译注

特的学理内容,但它又确实有一个与众不同的视角。

　　20世纪20年代的美国社会学史确实是制度的成功史,而不是知性的成功史。首先,它是芝加哥大学社会学系的历史。萨姆纳、吉丁斯、库利、沃德、罗斯都因各种缘故不想或不能维持社会学系原初的步调。一战之前,芝加哥社会学系只有4个人。托马斯是其中之一,他本是文学研究者,1919年他因一个小过失被解雇,在此之前与他人合作完成了公认的典范研究《欧洲和美国的波兰农民》,并吸引了罗伯特·帕克(Robert Park)加入社会学系,帕克对社会学系随后的腾飞居功至伟。帕克的职业生涯是进步主义思潮 210 的缩影。他本科时期来到密歇根大学,为约翰·杜威的实用主义哲学改革所吸引。帕克成了一名揭露丑闻的记者,但随即对该职业感到不满,而且明白记者生涯无情的短暂,于是他进入了哈佛并拜在威廉斯·詹姆斯门下。帕克前往柏林聆听齐美尔的课,到海德尔堡,在文德尔班的指导下写了一篇论文。帕克终归不愿从事纯粹的研究,就担任了布克·华盛顿①的秘书,投身黑人事务。正是在华盛顿的塔斯基吉研究所(Tuskegee Institute),帕克认识了托马斯。在芝加哥立稳脚跟之后,他成功推动了芝加哥市众多社会问题的经验研究。他关于芝加哥是一个生态实验室的概念强烈影响了这些研究,尽管有些散乱,在芝加哥人们能清晰地看到,社会互动如何自我归类成地域分隔清晰的联合状态(也因为分布比较整齐)。这一观点渗透于帕克一系列的主张,这些主张公然挑战简单的概括,但就其实用主义的前提而言,又与一战之前的社会学家的主张十分相似,实际上,这些主张吸收了帕克早年从密歇根、哈佛、柏林、海德堡及记者的经历中形成的全部思想。

　　斯莫尔已经认识到,要确保各大学无可置疑地接受社会学,社会学家就必须抑制他们的道德和政治兴趣,而且要强调他们事业

---

① 华盛顿(Booker T. Washington, 1856-1915),美国黑人教育家,黑人权利运动领袖,有自传《挣脱奴役》传世。——译注

的科学地位。帕克也使用了这一策略，尽管他的基金还是来自那些关注地方改革与社会工作的人。但这种简单策略真正转变为专业信念，是因为 1927 年奥格本①来到芝加哥。奥格本是第一代社会学家中一位科班出身的人。他毕业于吉丁斯的哥伦比亚大学社会学系，并成为该系一名教师，练就了统计的技能，坚定了对他一直称之为"科学社会学"的信仰。芝加哥大学浩如烟海的文章书籍、大量的专业社团及 20 世纪 20 年代后期胡佛总统的"社会趋势研究委员会"为奥格本提供了施展的舞台。奥格本是一个极其自

211 信的人。他曾经告诉一个哥伦比亚的同事"社会进化的问题已经解决"，而且，"我的贡献十分突出。我说'解决'的意思是，达尔文之于生物进化问题的解决，达尔文的三个因素解决了生物进化问题：变异、自然选择与遗传……四个因素则解决了社会进化问题：发明、指数式积累、扩散与调适"。当然，他总结道："毫无疑问，就像达尔文的三因素一样，四个因素的分析和测量还需要精细化。"尽管今天的美国社会学家会提到奥格本关于社会变迁的讨论（他还引入了一个比较简单的概念，即，隐藏于技术发展节奏背后的"文化滞后"），但其实他对美国社会学影响最深远的还是他关于精炼方法论的观点。1928 年，奥格本在美国社会学会的会长致辞中说："过去，社会学的伟大人物都是社会理论家和社会哲学家。未来不再如此……一种科学社会学将从社会哲学中清晰地分离出来，因为人们将认识到社会哲学只是希望的合理化。"诚然，他确信，为了坚定地维护科学社会学，"就必须碾碎情感，驯化心智，论证过程要彻底排除知性的空想愉悦"。一些社会学家不同意奥格本的纲领，一个重要原因是，这意味着芝加哥大学社会学系在美国社会学会、《美国社会学期刊》及西部与南部新社会学系人员聘用等领域的实际霸权。但很多人同意它承诺了一种无可挑剔的科学合法性。

----

① 威廉·奥格本（William Fielding Ogburn, 1886–1959），美国社会学家，著有《关于文化与原初自然的社会变迁》，"文化滞后"（culture lag）理论的提出者，原中译"文化堕距"不妥。——译注

与此同时,奥格本也据布里奇曼[①]的《现代物理学的逻辑》(*The Logic of Modern Physics*)推导得到了科学合法性的精确内容。布里奇曼,秉着正确科学的声威,以毫不妥协的实证主义精神认为,一项命题的意义在于论证它的方法;他以实用主义的精神暗示,真理与证明它的操作息息相关。这一正式提法与奥格本的总体纲领之间存在至关重要的社会学相关联,并且在 20 世纪 30 年代得以体现,二者与社会调查的旧传统实现了衔接。这主要是保罗·拉扎斯菲尔德(Paul Lazarsfeld)的功绩,保罗是一位因躲避奥地利纳粹主义逃到纽约的难民,在战后维也纳时髦的原子论实证主义中求学,他曾在维也纳成功创建了一家应用性社会研究机构,当时维也纳日益热衷于市场研究与其他事务的民意调查。这家机构最终归到哥伦比亚大学旗下,此后拉扎斯菲尔德十分成功地说服社会学家,他们独特的工具及其科学实践最有力的主张是对样本个案的"数据"统计分析。在一种工具为观点服务且具备同样的制度力量的文化中,较之任何显而易见的理论观点,这一说法更清晰地构建了社会学的职业实践。 212

然而,美国 20 世纪 30 年代的社会学史也是一种更合宜的理论的复兴时期。一些欧洲的思想被改造成了美国特色的观点,这始于哈佛大学。直到 1931 年,哈佛才设立独立的社会学系,之后在一个俄国移民的指导下实现了这种改造。这个人是皮蒂里姆·索罗金(Pitirim Sorokin),但更多的新思想来自年轻人,尤其是塔尔科特·帕森斯,而不是索罗金。1927 年,帕森斯就从安默斯特学院到了哈佛大学。帕森斯在海德堡大学的一年里聆听了桑巴特与韦伯关于资本主义的解释,并形成了自己的兴趣,他相信在大型的大学更能实现自己的兴趣。较之任何早期的美国理论家,帕森斯的关注点都更学术。他更热衷为理论而理论的思考。但据他后来回忆,1917 年俄社会的崩溃与德国的纳粹主义(国家社会主义)热

[①] 布里奇曼(Percy Williams Bridgman, 1882–1961),美国实验物理学家、科学哲学家,操作主义的创始人,"操作定义"概念的提出者。——译注

情疯涨，他开始有一些焦虑。他的理论起点是，尽管德国的经济史学家、英国的阿尔弗雷德·马歇尔（Alfred Marshall）及意大利的帕累托（Pareto）都认识到，个体效用的追逐与权力事实（Macht）都无法解释社会的相对稳定性与实存，但他们都没有正确地深入探索。之后帕森斯阅读了涂尔干的《社会分工论》（当初在伦敦聆听马林诺夫斯基解读时，他还拒斥该书），认识到涂尔干观点的核心是"契约中的非契约因素"，一种逻辑上先于经济行为的组织化与方向的规范秩序。帕森斯思想的精华是，其他理论家也以不同的方式阐述了相同的观点，但他清晰地说明了他所谓的"融合"（convergence）（详细讨论参见 1937 年的《社会行动的结构》）。问题一直是"社会如何可能"。答案是个体自愿遵从规范秩序的社会事实，遵从一系列的共同价值及一套相应的实践规则。但帕森斯的答案还是很含糊。正如帕森斯自己所言，若个人隶属于社会是理性行为，那么，在韦伯的价值理性的不确定感中，以及在涂尔干对特定社会的事实截然不同的看法中，这种隶属是否也是理性的？若都是理性的，又如何能认为，帕累托关于纯粹的功利理性与非逻辑行为的严格区分也有益于普遍的解决方案？帕森斯陷入了困境，随后十五年他一直为理性问题所困扰。他似乎从未注意到韦伯与涂尔干的差异的影响；之后他阅读了弗洛伊德的著作，很不严肃地认为个人对社会的隶属有可能根本就是非理性的，于是问题就更混乱了。20 世纪 50 年代初发表的一系列令人失望的论文就是这种模棱两可的想法的结果，其中他简单地认为，个体的社会联合，有时是因为有兴趣，有时是因为喜欢，另一些时候是因为道德义务。这种说法没有提出异议，但也没有回答问题，而且还暴露了"融合"的脆弱性，他认为他在《社会行动的结构》一书中已经证明了"融合"。

帕森斯一再说他的主要兴趣是社会整合（integration），显然，这首先是整合如何可能，其次是如何持续。当帕森斯还在修改《社会行动的结构》的手稿时，亨德森（L. J. Henderson）为他指明了答案。亨德森是哈佛的一位生理学家，热衷于社会学理论，主持一个关于帕累托的研讨会，后者深刻影响了哈佛的社会学家。他建议帕森斯像生物学家那样把有机体看成系统,能自我维护一系列的要素, 214 其配置十分精巧,以至于某一要素的变化能引发其他所有要素的 修正性变化;这就如帕累托把经济看作一个系统,也可以同样如此 看待社会。这启发了帕森斯的下一本书《社会系统》(*Social System*)。在这本书中,帕森斯回避了系统模型的有趣问题,即何 种变化引发何种调整并导致何种结果,相反,他关注不重要的推 论,即当某些要素发生改变,引发其他要素的变化,那么相比于没 有引发变化时,就可以说这些要素产生了维持稳定的后果或者说 "功能"。帕森斯把"功能"(function)变成了"必然条件 (imperative)",从而把功能从结果变成了原因,进而认为,社会系统 的稳定性来自必然条件的稳定性,他假定必然条件能解释稳定性, 可稳定性又是某项必然条件成立的唯一证据。为了自圆其说,帕 森斯宣称必然条件通过把主流价值与规范"内化"入个体而发挥效 用,这与他的第一本书及同时期的其他作品的观点相左。《社会系 统》不是一本出色的著作。

　　实际上,帕森斯的理论事业,虽按其自身的说法也是失败的, 但它的影响深远。帕森斯在分类方面的功底无人可比,很多人传 播了他的思想。20 世纪 50 年代到 60 年代早期,所谓的"结构"功 能主义(或"规范"功能主义)在美国社会学家中间与理论是同义 的。其中一个原因还是制度性的。正如调查分析的工具是必备的 专业技能一样,功能主义也是必备的专业价值观。这在入门教材 或专业人士向外行解释时最明显,但专业认同的需要不能解释为 何是功能主义而非其他理论如此受欢迎。的确,功能主义几乎没 有对手;但乍看之下(鉴于前文论述的美国人早期的观点),人们会 感到奇怪为何最成功的理论是完全基于欧洲的思想。然而,帕森 斯不仅剔除了《社会行动的结构》涉及的诸位欧洲思想家的独特思 想;而且在此过程中,他还几乎完全重塑了早期美国社会学家的观 215 点。这些早期社会学家从一种接近自然状态的东西入手,用最初 自由行动的个体之间累积的社会团体感的说法来泛泛地解释社会 实体的发展,他们从未清晰定义社会实体,帕森斯也从未明确提到他们。帕森斯也从类似的原初状态入手，研究社会凝聚力，首先是用人们对共同价值观的自由承诺，后来也用了情感。早期的美国社会学家在个体的初始状态是工具性还是情感性之间摇摆不定，同样，帕森斯在"理性的"还是"情感的"之间犹豫不决。这并不是说要提出一个比帕森斯的融合还要突兀的融合。相反，帕森斯使用了欧洲思想家截然不同的理性概念，1937年他泛泛称之为"努力运用"，同时忽视了他们观点的政治立场和历史处境，因此帕森斯不仅没有说明他们的融合，甚至没有讨论他们作为欧洲思想家的任何东西；他唯一做的事情是，通过近乎无视欧洲思想家的观点和选择性重新解释他们的学说的方法，而在无意中把他们塑造成库利、沃德、斯莫尔、吉丁斯、罗斯之类的人物。

但问题有所不同。斯莫尔等改革派社会学家几乎完全聚焦到帕森斯两大问题中的第一个，即如何塑造某种程度的社会凝聚力（事实上是在变革、道德败坏与争议的情况下重建）。相比之下，哈佛的帕累托小组及其学生十分热衷于一旦社会凝聚力形成将如何维持的问题。原因在于1890年与1930年之间的政治差距。如前所述，帕森斯本人关注中欧的事件。乔治·霍曼斯和埃尔顿·梅奥（Elton Mayo）则试图回应巧舌如簧且执拗的马克思主义者，并提出避免产业斗争的方法，他们两人也参加了亨德森的研讨会。据说亨德森本人比较保守。但他们都想在无政府的市场与专断的权力之间寻求中间道路。他们都是自由主义者。实际上，学界对功能主义及20世纪30年代哈佛的共同排斥，简单地认为它们是"保守的"，是对这一时期美国社会学的重大误解，也是对美国社会思想总体面貌的重大误解。大体而言，启蒙运动以来的欧洲社会理论试图在日渐破碎的、合法性日衰的父权制的废墟上，保卫某种清晰一贯的自由主义。美国的社会理论则试图在毫无理论基础的情况下，保卫一种清晰一贯的自由主义。然而，作为一位后来的洛克主义者，美国人必然要指出，若只以游离的个体（unattached individual）为基础，加之只有法律约束而无中间介质的社会压力的作用的承诺，就想保卫自由理论与自由的政治实践，难如登天。人们或许在认识论层面上是自由的，也就是威廉·詹姆士意义的自由，但若没有体统性的制度，他们可能在最不自由的约束中损害了自己。

　　一项专业的技术与思想观念的神圣化往往会导致僵化。可是这些特定的技术与思想观念本来是起源于一次"反形式主义的革命"。因此也就难怪到 20 世纪 50 年代末期，美国思想与实践的核心内容再次遭到经过革新的实用主义的攻击。这次攻击来自另一位哥伦比亚大学的社会学家赖特·米尔斯的《社会学的想象力》。米尔斯在他的博士论文《实用主义与社会学》中细致陈述了他的观点，不过他的观点也受到了纽约的马克思主义氛围的影响，法兰克福学派的流亡学者曾是他在哥伦比亚时的同事，根据其观点的主旨，米尔斯拆解了帕森斯的"宏大理论"与拉扎斯菲尔德的"抽象经验主义"，由此直抵专业规范的核心。米尔斯有先见之明。20 世纪 60 年代至 70 年代，美国社会的状况严重削弱了帕森斯等人的形式主义，其程度是米尔斯在 1959 年所不敢想象的。但与此同时，一些欧洲人却一直沉迷于《社会行动的结构》。

第十章 未定的历史

不论一战对欧洲是否标志着历史进程的决定性转变,二战无疑是决定性的,欧洲人承认这一点。最终,他们不仅弄清了1914年之前的事情,而且开始思考过去与现在是否有联系。欧洲人有充分的理由。德国人看到他们的一段历史以最可怕的方式被抹杀了,另一段历史重现于东部一个强行成立的国家。① 法国人看到他们的进化乐观主义混乱不堪。即使是英国人,他们略显自鸣得意的渐进主义也面临严重的失望后果。无论如何,二战的结果都是对各种历史哲学的反思,一种古怪、令人困惑但显而易见的反思,之前历史的进程都是根据这些历史哲学得到解释。因为欧洲的社会理论进程与它们渊源颇深,所以社会理论也要重起炉灶。显然,一些人认为,历史依然连贯清晰;一些人认为,可以撇开历史重建未来,另一些人搁置了这一问题;一些人希望干脆忽略过去和未来,一些人犹豫不决;还有一些人寄希望于美国。

思想的分裂在法国最明显,而美国思想对法国的影响可以忽略。更准确地说,法国汇聚了其他国家的一切后果。这是因为,1920年之后的法国政治与1945年之前法国知识分子理解历史及其可能性的方式之间,出现了决然的断裂。两次世界大战期间的法国,议会政治动荡不安。中间政党四分五裂、无所作为,激进党近乎故意捣乱。左翼集中于庞大的共产党。20世纪30年代早期,

---

① 指原东德。——译注

右翼迈向法西斯主义。法国人在知性上或者说至少在意识形态上
分裂了,这正如一百年前天主教会与彼时气息尚存的保皇派右翼、
共和派领导人及其团结哲学与非马克思主义的革命左翼的分裂一
样;饶勒斯与涂尔干传承了共和派的团结哲学,自圣西门以来,除
某些特定修辞外,这种哲学一如当初。可是,很多中间党派不满于
法西斯主义,多数左翼无法辨别激进党与工人国际法国支部(S. F.
I. O)①,很多右翼人士抵制共产党,对他们来说,共产党的意识形态
完全是舶来品。因此,到 30 年代,法国有相当的声音要求划清意
识形态的界线,意识形态之争曾经是 1920 年之前政治斗争的主
题。1940 年法国沦陷,举国震惊,反法西斯新联盟随之成立,这进
一步加强了划清意识形态界线的压力。后来的一系列事件最终引
爆了纷争,包括 1945 年法国社会党大选功败垂成、议会政治随后
旧态复萌、法国共产党在 1948 年苏联占领布拉格、1956 年苏联镇
压匈牙利起义等事件上毅然决然的斯大林主义立场,以及第五共
和国最终陷入困局,第五共和国期间一位貌似保守的将军②(他是
战时泛左翼联盟的英雄)一直鼓励所谓的进步法团主义,后者一直
是圣西门主义领袖人物的梦想。

　　1940 年之前,共和派与革命派面临着同等程度的划清意识形
态界线的压力。但共和派的立场正好介于激进党与工人国际法国
支部之间,但因这两大党派都乐于自我丑化,共和派也就没多少兴
趣充当中间人了。有鉴于此,加之经济萧条迫在眉睫、法西斯主义
在国内外日益猖狂,法国的政治知识分子重新回到了自己的革命
传统,并转向列宁派马克思主义,1920 年列宁派马克思主义随着新
兴的法国共产党进入法兰西。但这引发了另一个困难。革命传统
的宣言旨在改变非工业社会,列宁派马克思主义的纲领则让法国
人面对苏联的问题,这一问题与经济大萧条的诸多问题息息相关,

---

① 关于盖得主义、饶勒斯、涂尔干、法国共产党等不同"社会主义者"的主张,可参见
　本书第六章。——译注
② 指戴高乐将军。——译注

219 同时提供了一条当时人认为有别于法西斯主义的道路。结果,一些人加入了法国共产党,或者是怀着蛮干的精神,或者像超现实主义者一样幼稚,另一些人试图寻找其他出路。可法国的任何道路都布满荆棘。1930 年,黑格尔与马克思一样不为法国人所了解,因此柯尔施①、卢卡奇及法兰克福新研究所其他成员提出的解决方案,在法国没有土生土长的基础。法国知识分子在中学期间都深受笛卡尔理性主义的熏陶,他们一贯认为,笛卡尔理性主义指涉一个规则的外部世界,如今这个世界的存在政治上受到了质疑。正因如此,法国知识分子第一次认真关注德国,在 1933 年德国学术生活遭遇灭顶之灾之前,几个法国人前往德国学习,不像先辈那样是为了比较。1933 年,亚历山大·科耶夫②,一个俄国移民,也开始在法国高等研究院(Ecole des Hautes Etudes)讲授黑格尔。这些因素,加之马克思的早期手稿译成法文,这些手稿于 1927 年至 1932 年在德国面世,毫不夸张地说,引发了一场法国人所谓的学理革命,改变了法国的社会理论。

这场学理革命几乎完全以哲学的方式进行。雷蒙·阿隆回忆道:"我［当时］不知道是否会有那么一天必须在拯救祖国与保卫自由之间做出抉择。"多数阿隆的同时代人都在思考这个问题。阿隆只身前往德国希望信仰马克思,但发现自己不能,他还是坚持他所谓的马克斯·韦伯式的"悲剧存在主义",于是他回到法国,书写人们如何面对一段没有现成说法的历史。其他人更醉心于"自由"理念本身,首推阿隆的一位朋友,让-保罗·萨特。萨特以笛卡尔对经院本质主义的著名挑战"我思故我在"为出发点。萨特认为,我思故我在有两层明确的意思:一、人有自由做抉择与决定的权利;二、只要人在意识中觉察到清晰、明确的观念,就能做出抉择与决

---

① 柯尔施(Karl Korsch, 1886 - 1961),法兰克福学派创始人之一,著有《马克思主义与哲学》等。——译注

② 亚历山大·科耶夫(Alexandre Kojève, 1902 - 1968),法国哲学家,有"当代法国思想源头"的美誉,著有《黑格尔导读》等。——译注

定。笛卡尔宣称，人完全有拒绝错误的自由，但受到他赞同的事物
的限制，因为正确的事物是与理性不能否定的法则对应的事物。 220
（这就是涂尔干社会学的哲学基础，阿隆最早在学生时代就拒绝了
涂尔干的学说）唯有上帝才有完满的自由。但萨特并不认可笛卡
尔所说的限制。最初，萨特从胡塞尔那里汲取了灵感，之后又转向
黑格尔，但他并没有完全接受任何一人的学说，认为自在之物、自
为之物与为他之物（Being-for-others）截然不同。萨特宣称，自在之
物与自为之物的差异，就类似于有意识与无意识、受制与自由的差
异。笛卡尔的正确之处在于，把思维自由与有意识的反思联系起
来，可他给有意识反思设定的限制是错误的。这个论断似乎让萨
特成了极端唯心主义，但因为他只对人群（people）感兴趣，而且与
德国现象学家一样，萨特似乎认为，自己已经摆脱了古老的认识论
问题，后者没有让他为难，甚至完全不在意。萨特转而关注他人的
意向性意识及其对自身意向的影响之间的关系。他坚持认为，当
自在之物积极地把他人理解为外在于自身的客体时，它就成为了
自为之物。但这些他人也是有意向的。萨特在《存在与虚无》中写
道，"我们已经注意到，他人的自由是我的存在的基础。但正因为
我的实存是通过他人的自由，所以我没有安全；在他人的自由中，
我处于危险状态。他人的自由形塑了我的存在（being），并让我在
（be），它赋予我的存在以价值，分离了我的存在与我自己；他人的
自由使我的存在处于长期、被动的逃逸自我的状态。变化无常的
他人自由，既不负责也难以企及，我让自己深陷其中，它转而能让
我以各种各样的方式存在。"即是说，在知性上，我作为主我（I）行
动，但为了我自己行动，就必须与他人相抗，这样我的规定性就变
成了宾我（me）。接受他人的规定或者目的是一种坏的信念，是否
定自身的自由，但如果不这么做，人在自身自由中就会长期受阻。
因此，在自由行动中，人的"自由就会意识到自由本身，在痛苦中发
现自己是价值的唯一源泉，也是虚空（emptiness）的唯一源泉，世界
就依赖虚空存在"。在人的世界中，根本没有自由，只有人创造的
自己；然而，在创造自身的过程中，人不可避免地面临否定。不准 221

确地说，这就是《存在与虚无》的结论。萨特同意黑格尔关于知性是一种活动的观点；但他抛弃了黑格尔的辩证法，后者认为，奴隶（用黑格尔的隐喻）通过知性活动，就能理解主人，从而扩大他们的自由。主人如果处于善的信念状态，也是自由的，他们能再次否定奴隶。可是，当萨特完成《存在与虚无》时，他已经深受法国沦陷的影响，并奋起反抗外敌；萨特在其他著作中曾认为，只有两种道德的可能性，悲观主义与受虐主义，而在《存在与虚无》一个不起眼的独白中，萨特想知道，除此之外是否还有其他可能，即，"彻底转变"所谓的"解脱与救赎伦理"的可能性。萨特开始转向马克思。

已经转向马克思的法国知识分子，尽管人数不多，都同意一个假定：马克思主义是马克思本人后期作品的思想，也是第二国际的思想：一种关于资本主义的过去、现在与未来的决定论。赞同马克思主义的人如是；阿隆等不赞同马克思主义的人也如是。事实上，没有一个法国知识分子思考过马克思主义学说的黑格尔基础，而且令人烦心的是，这为一种 19 世纪式的实证理论开辟了可能性。因此，也没有一个人想到萨特的忧虑。莫里斯·梅洛-庞蒂（Maurice Merleau-Ponty）是例外，萨特后来称，正是梅洛-庞蒂"让我明白我正在以朱尔丹先生[1]写情书的方式撰写历史"。梅洛-庞蒂热衷于德国的现象学，也听过科耶夫的黑格尔讲座，阅读过马克思的著作。1947 年出版的《人文主义与恐怖》（*Humanism and Terror*）一书融合了这些思想家的观点，正是它吸引了萨特。这本书部分回应了阿瑟·柯斯勒（Arthur Koestler）《正午的黑暗》[2]对莫斯科审判的特别谴责与对斯大林压迫的普遍控诉，梅洛-庞蒂也同意，苏联共产党的罪行罄竹难书。但基于自己的现象学思考，梅

---

① 莫里哀作品中一位擅长写情书的人物。——译注

② 鉴于《正午的黑暗》有助于理解原文，简介如下：该书出版于 1941 年，是一部以苏共为背景的时代力作。本书主角是一位老革命家，他于 20 世纪 30 年代被共产国际安插在欧洲资本主义国家从事秘密活动。革命的崇高目标与采取残忍手段的矛盾，让这位老布尔什维克的良心深感不安，因而被捕入狱，最后在疲劳与轰炸式的审讯后精神崩溃，承认罪行。——译注

洛-庞蒂还是认为,只有当每个人的自由受到他人的认可和同意时,人性才能实现,唯有黑格尔的哲学和无产阶级反对资产阶级的战斗才有可能实现这一点;既然政党是这场战斗的工具,我们就必须支持它。这是在推动历史。这一论断与萨特的信念不谋而合,萨特曾在《存在与虚无》中提出,唯一的道德可能性就是悲观主义和受虐主义,其中,唯有悲观主义能保持善的信念:政党的必要暴力与实存的自由个人的必要暴力相互对应,也是避免受虐式屈服的唯一选择。

　　然而几乎同时,梅洛-庞蒂也开始有困惑。七年之后的《辩证法的进程》(*Adventures of the Dialectic*)记录了他的疑惑。如今梅洛-庞蒂认为,1947 年他的错误在于,"认为仅无产阶级就能构成辩证法,以及暂时摆脱一切辩证法的判断,让无产阶级掌权,就能让辩证法产生效力。"当然,他还是认为有必要保留辩证法的概念,因为没有它,就没有自我与他人在思想与实践中的崇高统一体的概念,也就没有为之奋斗的概念了。但自我与他人的崇高统一体很可能只是在革命时刻实现,革命后的社会又成为人压迫人的社会。所以,针对革命后的新社会的结构,多花心思才是正道,尤其是它的经济体制。梅洛-庞蒂总结说,萨特读完《人本主义与恐怖》之后的错误在于混淆了革命与它的结果。确实如此,但萨特坚持自己看法。萨特于 1960 年出版了可怕的《辩证理性批判》的第一部分(第二部分没有面世),这部分认为,斯大林之死与赫鲁晓夫 1956 年在苏共第二十次全国代表大会的讲话,最终有助于正确地批判性评价实践(*Praxis*)哲学。这本书冗长无比,对很多存在主义的热情支持者来说,也是萨特最让人嗔目结舌的书,其中萨特发挥了他在《存在与虚无》中的旁白,及其对梅洛-庞蒂早期著作的热情。萨特坚称,《资本论》的各项经济原理是正确的,根本没有讨论的必要,问题在于允诺的社会主义社会如何实现。萨特的答案拓展了马克思的观点,但根本问题在于区分"总体性"与"总体化"、一个客观总体与一个或多个较为主观的总体,萨特认为,实存的自由个人能够在集体实践中缔造这种区分。萨特关注后一组概念的可能性。他

222

223

认为，当个人意识到，正是物质的稀缺性让他们在社会关系中相互制约，保持不相容的关系，仅仅是聚合，是"实践—惰性"，这种意识中就蕴含着"总体化"与"主观总体"。只有在实践中实现物质的丰富，个人才能扬弃狭隘的惰性，成为一个"群体"，由此实现理论与实践的双重"总体化"。正如萨特所言，这种差别，就如同"圣日耳曼教堂外等候公共汽车"的排队者与 1789 年 7 月在巴士底狱云集的群氓。《辩证理性批判》提出了很多一以贯之的哲学问题与政治策略，当然不清楚的地方更多。但有一个事实显而易见。那就是萨特没有采纳梅洛-庞蒂的观点。萨特根本不顾及革命可能发生什么，而且尽管他自己也曾担心，"群体"可能蜕变为"乌合之众"或"各种制度"，他也没有思考新社会如何运作。除梅洛-庞蒂破碎、游弋的信念之外，黑格尔还是没有在法国哲学中扎根。

尽管如此，还是发生了三件事情。共产党依然坚信无产阶级革命的可能性，但有一种哲学观点已经证明他们的信念不能成立，它部分来自马克思主义本身的哲学基础。存在主义者问道，共产党领导群众的正当性是什么？共产党以自由之名行事，而领导群众不正意味着否定自由吗？马克思主义的历史哲学已经破产。存在主义者再问道，倘若对决定论的历史规律的坚持与自决的实存自由个人（可能是痛苦的、惰性的）相互矛盾，那历史到底在何种意义上，若真可以，能为共产党正名？最后，梅洛-庞蒂承认了只有少数人怀疑过的东西。在某些关键方面，共产主义社会的问题与资本主义社会的问题可能差不多。然而，不只是存在主义者提出了这些问题。有实践经验的人都知道，若说法国曾有爆发无产阶级革命的可能性，那么到 1955 年，已绝无可能。同时，苏联，这个法国共产党的楷模，已经没有任何资格作为社会主义自由的榜样了，这同样是人尽皆知。对激进派来说，这些事实提出了一个问题，人们还能做什么？有没有哪种革命是可能的？若有，那共产主义国家与资本主义国家惊人的部分相似性是否意味着，一场反对老牌资产阶级之外的某些其他势力的革命？若真如此，是否意味着无产阶级无足轻重？还有，到底谁是无产阶级？我们活在其中的到底

224

是哪种社会？

　　1958 年之后，这些问题的答案在积累。同年，戴高乐将军上演了一场实质政变，社会学与哲学也实现学术分家。这是一次巧合，却是一次重要的巧合。戴高乐的目的是维持并促进经济增长，这最终在 20 世纪 50 年代的法国形成了行政政治，克服了第四共和国的扯皮。新兴的职业社会学家多数源自顽固的共产党，他们之所以离开，是因为共产党拒不承认新的经济增长引发的各种变化。马克思主义的修正分子炮制了一套圣西门主义的政治体制，好让新入门的社会学研究者理解共产党。他们的做法是提出以下三个论断中的某一个。第一个论断，也最温和，认为社会学有责任推动马歇尔计划成功实现（*le Plan*）。社会学是一门技术应用的实证科学。第二个论断，古典资本主义社会虽已不再，但法国还是剥削与压迫的社会。然而，新的工商业结构与经济的行业变迁，意味着现在产生了一个"新工人阶级"，它由技术人员和其他新兴职业群体（虽然地位还是很低）组成，阶级的认同感越来越促使他们采取行动改善自己的处境。这个新兴阶级不论是否革命，都是开放且具争议的。第三个论断认为，要继续讨论工人阶级，不论新旧，都要注意一个事实，社会的有效控制者不再是资本家，而是他们的技术和管理代理人，他们应用了新型的技术知识。异化还在继续，但现在要比物的异化隐晦得多，阿兰·图海纳（Alain Touraine）称之为"依附性参与"。第一个论断的政治意味直白；第二个、第三个比较隐晦。要做什么？就连修正派的社会学家都是职业社会学家的这 225 一事实，致使无人敢于在 1968 年之前提出政治方案。李希泰姆（Lichtheim）此时评价道："如果马克思主义学说在当代法国能简化为一个程式，那……［就是］……从革命未来的角度看，马克思主义已经变成对永恒的、看似不变的当下的批判思考。"颇具讽刺，但很有意思的是，只有雷蒙·阿隆这位杰出、多产的社会学家明确表态。60 年代早期，阿隆曾出版了一些他在巴黎的讲义，是关于资本主义社会与非资本主义的工业社会的经济、社会、政治的相似性。这些讲义遭到了黑格尔主义者、马克思主义者与存在主义者的一致批评,而美国人倒是欣然接受,他们在书中看到了意识形态凋谢(即马克思主义的凋谢)与国际"合流"迈向受调控的市场社会的深层证据。阿隆反驳了批评者,因为他们庸俗化了自己的经验观点,也因为他们假定马克思主义之外的唯一选择就是无知地接受现状,同时更努力阐明他那怀疑而悲观的自由主义,似乎他之前也能说明之(在《知识分子的鸦片》中)。

但即便是阿隆也没有清楚说明人们能做什么。因此当1968年春天的事件①发生时,所有的社会学知识分子都很惊讶。描述法国1968年4月、5月事件的难度,与解释这些事件的难度相差无几。从本质上说,首先是巴黎大学生暴动,随后是巴黎高中生(*Lycéens*),他们的举动波及到外省及各行各业的雇员。5月的第3个星期,1000万工人罢工,到处都在讨论工作的组织化和政权的未来。他们甚至影响了律师、医生及部分警察。毫无疑问,萨特笔下的实践(*praxis*)与梅洛-庞蒂的崇高革命热情随处可见,此时的萨特必定心花怒放。共产党人不承认这次事件是"先锋运动",政府起初也不予理睬。但戴高乐最终被迫考虑使用军队,自20世纪50年代末期到60年代初期从阿尔及利亚撤军以来,他一直都疏远军队。可是,军队宣称,只有当共产党人加入,军队才会干涉。事实证明,防暴警察足以有效镇压街头抗议。学生和工人,除了占领和讨论之外,没有任何其他的战略战术。政府怂恿右翼反击。这次运动于6月1日结束。它开始于大学生讨论大学改革,大学生的数量在过去八年翻了一番。在大学与高中之外,人们在讨论金钱与控制。这次运动的原因非常复杂,但我们很难否认,托洛斯基(Trotsky)所说的国家的"不平衡发展"是深层原因之一。法国社会一直都是极端的分化与断裂,1950年代以来的经济高增长加剧了分化与断裂及随之而来的社会矛盾。社会的不满以最普遍的方式

---

① 1968年5月,法国爆发学生运动,史称"五月革命"。这场社会运动波及法国各个大学,并蔓延到整个欧洲与美国;有人称之为,这是一次战后物质高度繁荣期间爆发的"信仰危机运动"。——译注

化身为多重的联盟与对抗,这验证了图海纳等人一直关注的新阶级组成的新社会。事实上,经济增长加剧社会矛盾,这正是很多运动参与者的意识形态,特别是巴黎大学楠泰尔(Nanterre)新校区的社会学家中的核心激进分子。而且很多人认为,1968 年革命似乎也证明了萨特和梅洛-庞蒂关于革命行动可能性的共同观点。这场运动的确形成了关于可行的未来的一致观点,但与存在主义者或更注重经验的新马克思主义的修正主义者的观点相比,也好不了多少。相反,正如图海纳 1969 年所言,这场运动让我们看到了法国社会"越来越难以进行重大历史行动"。尽管如此,这场运动在共产党之外形成了必须做些事情引导运动的共识。在 1968 年一本名为《进步与幻象》的书中,阿隆把 1968 年的事件称为"普遍性的辩证法",是旨在控制、理性化与匿名性的社会压力与要求自主、表达的个体压力之间的紧张。图海纳在 1968 年 5 月之后撰写文章,讨论了"技术统治的非人格控制和以个人与集体创造力为名的暴动之间的矛盾"。其他人的论调八九不离十。而修正主义者发现了阿隆 30 年代就发现的事情:真正的问题是马克斯·韦伯的问题。

当然,共产党人深陷泥潭。1968 年 5 月前夕出版的《现代世界的日常生活》一书中,曾经同情共产党的亨利·列斐伏尔①让共产党人注意"一个在战略、战术上都趋向整合工人阶级的社会"。列斐伏尔认为,不是"借助消费者至上的管控和游说,而是消费的现实,这个社会以近乎专制的方式实现了对日常生活的组织化,从而部分实现了工人阶级的整合,但同时失去了整合其他要素的能力,包括青年人、少数族裔、妇女、知识分子、科学家与文化人士"。这是共产党的噩梦。新社会整合了它的传统支持力量,愤怒依旧来自边缘群体,来自青年人、外国人、妇女与知识分子的体制性尴尬。自 1950 年以来,共产党的老卫道士们就认识到了这一点。之所以

227

---

① 亨利·列斐伏尔(Henri Lefebvre, 1901-1991),法国著名思想家,有"日常生活批判之父"的美誉,著有《日常生活的批判》等。——中译注

在 1968 年,这变得格外惹眼,只是因为"先锋派"在共产党的阵营占据了上风。共产党的确面临巨大的压力。党内分歧巨大,一派希望采取渐进主义立场,以应对街头、工厂和办公场所的疯狂行为,少数人希望利用之,还有一些旧式的斯大林主义者。但最有独创性的方案来自刘易斯·阿尔都塞的理论。

在存在主义盛行的年代,人们一度认为马克思主义是离经叛道的学说,阿尔都塞则力图从中拯救一种科学的马克思主义,同时不必重申唯物主义历史哲学。他把马克思主义重建为一门关于客观结构的科学,借此实现自己的目标。之前萨特已经受到另一个"结构主义学者"的批评。列维-斯特劳斯是萨特的同代人,并宣称从马克思那里获得了灵感,他于 1966 年在一本关于原始神话的著作的末章指出,历史本身是一个唯我主义的神话,萨特的《辩证理性批判》构想的历史正是如此。历史不仅是以当下的原则重构过去;而且,这些原则本身只不过是潜在性情的预定表达,但按萨特的说法,则是具有充分意识和意向性的我思(cogito)的产物,(根据所谓的结构语言学观点)列维-斯特劳斯坚持认为,这些潜在性情可以理解为各种符号结构,它们在逻辑上与经验上都先于我思的幻象。

228 当然,列维-斯特劳斯也承认,我思的幻象是理解社会的必要部分,尤其是具有历史记忆的社会,但我们不能说我思的幻象本身就可以正确理解社会。它们只是幻象而已。因为人类学家立足社会之外,明白存在于所有其他社会的相似结构,所以只有他们能理解"我思是一种幻象",因而理解所谓特定社会的特殊性与特别正确的解释,其实根本不是那么一回事。萨特的回应极具辩难性。较之《辩证理性批判》,他为回应提出的哲学难题更尖锐,特别是针对人类学家自认为能有效摆脱"我思",但他只是回应说,"本身没有结构的活动创造了结构,但受制于作为产物的结构。"事实上,这个观点几乎算不上什么观点。而列维-斯特劳斯只是简单强调了自己的观点。

至于阿尔都塞与萨特进行了真正的论战。阿尔都塞直到 1972 年才与之论战,这是他关于马克思的著作出版十年之后,但他是批判萨特的整个事业，即存在主义的马克思主义。他采取了两种途径。第一是坚持并详细论证了科学与意识形态的区别。阿尔都塞宣称，意识形态总是一种特定利益的表达。就此而言，青年马克思与存在主义者皆为意识形态取向，前者在 1848 年之前与德国的特定幻象做斗争，后者在 1945 年之后一直与法国共产党的辩证唯物主义做斗争。另一方面，科学是根据理性建构的真理，它只服务于科学本身。若马克思是正确的，阿尔都塞也宣称马克思是正确的，至少是后期著作（最初阿尔都塞认为，后期作品是马克思 1845 年"认识论断裂"之后的成果，后来则认为是马克思 1866 完成第一卷《资本论》之后才产生），则阿尔都塞也是正确的，不论其他人及他自己的意识形态利益是什么。

　　人不是主体。这是阿尔都塞第二个、也更宽泛的主张。主体性的幻象是青年马克思乃至中年马克思的幻象。唯有撰写后几章《资本论》与《哥达纲领批判》等著作的马克思，才是真理的真正持有者，萨特等人总是视之为理所当然。但马克思持有的真理是分析性的、结构性的，而非预言性的、历史性的。马克思早年的预言是错误的，但他正确指出了结构如何运作；即，正确指出了物质、政治、意识形态与理论或科学的区别。马克思正确指出，这四项事物都有三重特征，各自都有一个劳动对象、生产工具与劳动产品。他还正确指出，物质最终决定其他事物。阿尔都塞极重视这一说法的限定条件。尽管物质能满足任何结构的条件，但其他事物可能，甚至很可能在结构中占据支配地位。结果，结构就比较复杂，关系变动不居，一直处于紧张或矛盾状态。若真如此，那马克思的理论就矛盾重重了。阿尔都塞承认了很多非马克思主义者可能承认的观点，并承认，对马克思来说，生产方式，若有人想用这个词，设定了制度和个人的行动限度，而且还承认近乎于无的意义上决定了制度和个人的行动。然而他也据此认为，在特定时间、特定地点，任何事物①都可能有更直接的决定作用，或者说"支配"。阿尔都塞

229

①　指物质、政治、意识形态与理论或科学。——译注

没有明确定义"矛盾"。而且,他近乎恶毒地认为,科学与意识形态(包括他自己的理论)都受到物质的影响,只有他(根据其理论)能区别是否是科学;这一主张极有可能让他的"科学有别于意识形态"的理论失效。事实上,我们根本无法严肃地把阿尔都塞的思想体系视作一种理论。但可以清楚看到,在不要求任何人忠于任何理论的情况下,他的理论试图维护前人所谓的庸俗马克思主义。物质有决定作用,除了不能决定的事情之外;总是一组决定性的矛盾,但不知道可能导致什么。尽管阿尔都塞的理论根本不是法国共产党的官方意识形态,但它可以成为衡量共产主义意识形态绝望的指标。据其理论表述,它还可以作为衡量法国理性主义擅长的极端事件的指标(它的最新成果也有这个功用)。

所以说,1930 年到 1970 年之间,为了理解法国的不平衡发展,法国知识分子从一个极端滑向了另一个极端。大萧条伊始,涂尔干主义的筹划及其对手饶勒斯主义的筹划都成了无稽之谈。不论法国走向何方,必然不是一种开明的自由团结主义。1789 年与 1871 年的说法似乎一样空洞无物。但共产党的列宁主义学说之外的选择一时难觅。于是,法国开始全面重新思考各种可能的选择,最初是现象学与存在主义,后来是一种社会化的存在主义,后者主要源自黑格尔,但摒弃了 1920 年代卢卡奇与其他人在德国主张的辩证可能性。然而,随着法国共产党日益倾向无政府主义、苏联暴露本来面目,戴高乐开创他那矛盾重重的圣西门主义第五共和国,社会化的存在主义越来越枝繁叶茂。1968 年,它荣辱参半,之后销声匿迹。人们试着创造未来,但困难重重。而根据一切已知的历史哲学,根本找不到与当前对应的阶段。圣西门本人也承认,实业家的统治会逝去,但他没说谁是接班人。一种受调控的法团资本主义随着马歇尔计划迅速兴起,马克思主义又坚决反对之。似乎只有马克斯·韦伯的历史终结悲观论有些道理。这些变化让共产党人不知所措,其中一些人试图删除时间以重写历史。到 1970 年,之前发生的事情已经清晰明了。至于这些事情对未来意味着什么,无人知晓。

　　法国的学术辩论有独创的一面。最根本的论点岌岌可危,整个国家似乎有所偏袒。"这次事件①驳倒结构主义了吗?"拉蒙德(*le Monde*)1968 年如是问。但这是假象。尽管整场事件的参与者言词犀利,甚至语气轻蔑,可他们信仰相同的宗教,有相同的教育、相同的朋友、相同的经历、更相同的态度。阿隆的全部著作可能都试图批判萨特的《辩证理性批判》,列维-斯特劳斯反对萨特的论断就类似于一场最残酷的意识形态之争,梅洛-庞蒂精妙而含糊的现象学,似乎与列维-斯特劳斯近乎机械的结构主义风马牛不相及。但他们每个人都煞费苦心地解释对其他人的尊重和友谊;所有人都共享一种文化,并能在其中轻易交流一些抽象观点,这些观点之于其他人犹如天书。甚至在 1930 年代发生的学理革命中,法国人依然保留了自己的内在性。然更值得称道的是,尽管纳粹主义(National Socialism)失败了,德国分裂了,西德人也保留了他们多数的内在性。 231

　　大体而言,德意志帝国及其 1919 年之后的继承者的困难在于,一个正处于工业化的社会具有非工业社会的制度。1914 年之前,权威主义官僚制度抵制了市场的侵蚀;1914 年之前与之后,蔑视议会的政治家和随处可见的世家门第制度都在抵制市场的侵蚀。纳粹主义近乎讽刺的胜利彻底铲除了这些守旧势力,以至于它们再也无法卷土重来。地方的守旧势力,不管如何恭顺,如何反对自由观念,对总体国家都是一种威胁。尽管新兴的东部民主德国进一步削弱了守旧势力,美国人现在可能会称之为"现代化",但新兴的联邦德国却停滞不前。联邦德国的情况是:自治权为纳粹党人严重削弱的古老州邦(*Länder*)如何组成一个联邦。1950 年代与 1960 年代,西德经济腾飞,市场继续以 1914 年之前就有的方式发挥影响,即便如此,古老的守旧势力还是获得复兴,古老的态度非但坚韧依然,而且在某些方面还受到了鼓励。尽管德国创办了

---

① 应指上文的 1968 年事件。——译注

若干新大学，一些古老的科研机构也引进了美国大学的科层管理模式，但鉴于上述因素，很多职业人文主义者还是能恢复1933年之后他们被迫放弃的狭隘与显赫地位。较之民主德国，联邦德国明显更不"现代"。联邦德国还是一个较为不均衡的社会，表面上看，它具有市场繁荣的社会都有的开放程度，可在很多地方联邦德国依然封闭、狭隘、等级森严。学术生活中也有类似的不均衡。美国榜样的影响不可小视，可是古老的有教养中产阶级（*Bildungsbürgertum*）的态度依然坚韧有力。因此，美国的专业主义与古老的德国文化批判主义，以杂糅的方式共存于德国的社会学之中。

赫尔姆·舍斯基（Helmut Schelsky）就50年代末以来的近十五年西德社会学评价道，其间没有一个人曾试图描述作为总体的德国社会。德国人已经丧失了历史自信心。相反，分门别类的研究日益增多，尽管很专业，并以老德国的自由社会学与美国的自由社会学的混合为基础，但专业主义正试图模糊它们的基础假设。1955年舍斯基本人参与编撰的一本手册就是典型。专业主义还在继续，但1960年代，德国出现了两组关于德国总体社会的特征和趋势的论断。它们复兴了1910年到1930年之间的问题，但都放弃了当时的答案。

第一组论断以两种形式出现，只有一种形式是社会学的，但二者有一个共同的出发点：战前社会学的普遍残缺，与其中论述最充分的马克斯·韦伯的社会学。除非一个人是马克思主义者，即便是马克思主义者，只要思想开明，他也会承认，韦伯对德意志帝国、发展的困局及自由资本主义的准则与实践的阐释是最有见地的。韦伯精力充沛；有十分敏锐的制度化的感觉；执著于说明他所谓"传统型"支配的危险。纳粹主义的灾难之后，若还能从原先的德国社会学研究重获什么东西的话，那主要来自韦伯。因此，当1959年一部著作讨论了韦伯的政治学，进而韦伯的历史学与社会学问题，这些都源于韦伯"德意志民族的伟大高于一切"价值的观点，就很容易理解这本书引起的惊讶与恐慌。该书出自沃尔夫冈·蒙森

(Wolfgang Mommsen)之手,受到的挑战着实不少,争论一直持续至今。但对自由派而言,针对该书的指谪足以让他们抛弃这本最充分理解韦伯的书。所以,必须重新从自由派立场解释德国社会。这主要是拉尔夫·达伦多夫(Ralf Dahrendorf)之功,达伦多夫的自由主义,加之他对蒙森论题的不准确理解,解释了为何在阅读达伦多夫时,我们会迫不及待地想阅读韦伯本人的著作,而读完韦伯之后,达伦多夫的名字就会神秘消失。

233

　　达伦多夫的论文《人的社会学》(homo Sociologicus)最清晰地展现了他的哲学前提,或者说至少是政治学前提。其中,达伦多夫直接认为,尽管有大量的个人行为只能通过个人曾经并一直受制于他人的方法得到解释,但也有同样多的个人行为不能这么解释。这是剩余的个体性与储存的自由使然。达伦多夫的问题是,在现代的条件下,到底是什么阻碍或促进了个人的自由?之前,达伦多夫曾把帕森斯之流的美国式解释称为"乌托邦",认为他们描绘了一个忽略所有实在困难的社会整合幻象,他1959年的《工业社会中的阶级与阶级冲突》第一次系统回应了美国式的解释。书中,达伦多夫驳斥了马克思的命题(这个命题是他自己炮制的),后者认为权威是一种特殊的所有权,而他的结论恰恰相反:所有权是一种特殊的权威。现代社会制度的最根本事实是个人嵌入于"强制协同联合体"(imperatively co-ordinated associations)。然而,1966年达伦多夫背弃了这一观点,并宣称他关于阶级源自社会上层与次属基层的配置关系的观点错了,转而认为,就迄今为止的阶级斗争而言(讲稿的书名是《阶级之后的斗争》),它们源于不同的社会情势,无法用某一种概念范畴解释。以上抽象概念的论述,远逊色于达伦多夫在1965年出版的《德国的社会与民主》中关于联邦德国如何确保自由主义的回答。尽管没有明言,但达伦多夫的答案明显是韦伯式的。他区分了20世纪德国的"权威主义"模式与"极权主义"模式,前者具有前工业社会的特征并伴随德国进入了20世纪,后者正相反,以希特勒政权和新的民主德国为典型。达伦多夫认为,希特勒很奇怪地铲除了很多原先的权威主义,为自由民主的

234

信念、行动与制度开辟了道路，而战后的联邦德国市场社会以不同的方式深化了这一进程。达伦多夫总结道："自由民主制度在德国社会获胜的几率，以联邦德国为最。"但他认为，自由民主制度并没有具有压倒性的优势。很多旧思想依然存在。根据达伦多夫的看法，更重要的是民众对政治参与的长期冷漠与明显的私人性。可他也承认，1960年代早期"把政治与经济斗争的主要问题格式化是愈发困难了"。这引发了三个问题，而达伦多夫一个都没有回答。公民的冷漠是不是因为缺少清晰的焦点？若如达伦多夫宣扬所言，民主运行良好，那人们的冷漠是否真的威胁到自由民主制度？若真是一大威胁，不正说明，只能采取更公开的阶级冲突或者用达伦多夫担忧的价值理性（Wertrationalität）的方式消除冷漠，担心是因为他想到了韦伯。或许正如达伦多夫本人对德国历史的深刻解释，德国一直没有足够的力量，保护个人免受地方制度和国家的蚕食。但现在如果德国能明确这些安全措施，那么把这些措施的自然后果①视为一种威胁（英国就有这些后果），故意抱怨社会缺乏货真价实的争论，就有些奇怪了。

然而，正是这样一种抱怨构成了并持续构成第二组论断的特征，后者反对联邦德国。第二组论断来自法兰克福学派，这一学派是新命名的，也很松散。1924年，很多激进的马克思主义者汇集到法兰克福新建的大学，1934年后，他们都移居美国。赫伯特·马尔库塞（Hebert Marcuse）等人就定居美国了。马克斯·霍克海默（Max Horkheimer，1930年后执掌法兰克福研究所）与西奥多·阿多诺（Theodor Adorno）等人1950年回到了法兰克福。霍克海默与阿多诺是法兰克福研究所20世纪20年代两大重要观点的主要倡导者，其一，工人阶级的直接行动非但不可行，而且不可能，其二，当务之急是批判资产阶级社会的文化，一种更普遍、但更少直接涉及政治的批判。从30年代到40年代，霍克海默与阿多诺和美国社会保持了相当的距离；他们不喜欢也不试图理解它。因此，当

---

① 指人们对政治参与的冷漠与显著的私人性。——译注

1950 年回到法兰克福时,本身观点的实质修正与来自主张直接政治行动的马克思主义反对团体,都没能阻碍二人的脚步。新法兰克福学派属于他们,而且是 50 年代德国公认的、唯一的激进思想中心。

　　1947 年,霍克海默与阿多诺在一本关于启蒙的书①中精炼了他们的思想。他们认为,理性在 18 世纪的胜利其实是理性的黯然失色。对自然的技术支配,也就是所谓理性支配,首先是知性方面的自然科学,其次是实践方面的现代工艺,这同时还伴随着对人的支配:首先,也是知性方面的,即新兴的、公开宣称的关于人的理性科学,古典经济学最典型;其次,是实践方面的,即都市产业生活及其保姆式社会纪律的所谓理性化。这种支配是借助某一种理性的名义,后者损害了另一种理性的可能,赞许技术手段、压制人们讨论目的、专注于能把人塑造成什么,牺牲了人们自我塑造的可能性。但霍克海默与阿多诺没有提出解决办法。事实上,阿多诺在其著作中明确表示,对理性的解决办法都已绝望,而且几乎为周围可怕的陈词滥调所毒害,因而他总是谈论艺术。黑格尔可能会说阿多诺已经滑向了"感受理性"。但讽刺的是,提出解决办法的,并不是身在法兰克福的人,而是马尔库塞,他一直在美国居住,1964 到 1968 年期间,还一度成为美国与西欧的大学生幻想者的英雄,马尔库塞秉承了研究所的道德、政治与知性传统,1920 年代后期,研究所更信仰黑格尔主义的成员就确立了这些传统,但事实上只有德国认真对待马尔库塞。

　　《单向度的人》最能体现马尔库塞的理论,这本书出版于 1964 年,以两项假设作为起点:一是技术理性的弥漫与给定目标的最佳手段的单向度理性,使得当代工业社会成为"任何反作用都不可能"的社会;二是这样一种"[作为单向度理性的]具体历史实践与其他的历史可能道路在较量"。第二个假设同时区分了马尔库塞与霍克海默,特别是与阿多诺。马尔库塞的历史可能道路是霍克

236

---

① 指《启蒙辩证法》。——译注

海默与阿多诺难以想象的。马尔库塞宣称,现代工业社会已经成功满足了社会成员的物质需要,并给予了他们一定的、但高度约束的自由,这种自由能让他们享用顺从技术理性"命令"的物质奖励,并免受他人干涉。但物质的满足牺牲了"真正"的需要。基于对黑格尔与弗洛伊德的解读,马尔库塞辨析了这些真正的需要。它们包括非异化的需要与个人实现的需要,以及去压迫与"去崇高化"的需要;前面的需要一旦实现,就能形成一个没有矛盾的社会,即古老的伦理(Sittlichkeit);后面的需要一旦实现,就能使个人自由表达人们能表达的东西。即便如此,马尔库塞也有问题。弗洛伊德从未说过,一种文明或许会加剧他描述的病理,而另一种文明或许可以驱除之。而且,较之黑格尔主体与客体在和谐伦理中和解的方案(因为和谐的伦理最终是理性的),一个去崇高化的社会似乎更可能迈向无政府状态。马尔库塞从以下两个层面考虑了自由的可能性,并以之为结论,但他有些犹豫。其一,他信守一个直截了当的历史学家的信念,认为随着生产过程自动化的发展,人最终会成为多余,于是就形成了马克思所谓企业资本主义对无产阶级的否定,以及对社会的拒绝,并近乎放纵地预言了新的普遍秩序。其二,马尔库塞还是比较悲观的。这里,他暗示道,现存秩序太成功了。而四年之后,即听闻 1968 年春天巴黎发生的事件之后,他却匆忙撰写了一篇名为《论解放》的文章,其中尽管他的判断一如当初,但他对"否定"的可能性显然更乐观了,这些否定来自社会之外、来自第三世界、来自学生们与其他叛逆者的顽强拒绝(他们没有或尚未被全面扩张的单向度吞噬)、来自退学学生、来自必然反传统的艺术、来自自认为不受社会影响的"潜意识"。但马尔库塞从未说明这些否定如何形成,也没有说明它们如何积极承诺一种新秩序。其实,马尔库塞应该反思一下 1968 年 6 月巴黎发生的事情。总的来说,他的论断是肤浅的,甚至有些粗糙。他对工业社会的刻画几乎都是泛泛而谈,即便有所深入,论证也多不能服人。马尔库塞对不同社会的差异似乎很麻木,尤其是资本主义社会与非资本主义社会的差异。他使用黑格尔的范畴,却没有认真考虑黑

237

格尔政治哲学的经验前提,即,市民社会中存在一批分立的、自治的有产者,这与马尔库塞的政治哲学及其经验前提不同,因此,凡是主张在现代社会实现黑格尔式扬弃的论断,都需要更细致的思考,正如马尔库塞本人所言,现代社会的自治已经大不如前。还有,他的历史哲学十分不清晰。马尔库塞运用一种历史学家的思想体系炮制了他的核心论点,但他那历史性的可能道路,到底是预定的,又或者根本就是一种肤浅的历史可能道路,却不清不楚。

　　历史哲学的含混,正是尤根·哈贝马斯反对马尔库塞的地方,总的来说,哈贝马斯更富有洞察力,准确地讲,很难把他归入所谓的法兰克福学派,但他赞同很多法兰克福学派的观点,也一度在法兰克福求学。哈贝马斯十分关注现代社会的单面性,与马尔库塞一样,他在现代社会的哲学及其社会、政治实践中看到了这种单面性。但与马尔库塞不同,事实上也与之前研究所的全部同仁不同,哈贝马斯不是一个黑格尔分子。哈贝马斯认为,黑格尔"只有回到绝对知识的立场,才能宣称现象学经验必然会和谐推进",而他想要否定的正是这种"绝对"基础。与费希特和黑格尔一样,哈贝马斯也同意,康德的解决办法根本不是什么办法。康德认为"我们人类完全不可能解释……道德[与知识]如何或为何会引起我们的兴趣",正如费希特与黑格尔所言(他们都提供了不同的解决办法),这等于是说,理性的基础无法得到合理的辩护。当然,马克思曾认为,存在一种解释的兴趣,这是类总体控制自然的兴趣,它控制自然的方式使得"类存在"本身不会受到侵犯。哈贝马斯认为,马克思的看法对错参半。正确性在于,这种兴趣是一种类的兴趣,既不是超验的,也不是偶然经验性的。错误性在于,把这种类兴趣降低到只是控制自然的兴趣。其实它只是三种截然不同的类兴趣的一种。第二种类兴趣是沟通的兴趣,一种与他人达成共识的兴趣,以追求"深层人类学意义的""自主"与"共识",狄尔泰①部分认识到了

238

---

① 狄尔泰(Dilthey,1833－1911),德国哲学家,解释学集大成者,著有《精神科学导论》等。——译注

这种沟通兴趣。然而,正如特定的生产力与生产关系对人的支配会妨碍控制自然的兴趣一样,以往的沟通模式对人的支配也会妨碍沟通兴趣,例如,语言就能抑制那些本可以成为自由的东西(这正是齐美尔的观点)。因此,有必要重申自主与共识中的深层兴趣,即哈贝马斯所谓的"解放的认知兴趣",旨在反思"深层"兴趣如何受到抑制。哈贝马斯,自我(ego)必须逃离"宾我反思(self-reflection)"的支配,其中自我"作为返回自己的行动坦然自处",这让人想起了费希特。人们需要批判性地审视自我的构建方式,即,他人的工具兴趣与沟通兴趣如何支配自我。唯有如此,自我才能解放自身。不论是经验层面,还是(胡塞尔所说的)超验层面,自我都不是作为单个自我解放自身,这对哈贝马斯至关重要。只有认识到自我的解放是一种作为总体的类的解放,每一个自我的解放都是所有自我在自主与共识中得到解放,自我才真正完成解放。

239 哈贝马斯意欲何为是一目了然的。他同意康德的观点,认为最高的兴趣是对理性,也就是对自主的兴趣。他同意黑格尔的观点,认为理性可以自我证明。他同意马克思的观点,认为理性不能以某种具有理解力的精神(Geist)的抽象预设为基础。他同意狄尔泰的观点,认为控制自然的兴趣不是人类唯一的兴趣。他同意胡塞尔的观点,认为除工具兴趣与沟通兴趣之外,还有一种理论(theoria)兴趣,它之所以积极理解世界,不仅是为了理解世界的现象本质,也是为了理解它这么做的意向本质。基于费希特与马克思对康德的反动,哈贝马斯认为,理论兴趣,作为一种"解放的"兴趣,是一种具有自我反思的类的兴趣,它在反思过程中能认识到,"深层"兴趣的实现,既是哲学的、也是实践的。要实现这三种兴趣,就要有适当的条件,要创造适当的条件,就要有适当的哲学。然而,较之如何创造这些条件,哈贝马斯更清楚这些条件为何无法创造。他很清楚,马尔库塞关于可以抑制技术支配中的工具兴趣及其意识形态与制度产物的观点,是荒诞不经的。哈贝马斯认为,"若定要从一项事业的角度考虑技术,就只能从人类总体的事业而非不断被超越的事业来追溯之。"哈贝马斯不是一个有信心的辩证历史学家,因此他与阿多诺一样,深受 1967 与 1968 年法兰克福的激进学生之苦。然而,哈贝马斯宣称:"在工业社会及其受到技术规制的商业的基础上,政治事件相互依赖与社会关系相互整合,其程度远非二百年前可以想象,所以在囊括一切的复杂沟通中,特殊的历史融入了整个世界的历史……与此同时,人类第一次面临一个尖锐的讽刺,即,它有能力创造自己的历史,却不能控制它。……历史哲学的各种内在假定绝对没有失效;相反,唯有今天历史哲学才是正确的。"用马克思的话说,有一种世界历史的支配。哈贝马斯与更正统的马克思主义者都清楚,世界历史的支配并非那么理所当然。然而正统的马克思主义者不清楚,到底要采取哪些具体行动来破解困境、解放人类。

哈贝马斯的理论有其原创性,但并不陌生。它让人想起了霍克海默、阿多诺、马尔库塞、韦伯兄弟及马克斯·舍勒。哈贝马斯继承了他们各自关于技术理性与更高理性的区分。但哈氏抛弃了任何黑格尔式的历史扬弃概念;抛弃了唯有在哲学(其实是艺术)中才能实现和解的观点;拒绝韦伯兄弟的相对主义(及马克斯·韦伯关于人类兴趣的最高形式是严格的个人兴趣的主张);与舍勒一样,哈贝马斯也提出了高于实践领域与现象学领域的第三领域,但反对第三领域是超验的或柏拉图式的,超验的或柏拉图式的第三领域可以实现,但不是基于人们的"类存在"。哈氏的理论让人想起了赫尔德对康德的社会化,但康德对赫尔德的指责也同样适用于哈贝马斯,他的理论变革至多是模糊了理性的任务。哈氏的理论一定会让人想到帕森斯,但他关于自主与共识作为"深层的"、"元逻辑的"兴趣的论述,同样模糊了一个关键问题,即理论兴趣到底是不是理性的。从社会学视角看,哈贝马斯的理论是幼稚的。他没有明确说明如何消除支配。可是即便他的理论有种种弱点或模糊之处,它确实指明了现代工业社会的一个真正特征,一个韦伯关注的特征,一个民主德国的流亡者们指责联邦德国的特征,一个达伦多夫忧心忡忡的特征,即德国大众的被动与讨论的匮乏。

这些思想家的相似性不是表面的。尽管达伦多夫探求德国自

240

由民主制度的脆弱性，而哈贝马斯讨论德国大众受人严控的被动性，但两人有关联，他们都在讨论德国 1890 年代以来的"社会问题"。早期的理论家普遍谴责市场的支配，也有个别人谴责了普鲁士官僚制度的支配，他们都试图从德国世家门第的大学（patriarchal universities）中寻求另一种支配，为合法权威寻求另一种基础，一种新价值。哈贝马斯与达伦多夫也一样；较之哈贝马斯，达伦多夫对德国社会的现实要敏感得多，德国社会论辩的缺失令他黯然神伤，论辩本能提升德国政治的品质与康德主义所谓的德意志尊严。两人的关联有些讽刺性。他们的关联不能用德国大学的等级化与组织性来解释，因为较之德国，法国这个问题更突出。他们的交错主要来自一个经久不衰、独特德国特色的个人可能性概念，它历经制度变革的锤炼。

到怀特·米尔斯在美国发表著作①攻击"宏大理论"与"抽象经验主义"时，法德的课堂已经开始讲解这些东西了。"宏大理论"与"抽象经验主义"是正确的专业实践唯一可行的模式，而且在 1950 年代，每个国家都困惑于自己社会的历史定位时，它们似乎提供了一种非历史的方案。当 1950 年代早期，德国吸收了"宏大理论"与"抽象经验主义"，及 1958 年法国社会学实现建制独立之后，"宏大理论"与"抽象经验主义"就在美国本土改头换面。规范功能主义和传统调查分析的假定都预设同质的人群，忽视制度性权力的问题，忽视一些美国人开始称之为阶级差异的事物。米尔斯本人主要攻击帕森斯所谓作为合法权威的权力概念，而非权力的零和博弈（此消彼长），之前他已经撰写了一本书②，是关于控制美国的"军事—实业复杂体系"，连总统艾森豪威尔都曾引用这个概念。但只有到 1959 年之后，美国人才有确定的关注点，米尔斯式的愤怒才有对象。古巴革命、猪猡湾惨败、美洲国家组织的成立、南方公民

---

① 指《社会学的想象力》。——译注
② 指《权力精英》。——译注

权终究没有保障、北方城市的黑人起义、越南战争(South-East War)、扶贫纲领的失败、1968 年召开民主党大会、理查德·尼克松当选总统及智利阿连德(Allende)政权的覆灭,这些都是今天熟悉的冗长枯燥的故事。每一次事件都在摧毁两项为人熟知的自由主义假定假设中的一项:其一美国国内已经实现自由与平等,其二只需抵抗国外有组织的共产主义的重大威胁。每一次事件都让很多 242 大学生质疑学校教导的东西。

　　1960 年代早期,美国还是规范功能主义、实用主义社会心理学与调查数据的分析技术的混合体。但问题再次发生变化,至少对理论家来说是这样。1914 年之前的问题是整合的可能性,1930 年代的问题是维系整合是否可能。现在的问题则是稳定变革的可能性,而答案再次让人出奇地欣慰。按理论家们的说法,各工业社会都在趋向一个共同的目的,这是先进工业化的技术与组织的必然要求。尽管未来比美国人习以为常的方式更多样,但未来必定更像美国而非苏联,因为市场机制的缺乏与极权让苏联困难重重。另一方面,如果非工业社会尚未经过工业社会的阶段,就会经历结构的分化,越是分化,就越能满足经济发展的必然要求,进而,它们的公民在面对"现代性"与"理性"的大势时,也会逐渐放弃"传统"的约束因素。凡是对这些模式的背离,都可以解释为外部因素引发的失衡(例如查姆斯·约翰逊对中国革命的解释),或者解释为规范整合的部分失败(例如爱德华·希尔斯[①]解释美国知识分子对越南战争的不满)。由此,美国社会思想就把当代历史纳入了经过裁剪的历史理解中,而其他社会的各种特性与美国自身的难题就可以一直忽略不计。美国社会思想的这些论断来自某些假设,然而,面对 1960 年代到 1970 年代那些此起彼伏且骇人听闻的重大事件,即便对那些所受教育没有提供方法挑战这些假定的人来说,

---

① 爱德华·希尔斯(Edward Shils,1910－1995),美国社会学家,芝加哥大学社会思想委员会的创立者之一,以研究知识分子与政权、公共政策的关系著称,著有《传统与现代之间的知识分子》等。——译注

这些论断也有些牵强。职业社会学家一直坚持"行动主义"（某人的称谓①）与科学家的责任的区分，坚持用社会化不足或功能主义的越轨来解释学生的迷茫、愤怒，当这些论断面对他们的坚持时，就更苍白无力了。

243

这些大学生与个别社会学专业人士（多为青年学者），都转向了以下四条道路之一或多条，这些青年学者也不再同意传统的自由虔敬思想。首先是转向过去。很多人再次诉诸美国人绝望时刻力挽狂澜的实用主义信念，认为个人有创造力、是自由的，因而原则上能从头再来，他们很多人通过美化假想的第一代拓殖者的公共共同体，从而转向所谓的"反文化"，强调私人的创造与原始的共产主义。最纯粹的反文化形式不仅反对既有的现实，而且反对任何分析性理解现实的企图。第二条道路没有完全诉诸过去。他们认为，曾胡乱吹嘘的共识只是神话，进而解释共识的社会学也是无稽之谈，所以回到了先人在一战前的问题：社会到底如何可能。这再次成为一个紧迫的问题，美国人再次用实用主义社会学或人际协作的社会心理学作答。在某些回答中，这个问题让人想起了库利先生为之着迷的"主我"（I）与"宾我"（me）的古老区分，引发了主我在面对宾我压力时的状态问题。其他的回答则避开了这一更普遍的问题，关注如何更准确地理解个体之间实现或没能实现沟通，进而建立关系。但不论是"符号互动论"（前一种回答的通常称谓），还是"常人方法学"（后一种回答的通常称谓），它们的假设都一样：任何稳定的社会关系及蕴涵的持久个人认同都值得怀疑。然而，这两种理论的怀疑都只是拓展到个人之间的关系，或至多拓展到个人与机构之间的关系，这些机构就是负责处理这些关系的（例如警察部门）；而没有拓展到更一般意义的社会结构。其实，第二条道路，尽管风格激进，但在社会结构问题上极端保守。第三条道路就不同了。它源自怀特·米尔斯，以实用主义的、激进的却民

244 粹主义的立场批判了既有的权威制度。米尔斯本人的著作影响了

---

① 指帕森斯。——译注

一些人，他的著作一直关注这个世界，尖锐而直接，但到 60 年代末期，绝大多数人都为世界本身所影响。

　　最后一条道路是马克思主义。美国是马克思主义者的一个谜团。一方面，美国几乎是最完善的资本主义社会，世家门第的传统与信念的阻碍最少，市场关系渗透最充分。另一方面，正因为缺乏世家门第制度的历史，美国完全没有欧洲泾渭分明的意识形态分化，其分化十分显眼，以至于欧洲人经常误认为，这是资本主义自身的结果。由此就不难理解，为何美国早期的马克思主义者几乎一直专注于马克思更纯粹的经济预言。同样，也不难理解，为何运用马克思社会学和政治学意味浓厚的论断一直都有所建树。这正是 20 世纪 60 年代后期发生的事情。那个年代的不满与冲突让很多人转向马克思主义，1968 年 6 月前后，认可诺曼·本鲍姆（Norman Birnbaum）的观点是明智的（他的观点对"争取民主社会的学生"①中的美国新左派颇有影响），他认为"学生批判美国社会，拒绝指定的角色，这是劳动力的关键成员提前发动的罢工"。可 1968 年既是目眩神迷，也是转瞬即逝。它正好在巴黎事件和理查德·尼克松当选中间，美国也深陷越南战争的泥潭。到了 1969 年，"争取民主社会的学生"甚至对他们自己提议的行动都感到绝望，一系列举动伴随着一再分裂，每个人都要展示自己更激进，最终气象人组织②获得成功（该组织甚至致力于与美国工人阶级展开斗争）。之前美国新左派在工人阶级聚集的一些地区成功组织了若干政治团体，但到 1969 年新左派瓦解。至于新左派激发的新兴激进社会学也随之夭折，气象人组织（一直都只是一个小型团体）的成功已经说明了原因。左派把自己逼进了最极端的自戕境地，因为在实践中，没有任何游离于美国社会之外的群体可以承担他

---

① "Students for a Democracy Society"，20 世纪 60 年代美国的一个激进学生组织。——译注
② Weatherman 是美国 60 年代重要的左派学生组织，后随着政府的镇压转入地下，变成了 Weather Underground。它的目标是暴力推翻美国政府，用抗议、爆炸手段来回应政府的不良举动。——译注

们的希望，因此也就没有人与之联手采取行动。那些推动激进主义的境况使多数美国人支持尼克松。一种源自美国、回应美国问题的本土马克思主义被扼杀了，甚至可以说，它一出生就在自戕。

　　若我所言正确，那大体而言，自二战以来，美国与西德社会敏感度较高的人，就运用社会既有的知性模式，回应他们反复讨论的国内难题。法国社会敏感度较高的人，则是通过改造国外的知性模式，综合成独特新鲜的理论体系；三十年后的今天，这些理论体系已经在法国扎根。在这方面，英国正好是中间。英国自然也有问题，但没那么严重，而且知识分子主流的自由社会主义起初仍能化解这些问题。可是，人们也注意到，正因为自由社会主义传统没能完全解决这些问题，所以英国人自 1880 年代以来再次求助国外的理论，特别是德国。这部分是外国的社会学概念进入英国大学的结果，但自由社会主义与这些舶来概念一样，从它第一次击败渐进社会主义赢得大选中获得了动力。①

　　法国的社会主义者也赢得了 1945 年的选举，但英国工党与他们不同，它不需要与共产党或大量疑心的天主教工人争辩。而且，英国工党让很多自由派人士与自由保守派人士相信，引发经济萧条的条件在战后已经一去不复返，纵使再有经济萧条，工人阶级也不会陷入赤贫的境地。有鉴于此，几乎所有人都支持一定程度的中央经济管理，支持社会政策的调控。于是，二战使得英国的事务直接为战前的自由社会主义者所操纵。中产阶级与工人阶级的选民都中意工党，因此，当 1950 年到 1951 年保守党有望再次重组政府时，工党进行了深刻的反思。工党右翼的反思更彻底。1945 到 1950 年期间，一些国计民生的产业与服务大规模国有化，但工人阶级的处境并未明显改善，外部的经济压力是重要原因；此时工党左翼（不考虑革命）已无计可施，只好烦闷沉寂。工

246

---

① 1945 年 7 月，英国工党击败保守党赢得大选，该党主张生产资料国有化与福利国家。——译注

党右翼就不是这样。他们认为,英国的阶级构成正在发生变化,工党的执政姗姗来迟,若工党还要寻求一条可行的、有别于保守党的成功之路,就必须重新考虑自己的政策。安东尼·科洛斯兰德(Anthony Crosland)1955 年撰写的《社会主义的未来》(*The Future of Socialism*)及其他文章最清楚地表达了这一点,这些文章后来以《保守的敌人》(*The Conservative Enemy*)为名出版。科洛斯兰德认为,1945 年的政府已经说明一些产业的国有化让经济有了起色,服务的公共管理化也让人们免受了市场的波动,确保了一些重要的社会权利的落实,因此民主社会主义的任务是继续消除既有社会地位的特权,纠正庞大依旧的市场经济引发并维持的不平等。科洛斯兰德的一个前提是,相当比例的工人阶级成员正获得中产阶级的收入和声望,所以现有的政治安排不可能发生什么变动,即使有人认为可以。可以说,科洛斯兰德的观点代表了工党右翼与领导层的看法,但受到来自三种观点的挑战。

　　一些人认为,即使同意科洛斯兰德的观点,平等与剥夺也没有得到充分的纠正。社会服务还是不能惠及一部分贫困人口;与二战之前相比,英国的个人发展更依赖教育,所以自二战以来,工人阶级的子女获得中产阶级教育并由此获得中产阶级职业的比例,没有发生太大变化;而且很多获得机会的人由于特定原因在受教育之前就放弃了。第二群人细致阐述了第一群人的观点,他们认为工人阶级还是一如当初。工人阶级生活的社区结构完全不同于中产阶级居住区的结构,倒是可能与之前的历史时期的社区结构更像,尽管某些工人的周收入或月收入可能与白领工人差不多甚至更多,但不如白领工人稳定,而且实际收入的增长并未明显改变工人阶级的态度,而科洛斯兰德认为已经改变。第三群人深化了第二群人的观点。在 1956 年苏联重新占领布达佩斯,同年赫鲁晓夫在苏共二十大发表讲话之后,少数知识分子就脱离或不满弱小的英国共产党,最初就是他们组成了第三群人,他们认为既然工人阶级依然如故,民主社会主义缺乏有效的政策改变这种状况,那就必须重新思考社会主义。这就是新左派,它始于 1960 年代的不列

247

颠，后来欧洲各地都这么称呼。

与此同时，英国的高等教育开始普及。其根据是兼顾平等与效率的观点；国家需要大学生，而大学又太少，现有课程安排也不能适应现代社会。经典研读课程与历史课程太多，社会研究课程不够，纯科学太多，应用科学不够。各国都计划成立新大学，多数新大学与绝大多数的老牌大学都在招募社会学家。这种历史的交错有些不幸。社会学的学科建制虽早已确立，此时却陷入了学理的紊乱。当时有三种可选的模式：美国的功能主义模式、调查分析模式、对不平等与贫困进行经验调查的英国传统；一些院系在 20 世纪 50 年代都曾教授过。之前还有几位人类学家，虽然他们的研究取向不同，但普遍赞同功能主义。新兴的社会学专业人士要求确立专业规范，他们一开始就发现美国的职业生活同时面临学理与政治的对手。注重经验的自由社会主义者发现自己同时遭到保守的专业人士与激进的社会主义者的嘲讽。结果有些混乱，从中又衍生了三种思路。

首先是自由社会主义者的主张。他们相信自己的政治预设是正确的，根据这些预设，他们理直气壮地认为，自己单独就可以向工党与公共权威部门呈递他们的发现与推论。他们的预设本质上与 19 世纪末以来英国的主流预设类似。他们认为，英国的社会结构很大程度上是理所当然的（这不是说他们赞扬之），转而关注社会结构中的个人与群体的命运。其次是专业人士的主张。面对同事与学生对其美国模式愈发不满，他们转向欧洲的前辈理论家。这些前辈理论家当然不会把社会结构视作理所当然，但英国学者普遍忽视了他们论点的哲学基础与政治立场，这是为了能便于把他们的理论重构为严格的专业章程。因此，英国学者几乎没有在这些理论家依然残存的学说与当代英国的状况之间建立联系。至于建立的联系，是本来就关注的，而且一直如此，把欧洲人对社会结构的本有特征的兴趣与英国本土的自由社会主义联系在了一起。结果，不平等的社会结构，这一逐渐淡出欧洲其他国家的社会学家与社会主义者视野的事物，反倒吸引了英国人的眼球。

正如上文所言，二战之前根本没有人真正思考过社会阶级的本质。马歇尔（T. H. Marshall）两篇关于阶级与财产的论文，还有后来对社会权利范围的深刻反思，是一个例外，可能也是唯一的例外，其成果以论文集《公民权责与社会阶级》（*Citizenship and Social Class*）出版。在这本书中，马歇尔认为权利的范围，首先是基本的公民权，"人身、言论、思想与信仰的自由，财产权、缔结有效契约与要求公正的权利"，第二是政治权利，第三是社会权利，社会权利有时是正式的，有时不是，包括就业、健康、住房、教育与最低程度的社会保障。第一种权利实现于 18 世纪，第二种权利是 19 世纪，第三种权利是 20 世纪，这既标志着之前合法的世家门第的权威逐步削弱，也更直接地标志着市场之外的道路的完善，可能这一点更显著，尽管不是很全面。有人说，马歇尔的论著是 1920 年以来社会分层领域的第一力作，社会分层是公认的称谓，唯有马克思主义者不这么称呼。然而，如此夸矜马歇尔的都是英国人或美国人；而马歇尔所指的正是英国。

　　早期理论家大多是德国人，他们都致力于解决市场取代或强或弱的权威国家引发的问题，按照他们的说法，是市场支配取代国家支配的问题，以及如何改善这种取代。达伦多夫与哈贝马斯便一直如此。但在英国，影响人们更多的是不平等本身，而非支配。到 20 世纪 50 年代早期，多数有思想的英国人，只要是自由主义者，不论哪一派，即便是名义上的社会主义者，就都想当然地认为，既然长期以来市场已经取代直接的制度支配，那一切问题都来自市场的不完善，而非市场的合法性问题。正如鄙人所言，1950 年马歇尔开讲到 1960 年代末期还有些间隔。其间，保守党政府执政十三年，工党四五年；而各种不平等并没有消失。所以，已有的舶来论断终于有了一些凭据，他们认为终究存在且持续存在某种支配。或许，马克思、马克斯·韦伯等人，已经以某种方式强调这一论断确实与英国有关。于是，鉴于政治与学术的原因，英国人终于关注影响极深远的权力与支配问题。

　　不同阵营的人都在思考这一问题，乍看之下界限模糊，难以区别，其中有老牌自由社会主义者，他们曾满怀希望，1945 年之后就

249

几乎期盼一切；还有新的社会学专业人士与新左派。若细加辨别，
250　也是泾渭分明。20 世纪 60 年代为《新左派评论》撰稿的人，既不是
自由派也不是专业人士。他们以西德与当代法国的马克思主义者
的假设为旗帜，即马克思主义仍然是既能解释社会、又能改变社会
的理论与实践。因此，《新左派评论》刊载来自卢卡奇等人的重要
评论与有关"当代危机"的政治学讨论与社会学色彩的讨论（常常
也是历史学的），所有文章都围绕这场危机如何产生，以及如何基
于当代的条件在实现合意的社会主义社会的过程中化解危机。显
然到 60 年代末，声名远播的凯恩斯与贝弗里奇①的自由社会主义
没能实现他们及支持者的全部期待；同样，法国的理想主义的或者
说存在主义的马克思主义作为一项实践也失败了，并受到共产主
义者与阿尔都塞的攻击，阿尔都塞日益成为主导的新意识形态。

　　《新左派评论》对阿尔都塞的关注与它对其他类似的结构主义
视角的马克思主义的关注，相去甚远，但都很重要。《新左派评论》
与其评论编辑葛兰西②、佩里·安德森（Perry Anderson）等备受推
崇的学者，都很关注工人阶级的"意识"，认为经济繁荣与葛兰西所
谓的意识形态"霸权"已然戕害之，这种"霸权"也即是主流的自由
议会主义及有关它的基础的传统共识形成的支配，它独具特色、难
以捉摸又非同寻常。相比之下，社会学专业人士更关注阿尔都塞
的结构主义与渗透其中的"唯物主义"。其中原因之一纯粹是专业
性的。因为阿尔都塞的结构主义为社会学提供了一种范式。正如
费耶阿本德③对美国社会学家的评论一样，很多英国社会学家都认

---

① 威廉·贝弗里奇（William Beveridge, 1879 - 1963），英国经济学家与社会改革家，
福利国家的理论建构者之一，凯恩斯的学生。他于 1942 年发表《社会保险报告
书》（Report on Social Insurance），也称《威廉·贝弗里奇报告》，提出建立"社会权
利"新制度，包括失业及无生活能力的公民权、退休金、教育及健康保障等理念，
对当代社会福利与保险制度深具影响。——译注
② 安东尼奥·葛兰西（Antonio Gramsci, 1891 - 1937），意大利思想家、意大利共产
党的创始人和领导人之一，著有《狱中札记》等。——译注
③ 费耶阿本德（Paul Feyerabend, 1924 - 1994），美国当代哲学家，著有《反对方法：
无政府主义知识论纲要》《告别理性》等。——译注

为库恩《科学革命的结构》关于物理学史的阐释证明了一项观点，即，一项知性实践要成为一门真正的科学，就必须有一组主导的假设，这些假设构成并规定了它的范围。当然，这种解释和波普尔[①]的解释一样，尽管水火不容，但都违背了"科学"权威的古老信念。事实上，阿尔都塞的结构主义及其变种，只是一种修辞意义上的确证体系，不要求人们有任何信念，它本是为法国共产主义者准备的，而社会学专业人士却也从中得到了同样的东西。社会学家关注阿尔都塞的另一个原因与专业毫无关系。社会学家追求学科的独特性，而这个原因其实隐约损害了他们的追求。

251

　　以下是 1970 年代末英国与其他同病相怜的国家不折不扣的经济状况。从 40 年代末到 60 年代早期，所有西欧国家都飞速发展，它们的战后重建都获得了马歇尔计划、美国的其他投资与美国军事势力的援助。而到 60 年代早期，各国经济增长开始放缓，特别是英国。到 70 年代中期，英国的投资率、资本积累率与各行业单个工人的出口率都降至最低水平。此时自由社会主义者失去了阵地，他们曾对经济增长寄予厚望，并期望增长通过公共产品实现再分配。执政的工党政府再次面临经济下滑的压力。到 70 年代末，卡拉汉（Callaghan）领导的第二届工党政府被迫向国际货币基金组织求援，结果不得不削减公共开支，由此与公共服务联盟中的工党支持者发生冲突，1979 年工党政府全面崩溃。用科洛斯兰德的话说，工党完蛋了。自 1945 年以来，凯恩斯主义国家几乎风靡整个西欧，此时似乎也一败涂地了。到 70 年代初期，随着凯恩斯主义国家的失败，凯恩斯于 1944 年亲自参与筹建的布雷顿森林协议[②]也寿终正寝。美国货币的外流（这引起了新政府的密切关注）、固

[①] 波普尔（Karl Raimund Popper，1902 - 1994），英国犹太裔哲学家，以"证伪理论"著称于世，著有《科学发现的逻辑》等。——译注

[②] 1944 年 7 月 1 日，44 个国家在美国新罕布什尔州布雷顿森林举行国际货币金融会议，签订《国际货币基金协定》和《国际复兴开发银行协定》，总称"布雷顿森林协定"，建立以美元为中心的国际货币体系，美元与黄金挂钩，其他国家的货币与美元挂钩，实行固定汇率。——译注

定汇率的崩溃与1973年的油价暴涨等事件，引发了各国金融反思的狂潮，各国政府事先采取了防御措施，这些预防措施与布雷顿森林体系的初衷如出一辙。

长期以来，各国社会理论家对他们通常所谓的"资本主义"几乎都很乐观。或者认为资本主义是自然本性，万年常青，或者认为它是一种可怕、荒唐却肯定会自我毁灭的力量，必然要促成一种更稳固、更公平的新经济秩序。但在英国、其他西欧国家及美国，

252　1970年代的事件改变了这一看法。资本主义经济深陷泥潭，加之苏联反对捷克斯洛伐克1968年的改革、赫鲁晓夫（Khruschev）与勃列日涅夫（Brezhnev）改革的失败及中国1978年后逐渐放弃中央调控，这些事件迫使社会学家像其他人一样放弃这两种既有的观点。

因此，社会学乃至社会理论都不足以解决问题了，人们一度认为，它们是考察以某个理所当然的经济假设为基础的可能社会秩序的过去、现在与未来。社会学实际上主张经济终究是主导因素，正当它无力应对1970年代末的局势时，阿尔都塞的结构主义为社会学提供了一种范式。根本问题是经济与多少能有效控制经济的国家。当然，也可能如哈贝马斯在70年代中期所言，国家的最根本问题是合法性问题，只要名义上还是民主国家，就需要公民的支持。但即便哈贝马斯也承认，要解决他所谓的"合法性危机"，就要解决国家的"经济危机"，或者按正统的马克思主义者的说法，解决"资本积累的危机"。答案在于当代所谓的"政治经济学"，这个称谓来自马克思本人与其他古典经济学家。

对所有历史学家来说，越是遥远的过去就越显得势所必然。就算如此，较以往的各个时期，二战之后的法、德、美、英等国的社会学与相应的社会理论，都显得特别混乱，令人困惑。首先，英、法、德三国都普遍认清了自由主义的历史哲学与马克思主义的历史哲学。一系列事件同时否定了这两大历史哲学截然不同的乐观主义，可是能有力解释这些事件的社会理论主要还是两大历史哲学的产物。结果，存在主义的与现象学的马克思主义重构历史的做

法,与美国的非历史理论一样,都不能让人满意。在很多人看来, 253
结构主义抽象取消历史的诸种更简洁做法,只是想逃避而非解决
问题。第二,尽管英、法、德的社会理论的学理都失败了,但学术管
理部门还是被成功说服了,或者说成功自我说服,认为社会学是正
规的现代大学的正规学科,可以通过恰当的方式大力向美国学习。
学术管理部门于 50 年代末做出这一结论;此时在社会学新颖独
特、专业化程度也一直最极端的美国,社会学似乎是一项政治无
害、也相对自我满足的事业。于是,50 年代到 60 年代早期,美国的
社会学进入欧洲各个大学,最初它与各国的本土传统互不理解、互
不侵犯,法国是存在主义与马克思主义、德国是批判的自由主义史
与黑格尔主义的马克思主义、英国是实用主义的自由社会主义;之
后是 60 年代与 70 年代,一系列事件赋予各国传统以新力量,美国
社会学开始敌视它们;直到 70 年代,面对经济及随之而来的政治
问题,这些紧迫而棘手的难题进一步侵蚀了社会理论的基础,美国
的社会学与英、法、德的本土传统又陷入了崩溃的境地,这与 1920
年代早期的情况如出一辙。

结　论

　　重构他人的意图,正是我历史学考察的目的。这么做预设了社会理论事业的存在,而这些意图就在其中并为之存在。然而正如黑格尔在预备出版《法哲学原理》时所言,密涅瓦之鹰只在清晨飞翔;只有在重构完成与历史终结时,社会理论事业才清晰可见。我在开始考察社会理论的历史时,假定存在所谓原汁原味的"社会理论",而且与通常所说的一样。我总结认为,社会理论的独特性其实远不及理论家的模糊、随意解释。就社会理论的历史而言,它已经终结,因为已经失败;并且它的失败揭示了更宏大事业的一个错误,今天我们可以认为,以往的理论只是新近事业的一部分。

　　这并不是说,雷蒙·阿隆所谓的"一门关于社会的科学的具体意图"失败了。阿隆对经典社会理论家的解释是最富洞察力、最睿智的。阿隆明智地指出,不少经典理论家都关注"建立一门科学的重要性"。这个意图并不是只在最初有,可也有很多人没有。孟德斯鸠和卢梭就没有想过。黑格尔有,但他所谓的"科学的形式"与我们今天的科学有天壤之别。与黑格尔一样,圣西门、孔德、马克思和涂尔干也想多用科学而非教条去维护他们的意图。而1919年之后,法、德的理论家都反对这些观点。波普尔常说,即便是事后回顾社会理论的历史,也不能认为它是大胆假设的逐步证伪和更优理论的取代。马克思等人的理论假设是错误的,却得以保留。而卢梭等人的理论已经消失,尽管他们的假设是正确的。由此可见,历史不是周期性颠覆"常规科学"相对持久的"范式"。用今天
后经验主义者熟悉的话语说,社会理论自然就是一系列宽泛的命

题,任一命题的含义和真实性都只能放入总体可以理解。但后经验主义者试图把他们的理论总体论扩展到所有的学术活动,结果每次都要大费笔墨论证每一种知性活动都是科学,库恩本人不在其列。无论如何,过去 200 年中,人与自然的关系、人的社会性状态的主流假设没有多大变化。关于这两个问题的假设,同一个国家常常都不同,甚至是同一个理论家都经常有变化。常规的社会科学有很多,也可以说没有。若说社会理论是某一项分析性事业,那它绝不是一门有趣而重要的"科学",而是历史哲学。下文试图指出,社会理论解释得既太多,又太少。

　　社会理论也没能实现其他某些更特殊的意图。社会理论并非如某些人所言是一种反对工商业、维护"保守主义"的努力。只有德·博纳德、德·迈斯特等教权反动理论家、奥特马·斯潘及美国南部奴隶制的辩护者之流,妄图复兴世家门第。诚然,孔德赞许德·迈斯特的"优秀"与"杰出",认为他是一个有洞察力的人。但德·迈斯特是一个天主教徒,孔德笔下的他是形而上的,甚至是神学的、陈腐不堪的。社会理论也并非如某些人所言是要反对马克思。不论一战之前还是之后,很多德国理论家都忽视马克思,直到20 世纪 30 年代法国人都不曾认真对待他,英国人也只在 20 世纪30 与 70 年代阅读他的著作,美国更是无人问津。所以,社会理论也不简单是调和"资本主义"的一系列努力。例如,涂尔干似乎不太关注资本主义经济问题,甚至认为资本主义与他讨论的社会没有太大关系,尽管资本主义就在其中;韦伯也回避;尽管马克思直面资本主义问题,但与他们两位一样,他也专注于一切社会的本质与可能性这一更基本的问题。正如休斯(Hughes)在一个精深的史学论断所言,1890 年至 1930 年的社会理论史,绝不只是以意识的创造性自主之名挑战"实证主义"。19 世纪末,休斯确实思考了别人忽视的精神普遍失落问题,可它一如既往地为人所忽视。但1890 年以前,多数人并不信服休斯所说的实证主义,甚至法国也一样,面对休斯所说的知性传统的衰退,涂尔干和韦伯也在一定程度上试图复兴科学的影响力。

256

　　以上都不是社会理论最普遍的意图。社会理论一直试图为一种伦理观点确立基础。它是诸种答案中最新的一个。一些答案有时试图取代他人,社会理论却从未这么做。较之前任何历史时期,二百年左右的社会理论史产生了更多类型的答案,它们共存并相互竞争。但这一做法已然失败。其实,它的成功只在于,质疑问题本身是否正确、质疑能否期盼一个普遍的答案、质疑到底能否有某种伦理理论。

　　公元前 4、前 5 世纪的古希腊就有社会理论的观念,欧洲与北美只是更精致。希腊人的观点是宽泛意义的"理论"。它们是哲学的,是抽象、普遍、理性的反思;是经验的,因为总是回到事实本身。古希腊语的"伦理"大体的意思与指涉具有"道德"特征,拉丁语则是风俗。因此,伦理和道德的问题,就是让试图寻求答案的人根据道德或风俗的某个特征,给出自己的答案。他寻求答案的方式,即一种哲学的方式,使其答案尽可能的抽象与普遍。尽管如此,他的答案仍要回到符合伦理或道德的人格,或者合乎伦理或道德的公民或政治生活。

　　现代欧洲早期复兴了抽象与普遍的倾向。其间,人们日益根据现今所谓的历史概念,重塑合乎伦理或道德的人格与公共生活,其实罗马时代已然如此。但从罗马帝国末期到现代早期重申古希腊观点,这种倾向遭到拒绝,古典意义的"理论"遭到限制。在近千年的漫长岁月里,人们一直偏好普遍和抽象,因而一直以自己的方式做哲学争辩。其中越来越多的大人物蔑视奥古斯丁①所谓的"此世生活"的内容和品质。奥古斯丁认为,"个人应专注上帝允诺的来世永恒幸福,使用地上与世俗之物时,当犹如一个人身处异域";在通往上帝之城时,应当"不沉溺、不受诱惑"。他认为,一切寻常的、地上的、世俗的东西,都不可能符合伦理的要求,更无论人格固有的原罪及相应有瑕疵的风俗。罗马帝国是世俗权力的化身,直到 4

257

① 奥古斯丁(Saint Augustine,354 - 430),又称希波的奥古斯丁(Augustine of Hippo),拉丁文为 Aurelius Augustinus Hipponensis,基督教神学家,他的原罪、灵魂、救赎、三位一体与教会观等学说对后世基督教影响深远,著有《忏悔录》《论三位一体》《上帝之城》等。——译注

世纪末，都是恐惧、骄傲与无感恩之心驱使着帝国。奥古斯丁问道："帝国竟然是大盗？"

　　奥古斯丁的观点直指贝拉基（Pelagius）。他们都是基督徒，然而，二人的对立极其尖锐。贝拉基在致德蒙利亚斯（Demtrias）的一封信中解释说，"每当我必须谈及确立神圣生活的行为举止的准则时，我总是最重视人性的力量与功用，强调人能有所作为……否则，那我就是浪费时间召唤人们走上他们认为不可能完成之路了"。当德蒙利亚斯向他询问修女之事时，他写道，"既然人可以实现完满，那就是义务"。的确，一种基督化的斯多葛主义重现于阿奎那（Aquinas）关于人世的律法与超自然启示的箴言的区分。人并不像奥古斯丁所说的那样彻底腐化，而且新教徒一再主张，人能在遵循自然法中找到善。但阿奎那认为，人们还需要崇拜，要有信仰与希望，并多做善事。后来的基督教观点，尽管产生的时代环境与阿奎那时代差不多，远比公元 4 世纪晚期更有序、更安全，但却无人能超越奥古斯丁，复兴贝拉基式的乐观主义，古典的乐观主义，即人可以有所作为。 258

　　复兴古典乐观主义必然让人意识到确有可能运用世俗权力反对教权。按布朗（Peter Brown）的说法，"自 3 世纪以来，罗马帝国就是一幅风景画，无数微小的世俗颤动落笔其间，它们源于居民的内心生活"。随后中世纪欧洲的绝对统治也类似。这些颤动在意大利的城市国家最明显；事后看，甚至 13 世纪中期就已经有。但迄今最剧烈的颤动发生在 16 世纪初，是马基雅维利。马基雅维利完全拒绝基督教，犹如奥古斯丁拒绝此世。他说，"基督教把践踏与蔑视人世确立为最伟大的善的谦卑"；他要复兴罗马共和时期的德性，并以无与伦比的热情主张，在此世，在这个由政治共同体规定的世界中，只要舍得代价，就可以复兴之。

　　罗马共和时期的德性的具体内容一直不清楚。学者也一直有争论。但他们都坚信，这种德性能在此世实现，而"国家"（the state）能维护之，现代早期的理论家创造了国家这个词，今天的政治理论家则日益频繁使用之。他们还认为，若要国家维护它，就必须抵御神圣罗马帝国之流的外部势力；国家在疆域范围内必须是唯一的忠诚对象与法律权威。这些观点常常指向一个直接而特殊的困难①，马基雅维利本人也指出过，多见于《论李维》(*Discourse*)，其次是《君主论》。但人们常常以抽象、普遍的概念表达这些观点，并据此讨论备受瞩目的政治问题。就此而言，并就它们结论的理性反思而言，这些观点的表达方式是哲学的。作为伦理学的观点，它们十分明确，问题是古典的伦理问题，答案则是有关市民品格的答案。在宗教改革、反改革及宗教战争之后，最合理的做法就是把合乎情理的德性与基督教的相应理解分离开来。博丹②说道，战争显然是"为了宗教事务"。人们不关注君侯的领地。

当然，马基雅维利主张的政治与伦理的分离及摒弃超自然是最彻底的。即便博丹认定自己所说的战争理由，但除最抽象、最乐观的伦理思考，几乎无人赞同他。尽管如此，伦理理论还是哲学争辩的任务，期间哲学争辩始终离不开政治。但政治的领域不清晰。若政治理论有伦理目的，伦理目的就是政治目的，那人们就可以认为，政治目的是为国家事务而存在，是为更一般意义的社会事务存在，其中善得到张扬。但在古希腊和罗马等早期政治思潮中，公民只是一个不可分割的实体的真实或潜在的成员。没有人思考过国家与社会的区别。

洛克和18世纪的苏格兰人、孟德斯鸠和卢梭都隐含了国家与社会的区别。泛泛而言，18世纪的"人民"也蕴含了。黑格尔对作为国家基础的"伦常礼俗"的深刻思考也是，且几乎是明言。圣西门也是。尽管黑格尔最清晰地辨析了"特殊利益"，认为"它在市民社会之中、在合理国家的绝对普遍利益之外"，他这么做只是为了说明，若无"绝对的普遍利益"，市民社会就不完整。马克思认为，

① 上文的政权与教权问题。——译注
② 让·博丹(Jean Bodin，1530－1596)，法国思想家，曾任法国三级议会议员，反对教权，主张建立独立的政治国家，其代表著《共和六书》对西方政治思潮与国体建设影响深远。——译注

"黑格尔的深刻在于他指出市民社会和政治社会的分立是一对矛盾，但错在满足于貌似合理的解决方案，并视之为真理。事实是黑格尔蔑视的'所谓的理论'要求市民状态与政治状态的分离；确实如此，因为这些理论清晰表达了现代社会的一个后果：今天政治分层的要素只是国家与市民社会的现实关系的真实表达，即二者的分离。"正是根据马克思的这一观点，二者的区分得以明确，但此后就不只有马克思了。

260

　　马克思一直认为自己的研究不是伦理学，至少在完成博士论文之后。他在19世纪40年代后期可能也不同意自己的研究是历史哲学。的确，历史哲学的称谓不准确。它没有考虑到，一些人已经把老式的政治理论称之为"科学"，而马克思也这样称呼自己的研究。它还忽略了，人们一直以来都运用某种历史哲学为更古老、更深思熟虑的伦理学思考辩护。如上文所言，希腊人不是这么做的。亚里士多德在其《诗篇》（*Poetics*）中说："诗歌试图表达普遍，历史讲述特殊事件"；"历史学家讲述业已发生的事，诗人描绘可能发生的事、典型的事"。历史是单纯的研究，与时间无关，至多是满足好奇心。只有诗人的作品中，今天称之为神话，过去才具有超越自我的意义。至于犹太人和基督徒，历史事实的发生也只有偶然的、否定的伦理意义。首先，如莫米利亚诺[①]所言，"历史学家和先知的关系，就是古希腊历史学家与哲学家、诗人的关系的'希伯来版本'"。此外，如奥古斯丁所论，"若希伯来人没有预言基督，过去几个世纪的历史可能空空如也"。

　　但从希腊被征服到罗马崩溃期间，一些学者的确认为，有一种历史哲学能阐明普遍，它的命题来自研究，指向整个世界，因而与伦理观点颇有渊源。罗马征服者自己倡导了它。波利比乌斯[②]，第

---

① 阿诺尔多·莫米利亚诺（Arnaldo Momigliano，1908-1987），意大利犹太裔知名史学家，有"古典世界历史文献的首席学者"的美誉，著有《现代史学的古典基础》。——译注
② 波利比乌斯（Polybius，200BC？-118BC？），古希腊历史学家，晚年成为罗马公民，亲历第三次布匿战争，著有《历史》（40篇，大部分遗失）。——译注

一位倡导者，认为它已经影响了第一个真正的人世统一体，即影响了普遍性的第一个实例。波利比乌斯同意亚里士多德的说法，认为"简单说明一个事实可能让我们感兴趣，但于我们无益。可一旦思考其原因，历史的研究就会成果丰硕。因为正是两个相似时代情境的转换，一个比诗人的神话更有序、思虑更周全的转化，赋予261我们预感未来的方法，让我们能及时采取预防措施，能及时再现以往的情境，更有信心面对威胁我们的困难"。因此，波利比乌斯树立的历史是范例的历史。作为最早提倡者之一，塔西佗区分了根据自身的见识学习正确行为与通过范例学习，并认为后者更有效。1738年，博林布鲁克①，一位后来的倡导者，声称"像学习哲学一样学习历史的人，能很快辨别、搜集例证，因此能很快形成自己的道德与政治体系，基础最牢固，能经受一切时代的原理与规则的考验，并得到普遍经验的肯定"。基督教欧洲差不多已经没有这种普遍的历史，但它又随着人文主义者死灰复燃，我们也几乎一直运用它为政治中建立伦理的努力辩护。15、16世纪，罗马共和国本身常常就是范例。后来威尼斯共和国，它的普遍有所欠缺，但有令人羡慕的稳定安宁。不论人们更喜欢哪个，对范例式历史的信念都是波利比乌斯式的；事件是用来支持伦理观点的，之所以如此，是因为人们认为这些事件与命运女神（*fortuna*）一起循环往复，还有德性及其在命运中的堕落。历史充满可能，可还有更多的可能等待着历史。

到18世纪末，这种信念崩溃了。致使它崩溃的原因，同时也逐渐使得在政治领域确立伦理理论的努力转变为在"社会"中确立伦理理论的努力。新兴的工商业活动与1789年之后的法国革命似乎为各种事件设定了新的道路，这绝非旧道路的转变。在很多人看来，历史已不再是循环往复。但这未必就意味着，普遍性要褪色。新道路仍有普遍性，可如今的普遍性不寓于以往的范例，而在

---

① 亨利·博林布鲁克（Henry St John, 1st Viscount Bolingbroke, 1678-1751），18世纪初期英国政治家，托利党领袖，著名政治哲学家、文学家，有《文集》传世。——译注

未来,因为没有循环。倘若过去与未来是线性关系,不可逆,那人们就很盼望用"无与伦比的牛顿爵士"等人证明的支配普遍的自然事件的因果律来构建它们的关系。但正在发生的不可逆变化似乎发生在政治经济体、"政治共同体"或"共同利益体"(commonwealth)之中, 262 即市民社会,它处在国家的边缘,并日益与统治者唱反调,所以最好把新的普遍性视为"社会理论"的研究对象,而非过度狭隘的政治理论的对象。这就是社会理论为何仍是波利比乌斯式的揭示世界普遍性的事业,伦理学也一直试图说明之。

　　但这种转变既不顺利也不彻底。其实在转变最剧烈因而最清晰的德国,也有三种相互关联又截然不同的观点。首先是康德,今天很多人已经把康德的观点作为什么是伦理学观点的唯一标准。较之以往,这是最抽象的观点,它完全基于理性反思,认为这对以哲学方式构建类似理论至关重要;康德还认为,得出的主张是每一个理性人都赞同的主张。康德的观点完全不考虑事实与历史,已经否定了康德关于"启蒙运动"有可能实现之的立场。本书第二章对此有详细论述。其他两个观点是对康德的反动,它们的前提是伦理主体的基础不是纯粹理性而是其他,例如,语言或社会的"伦常礼俗"。但二者的发展方向有别。其一是社会理论。黑格尔和马克思认为,只要夯实伦理主体的基础,就可以引导他进入普遍状态。其二更强调历史。赫德和新兴历史编纂学的一位倡导者(第二章未涉及他)认为,伦理主体不能进入。

　　兰克①是历史编撰学的鼻祖。他强调,历史学家只能书写已经发生的事情:"秉笔直书"。"Eigentlich"没有精确的英语对应词。人们可以理解为"真实的"或"正确的",或者用简单经验主义的话说,"实质的"或"内在的",近来常有人认为兰克主张简单经验主义。不过兰克显然是反对的。"人们已经用标准化方式赋予历史

---

① 兰克(Leopold von Ranke, 1795 - 1886),19 世纪德国历史学家,有"近代史学之父"的美誉,主张历史研究必须基于客观史料,如实呈现历史原貌,著有《教皇史:他们的教会与国家》等。——译注

评判过去与指引人们获取未来利益的功能，目前的努力还不能成就这样一项崇高事业。"如今历史编撰学的年轻史学家要面对原生态的史料；他们不做赞扬或指谪，他们谈论因果关系、回避道德品质；因果关系必然要揭示连续性，然而他们仍专注过去的历史性、较之当代的自成一体，至少是独特性。

很多人（特别是现代德国）认为，这种转向的动力纯粹来自专业化，其实不然。它来自民族主义。乃至以往的历史写作已经非常专业的地方，例如马基雅维利的佛罗伦萨史或博丹的法国史，要定义特性，都一直需用至少是公认的普遍术语。佛罗伦萨和法国的优缺点是更一般品质的例证。但到19世纪前后，德国人开始认为，普遍历史已经与罗马一起终结（甚至意大利人也这么想，他们以独特的民族史之名复兴了古罗马史）。一些保守分子一直认为，教会延续了罗马没能延续的东西。如上文所言，另有人认为，法国革命缔造了截然不同的崭新普遍，这一思想令其欢欣鼓舞。与上述两种思想不同，一些人日益坚信，未来的历史是民族史（英国、德国、意大利不久都有类似主张）。因此，历史，新的历史始于罗马之后（意大利除外），始于中世纪，而专业历史编纂学家自诩为第一批研究中世纪文献的人。

这影响了德国的社会与政治思潮。尽管黑格尔主张从真实的伦常礼俗开始，他还是讽刺了"保全各种老日耳曼的纪念物与爱国遗产的新狂热，例如《尼伯龙人之歌》（*Nibelungen*），神圣罗马帝国的遗产、罗杰国王的铁蹄、丢勒的木版画"①，以及一切对"德意志特殊神宠论"新狂热。黑格尔一直热衷于拿破仑与绝对。然而，其他人希望保全文化（*Kultur*）。正如第七章所言，19世纪末，德国产生了一场区分自然真理与文化真理的思潮（与当时的英法正相反，尤

---

① 国王罗杰应指西西里国王罗杰二世（King Roger Ⅱ，1095－1154），他是日耳曼人后裔，该家族于11世纪中期成为南意大利地区的统治者；丢勒（Albrecht Dürer，1471－1528），德国文艺复兴初期的艺术家，擅长油画、版画与数学，著有《量度四书》。——译注

其是密尔),自然真理是超越时空的、无条件的并可以通过久经考验的自然科学方法发现。例如,李凯尔特认为,纵使文化真理可以称为真实,也只是在所处文化中是真实的。尽管如此,如鄙人所言,李凯尔特及其读者,如马克斯·韦伯,还是想弄明白,是否可以认为文化真理不只是"指向"(to)客观事物的真理,而且是客观事物"本身"(of)的真理,因而是客观的。倘若文化真理是客观的,那它们或许真的可以囊括入一个更普遍的理论之中,就像德国国防部的鼓吹家、马克斯·韦伯与法兰克福学派的理论家所做的那样。

　　然而,康德对伦理学的超验辩护和文化历史学者对特殊的道德完整性的含蓄辩护,都是社会理论事业的极端,而黑格尔与后来的马克思则是社会理论事业的代表,尤其是马克思。正是马克思完成了社会理论的转型,若说不是唯一,至少是第一个。当然,社会理论还是伦理学问题。它的抱负是普遍的,依然期盼能用某种政治实现之,尽管现在不是以政治为基础。但马克思等人用"运动规律"取代了人格、风俗与政治,马克思笔下的政治既独特又有依附性,正是规律的运行,而非理性反思,解决了"历史之谜",让马克思重塑了普遍的善。人们可以理解,为何马克思本人、马克思主义者及非马克思主义者也认为社会理论是伦理学问题。而我们也可以理解为何它很难被视为是别的。既认识到社会理论是伦理学问题,就很容易明白它已经失败。事实令它失败,它的失败方式暗示了一种伦理理论自身理念的错误。

　　社会理论最主要的失败大约有两个关键的时间点。首先是1914 年一战爆发,1917 年列宁在俄国的政变与 1918、1919、1920年奥地利、匈牙利、意大利特别是德国的社会主义政变的失败,这一时间点更关键,因为它是欧洲经验的转折点。至少从 18 世纪50年代开始,理论家就日益相信,社会的利益集团应当决定政治,政治是利益集团的政治。而且他们日益相信必将如此。用葛兰西 265 (Gramsci)的话说,"知识分子的乐观",至少是民主知识分子,是"意志的乐观主义"。可是当葛兰西在墨索里尼的监狱里进一步思考 1919—1920 年冬天都灵的失败与随后对共产党人的屠杀,他开始认为"知识分子的悲观"可能更合适。意大利的这些事件与1914年之后其他地方的事件都表明，政治的原动力主要源于自身，而且由于某些原因无法预测，或者说，至少无法从外部准确预测。葛兰西本人思想的转变也是期间最剧烈的变化之一，包括抛弃历史唯物主义主张的法则、对党的指导任务的勉强让步及他称共产党为"新君王"。反思性的马克思主义者的总体转变也十分剧烈，或者转变为某种马列宁主义，或者转变为更开放、政治意味更少的唯心主义（卢卡奇除外）。如余所言，马克思主义者是最认真对待社会理论的核心信条的。但历史处处受到质疑。20世纪20年代早期之后的一系列事件，包括法西斯在德国等地的兴起、大萧条、二战、西欧战后社会主义政府的希望、恐惧与忧虑、苏联西部社会主义者的发展意识、20世纪50年代中期欧洲与60年代末欧美的挫折及1980年前后的明显恢复，都无益于消除人们对历史的质疑。

自由主义者和社会主义者对历史的信心早于这些事件，他们的信心与保守主义者的担心一样，几乎都来自一个信念，即所谓的"资本主义"已经从下至上不可逆转地改变了欧洲历史的进程（大概这是除马克斯·韦伯之外所有人的想法，尽管韦伯希望德国也能完成）。现在看来，这也是一个错误。德国与日本等人们所谓的后发展国家，资本主义的发展是政府有意为之，这是最无异议的（可以设想，只有正在发展的国家会不同意）。不仅如此，英国（它一直是典型）与荷兰等先发展国家，资本主义的发展也得益于政府创造的条件。乃至20世纪初美国的市场独立运行也一直是有限的、条件苛刻的事实。到20世纪30年代，先发展国家与后发展国家，包括当时的苏联，都采取了某些干预措施，以提高生产、降低失业率、（在无海外资产的地方）保护各自的经济，上述观点就更无异议了。人们一直有各种理由怀疑，世界是社会理论家设想的那样。到20世纪30、40年代，怀疑的理由实在太多了。

不得已而求其次，旧学说还在影响二战后的认知。然而，正如第10章末尾所言，战后欧美的一系列事件严重削弱了社会理论的说服力。欧美之外更是如此。二战是上文所说的第二时间点，此时各种社会理论、日积月累的旧学说,在事实面前一败涂地。社会理论或多或少都主张"资本主义"和"社会主义"的区分,到 20 世纪初期,许多新兴国家"发展"的设计者已经放弃了这一区分。印度的统计学家和策划者马哈拉诺毕斯等人,他们的经历几乎无法使之赞同这一区分。经济学家罗登斯坦因—罗丹等人坚决放弃了这一区分,他从 20 世纪 40 年代就开始思考战后东南欧的发展问题。即便是 1944 年布雷顿森林会议的参加者也同意,各国之间应当确立某种宏观经济管理的条件,而西方国家已经致力于此。当然,宏观经济管理的运作一直有很大差别,而且还会继续有。英国等西方国家管理程度最小,主要是中央银行与财政部的财政控制。奥地利、法国、挪威、瑞典和西德等国家则更大一些。但更多成功的发展中国家的差别就不那么明显。日本、韩国、印度乃至苏联等国的情况表明一个事实,不管情况与战略如何不同,国家的发展方向至关重要,其落实通常是摆脱了可以明确称之为特殊阶层的利益。正如第十章所言,许多发展稍逊的国家也采取了宏观经济管理的发展方向与措施,20 世纪 70 年代初固定汇率的崩溃,这是布雷顿森林体系的基石;60 年代就存在的私人借贷在 1973 年油价上升后迅猛发展;80 年代,这些国家的政府面临抉择,是赞同古典自由主义经济的建言者(与国际货币基金组织)的意见,削减公共开支,提升价格至华盛顿会议认可的实际水平,还是赞同再次要求适度增加公共开支、加大保护力度的意见。这意味着,这些国家,不论是有意引导经济,还是有意拒绝,都一如既往地深刻影响社会的性质与利益分配。西方国家由此产生了几位铁腕政治家,例如,法国的密特朗和英国的金诺克①,他们选择了所谓的"新工业国家"模式作为本国的未来。

---

① 弗朗索瓦·密特朗(François Mitterrand, 1916 - 1996),法国左翼政治家,曾任法国社会党第一书记和法国总统(1981—1995);尼尔·金诺克(Neil Kinnock, 1942 -　),英国政治家,前工党改革派领袖,1983 年至 1992 年为工党党魁,1992 年大选败给约翰·梅杰之后宣布退出政坛。——译注

显然,旧世界的知识分子,即20世纪70年代布兰特委员会之后所谓的"北方",努力用他们既有的模式在世界其他国家寻觅转型。他们之所以这么做,是因为这些模式仍是唯一普遍的模式,尽管效率低下,更隐秘的原因是世界两大强国本身在贯彻其中一种模式,至少在词令上如此。不过,一部分原因是强国推行各自的模式,一部分原因是两种模式都明显不充分,其一来自20世纪的马克思列宁主义,试图终结历史以取消历史;其二,来自18世纪的自由主义,试图对历史视而不见以取消历史。其他国家的知识分子日益倾向于避开二者。卡布拉尔①在他的国家脱离葡萄牙统治之前说道,"在殖民时期,殖民国家掌控着历史,帝国主义来到几内亚让我们远离了历史——我们的历史。"各国都试图恢复自己的历史,据此反对帝国主义现在所谓的北方发达国家的"普遍"。北方国家的知识分子日益意识到,自己经常使用南方国家力图避免的术语同情南方。

南方国家的愿望都源于一个事实,民族主义的事实,它模糊、多变,却几乎处处都至关重要。民族性的理念意味着,独立来自斗争、要赋予民族性一种模式、要自我保卫。民族意味着,国家是作为经济发展的担保者、社会的守护者、在很多情况下是疆域内唯一明确的实体维护自身。当然,这不是唯一的理念。还有族群、语言、宗教等主张,它们有时与民族理念融为一体,有时又反对它。不论如何,"民族性"的特征是明确的。它是本尼迪克特·安德森所说的"想象的共同体",是一个或多或少的抽象的、想象的概念,用以实现常常是不成熟的现实凝聚力。民族性也是一种呼声。19世纪初的玻利瓦尔、20世纪末的卡布拉尔在宣布政治独立时就表达了这种呼声;按它们的殖民宗主国的说法,独立主要是外部原因,而它们内部也确实没有明显的社会凝聚力,以至于阶级冲突产

---

① 阿米尔卡·卡布拉尔(Amilcar Cabral, 1924 - 1973),几内亚比绍独立运动领导人、思想家、农学家,1973年几内亚比绍独立前夕被葡萄牙秘密警察杀害。——译注

生的凝聚力都没有。

　　少数南方国家可以书写他们的历史，前殖民主义的历史，以宣扬其民族性。与 19 世纪的德国与意大利一样，它们挖掘自己的认同。但多数国家做不到，于是不得不回到抽象理念。19 世纪初，美洲反抗西班牙斗争利用了自由主义这一启蒙运动反对天主教专制的现成思想武器。20 世纪，他们反对英法列强的斗争的思想武器则是反对自由资本主义的社会主义。但正如鄙人所言，今天南方国家拒绝与沿用这一对理念的兴趣相差无几，既因为这是北方国家的概念，也因为美苏在第三世界贯彻它们，并用之制约第三世界。其实，用"利益"一词解释南方国家书写历史的冲动太苍白了。尽管北方国家关注南方新兴国家在 20 世纪 40 年代的蓬勃发展，但并不正视它们，所以正如赫希曼（Hirschman）所言，南方国家的"激情"与其利益一样重要。赫希曼的对比有 18 世纪的色彩。18 世纪的人认为，利益驱动的社会可以促成谨慎、互相尊重与繁荣，从而消除贵族通过武斗或压制弱势穷人以维护荣誉的激情，亚当·斯密或许最有代表性。马克思对此比较保守，他认为弱势的穷人应该攻击新的利益秩序；他的信徒一直在南方国家内外批判贵族的激情，南方试图抵抗新的利益秩序。

269

　　当今世界与社会理论家的期望大相径庭。若说社会力量曾支配世界，如今不再是了。现在是各国政府支配世界。它们有自己的一套。他们的所作所为既在回应社会，也在改造社会。政府使用了一些 19 世纪与 20 世纪初的社会理论家意想不到的意识形态与统治工具，即使想到了，通常也会放弃。这些统治工具指向更明确；意识形态各式各样、变化多端，蕴含的"激情"不亚于对"利益"的激情。可是，一些人所谓的世界体系（其实毫无章法）也颇有影响力，主张不应赋予国家主权与金融机构决断权。其实旧式观念浸透了两个超级大国过去四十年的历程，这只是强化了另一个事实，即，美苏对世界的控制力绝没有实现全面，这与来自核武器的潜在影响力截然不同，而两国强化控制的努力必将削弱之。世界在各方面与欧洲相似，与社会理论家的设想都有天壤之别。

255

270　　　　社会理论在事实面前一如既往地失败。而近来大多数理论家认为，这类失败说明伦理理论本身的一贯观点有错误。如前所述，一些德国学者在 18 世纪末就对此有些认识。他们的观点错在认为，人世能够、也应该理解成是统一的世界。新近的、更成熟的历史精神科学（*Geisteswissenschaften*）的真理是一种特殊精神的真理并为之存在，而不是普遍。这就意味着公共道德自身可能更片面。然而，康德坚持认为，公共道德必然是普遍的，鉴于他当时的权威与影响，政治理论家一直都假定公共道德必须是普遍的，而社会学理论家后来也附合。一些人感到不满，而且与日俱增。倘若理论理性是特殊真理，尼采与马克斯·韦伯等人就要问，为何能一直假设伦理真理不是特殊的，甚至可能是武断的？或许根本就没有伦理真理？此外，倘若理论理性是普遍真理，包括马克思主义者在内的人就要质问，如何解释实践的失败？问题已经不只是社会理论与事实的关系出现错误。更严重的错误是，社会理论一直都想当然地认为理论理性与实践理性是对称的。

　　　　如前文所言，一系列事件引发了不满。而思想也能引发不满。根据德国的历史相对主义、美国的实用主义、英美语言分析哲学，还有那些通常与社会理论泾渭分明，甚至历史上毫无瓜葛的思潮，20 世纪可以得出一个共同的结论：就社会理论与其他类型的伦理学的问题，没有共同的结论。结论就是本书序言提到的观点，我无法撰写预定的社会理论史。一些更激进的观点认为，今天我们根本没有知识。我们言说的世界只是我们对世界"言说"，是社会理

271　论的一部分并受其限制。维特根斯坦（Wittegenstein）称之为一个"游戏"，是我们建构的规则。由此而言，"世界"这个概念本身，要么内在于我们的言语，我们构建了"一个概念图式"，用戴维森的话说，与现实相对，因此是个错误；要么它有自身的外在性，不明确的、也无法明确的，因而是空白。它是罗蒂告别演讲中的"完全失落的世界"。一些更谨慎学者同意我们对世界的言说内在于我们的图式，因而是不确定的。但他们主张，这个世界有内容，粗略地说，世界的内容不是意识的内容，依然有真实的世界。这些内容本

身独立于任何图式,而且仍有可能成为一种绝对,尽管今天多数人都认为,绝对是一个充满争议的概念。较之第一个,第二个观点或许更合理。但无论采取哪个观点,人们所谓的道德与政治知识的结论都一样。任何事物的事实都是我们自身的概念的事实。这些事物的事实只有作为我们的概念,才能为我们所理解。甚至对我们来说,这些概念其实也只是世界的一个事实。显然,如果我们有概念,完全是因为人性的某种事实,某种普遍的"我们的本性",这种普遍人性也不足以完全决定"我们",一个特殊的"我们",具有的一切实际的概念。

　　假如这是正确的,伦理理论的观点就会陷入困境。有人可能认为,社会理论或政治理论的解释力也要面临困难。这有些言过其实了。倘若意识的内容来自某种图式,那就真只有关于意识内容的图式了。然而,这些图式恰恰肯定而非否定了其他图式的可能性,并说明了其他图式的观点。唯一的区别是我们现在要换个视角思考其他图式的观点的真实性,更合理的做法是,不再担心它们的真实性。但伦理学的困境更艰难。消解"善"这一概念的所有不容置疑的基础,按以往的说法,"客观"的基础,就是消解为伦理学寻求坚实持久的基础的可能性,类似的基础曾经能在所有现实处境中为实践理性提供充分的指导,且无需反思性修正。我们不得不回到一个更高、更坚实、也必然是更普遍的基础,能最有效地为反思确立限度。讽刺是明显的。正如马克思所言,历史可能起先是一出悲剧,之后是闹剧。他可能还会说,知性的历史,可以随着对历史原因的深入理解,不断重复。人们的共识是,社会理论本身引起的反思消解了共识,就此而言,今天我们明白,社会理论不再是逃避共识的方法。黑格尔及其同时代人19世纪初遭遇的困境,20世纪末再次出现。但今天逃避之路已经截断。

　　这是近来最有影响的努力总是回到康德的重要原因。罗尔斯是,哈贝马斯也是。罗尔斯关注公平、权利而不是善;哈贝马斯似乎更侧重自由,他们都很谨慎,但策略大致相同,并一起开启僵局。罗尔斯承认,要确立公平原则,"就必然依赖某种善的概念,因为需要假设各方的'动机'"。但他也认识到，这些假设"不能损害权利概念的优先地位"。因此，他用"善的理论"论证他的公平原则时，就把它限定为"基本的本质"。他称其为"弱理论"。这一理论表明，不论善的概念多厚重，并且在所有大型复杂的社会中，善的概念肯定有很多且相互矛盾，就善的概念的进步而言，所有个人都要求"大致相同的基本的善，例如相同的权利、自由和机会及一定的通用手段，比如收入与财富"。善的理论进一步假定，"公民是自由、平等的道德人，能促进社会的合作与互惠互利"。正如罗尔斯所言，"作为公平的正义认为每个人为了互利都能而且确实参与了社会合作"。但他认为，这与"历史的或社会的事实"无关。他强调说，"而确定基本的善，要求了解社会生活的普遍处境与要求，这只能从事先给定的人格概念的视角出发。"哈贝马斯也有类似观点。本书第十章曾详细指出，哈贝马斯认为，这是人之为人的事实，他们关注自治、良知与责任（*Mündigkeit*）。罗尔斯与哈贝马斯都认为，自由平等的道德人的本质是为了共同的利益互相合作。但罗尔斯又指出，人需要具备基本的善才有能力这么做。按哈贝马斯的观点，这需要从强制的"劳动"与"沟通"、各种生产力、妨碍自由清晰的交流的事物中获得解放。与罗尔斯一样，哈贝马斯也纯粹是根据事先给定的人格概念设定社会生活的普遍处境。

这就是说，他们都从何为人、人身处其中的普遍处境出发，从以往所说的善良人格的绝对必然条件出发，论证这样的人所处的社会应当如何。他们假定，为了达成共识，人们致力于一起生活，借助"反思性平衡"致力于此，罗尔斯称之为"自我反思"，哈贝马斯称之为"沟通能力"。他们进一步假定，人们达成共识之后，也同意要有明确的原则维持共识；而且无论何时，都基于这些原则，通过同样明确的决策程序来决断。最后，他们认为，这一切都可以通过最大限度的"公开性"实现，按罗尔斯的说法，可以称之为最可行的社会透明度。今天我们就生活于一个这样公开的社会，与中世纪的英国人和当代的扎伊尔人截然不同。其中，收入与财富是"通用的手段"，实践生活与语言都有进一步的规定；或许还有理由设想，

273

存在意志和手段可以在我们的直觉与理性之间实现反思性平衡。然而,一个只就共同关注正义或责任实现谅解的社会,如何能凝聚人心,全然不知。"我们"是谁,这个社会又是为谁选择等问题,也是云汉渺茫。与哈贝马斯不同,罗尔斯确实注意到,还有无数特殊的爱、依恋和厚重的善的概念;但与当今的道德哲学家与政治哲学家的通常做法一样,他认为这些都是私人领域的东西,这就很轻松地引导我们进入了所有理性行动者所在的经验模糊领域。

274

　　罗尔斯与哈贝马斯分别通过契约论与马克思主义回到康德,黑格尔可能会赞赏他们的做法。黑格尔和他的同胞可能还会说,这证明两人的理论都不应该以自身社会为出发点。可是,若从一个不同的、更特殊的、更有限的地方开始,又如何继续,现在还不清楚。黑格尔本人的方案是从伦常礼俗开始,加入了一个目的论,因而缔造了一种普世的伦理,可今天行不通。实际上,尼采也没有把他的劝诫归结到纯粹的意志。我们所处的世界,其中有为了我们(for us)的理论,它们有用,但不足以解决我们本身的问题;也有力图成为为了我们的理论,但要求太多附加的偶然条件,以至于不能严格视之为理论。纵使我们抛开一切现有的可能性,认为"我们"其实是一个理性的、能反思的、能自我平衡的国际共同体的成员,能以近乎先验透明的方式交流,情况也未必好;因为如威廉姆斯所言,不论是个人的、社会的或政治的,其"生命的卓越与满足",都不能像从前提到结论一样,坚持生命的信念;因为生命的卓越的满足在于拥有实实在在的信念与实实在在的生活,所以我们的生活,即使是国际生活,也与通常设想的一种理论有天壤之别。罗尔斯后期反思了"康德主义的建构主义",他与哈贝马斯一样对最初的康德主义有所保留,但两人都没有得出上述结论。

　　然而,这个结论源自20世纪思想的总体转向,转向思考一种特殊的宾格"我们"(us),思考"我们"(we)本身,而不是生活中的我们、我们在生活中的兴趣与承诺,这些兴趣与承诺让生活成为我们的生活。这一结论也源自社会理论本身,社会理论在试图界定更一般、更普遍的"我们"的过程中,在引发的人类学、社会学与政治

275

学的反思中，只是强化了一个信念，即有意义的"我们"（we）很多。于是社会理论的成色至关重要。至于一种理论，它试图成为一种为了我们本身的理论，拥有我们的激情与兴趣，这些激情与兴趣在我们身处的特殊处境中敦促我们，一切实践理性决断都要以之为依据，即便它是普遍的，也不会得到人们的青睐。因为 20 世纪的历史，激情与利益仍十分特殊，它们的公共性也主要出于政治的考虑，而非社会的原因；所以那些试图成为上述理论的理论，已经让我们失望，多数情况下与我们毫无关系。

社会理论试图给旧概念的世界除魔。济慈（Keats）在《许珀里翁的败落》（*The Fall of Hyperion*）①中借莫内塔（Moneta）之口说道："你应该明白"：

> 请聆听我人性的教诲，斟酌尘世之物；
> 或许好过你听信近乎糟糠的风言风语，
> 尽管弥漫着传奇的故事。

现在，社会理论本身成了糟糠之语，在风言风语中夹杂着传奇；或许，该有所变化了。

---

① 济慈（John Keats，1795 - 1821），英国著名诗人，《许珀里翁的败落》是其诗作之一，许珀里翁是古希腊神话中的 12 位泰坦神之一，是神话世界的统治者克洛诺斯的兄弟，后为宙斯取代。——译注

参考文献

　　下列参考文献是本书涉及、讨论或引用的主要著作，包括我引用的或推荐的二手文献（社会史与政治史的二手文献没有列入）。带星号的著作是我认为很有启发性的。我为本书第二版的新结论重列了一个参考文献，增添了1975 年之后出版的一些特别有用的著作。凡是没有引用原文的地方，我都尽可能在作者姓名后的圆括号内注明了该书第一版的时间。除我认为译文不够准确的地方之外，我都是使用英语译文。

序

Bayley, John. *Tolstoy and the Novel*. London，1966

Berlin，Isaiah. 'Introduction'，Alexander Herzen，*My Past and Thoughts*. Vol. I. London，1968

Davidson, Donald. 'Replies to David Lewis and W. V. Quine'，*Synthese*，27 (1974). 345 – 349

Pocock，J. G. A. 'The state of the art'，in *Virtue，Commerce and History*：*essays on political thought and history，chiefly in the eighteenth century*. Cambridge，1985，1 – 34

* Rorty，Richard. 'The historiography of philosophy：four genres'，in Richard Rorty，J. B. Schneewind，Quentin Skinner（eds.）. *Philosophy in History*：*essays on the historiography of philosophy*. Cambridge，1984，49 – 75

Williams， Bernard. *Descartes*： *the project of pure inquiry*. Harmondsworth，1978

导言

Althusser，Louis. *Lenin and Philosophy*. London，1971

Althusser，Louis，Etienne Balibar（1967）. *Reading Capital*. London，1971

Althusser，Louis. *Philosophie et philosophie spontanée des savants*. Paris，1974

Bachelard，Gaston（1934）. *Le Nouvel Esprit scientifique*. Paris，1946

Bachelard, Gaston (1949). *The Philosophy of No*. New York, 1968

* Collingwood, R. G. *The Idea of History*. T. M. Knox (ed.). Oxford, 1946

Douglas, Mary (1970). *Natural Symbols*. Harmondsworth, 1973

* Dunn, John. 'The identity of the history of ideas', *Philosophy*, 43(1968), 85 -116. Also in Peter Laslett, W. G. Runciman, Quentin Skinner (eds.). *Philosophy, Politics and Society. 4th series*. Oxford, 1972, 158 - 173

Durkheim, Emile (1903). *Primitive Classification*. Rodney Needham (intro.). London, 1963

Durkheim, Emile (1912). *The Elementary Forms of the Religious Life*. London, 1915

Friedrichs, Robert. *A Sociology of Sociology*. New York, 1970

Goldmann, Lucien (1955). *The Hidden God*. London, 1964

Grice, H. P. 'Meaning', *Philosophical Review*, 66(1957), 377 - 388

Grice, H. P. 'Utterer's meaning and intentions', *Philosophical Review*, 78 (1969), 147 - 177

Hacking, Ian. 'Five parables', in Richard Rorty, J. B. Schneewind, Quentin Skinner (eds.). *Philosophy in History: essays on the historiography of philosophy*. Cambridge, 1984, 114 - 124.

Hampshire, Stuart. *Thought and Action*. London, 1959

Kuhn, T. S. *The structure of Scientific Revolutions*. Chicago, 1962

Kuhn, T. S. 'Reflections on my critics', in Imre Lakatos, Alan Musgrave (eds.). *Criticism and the Growth of Knowledge*. Cambridge, 1970, 231 - 278

Lecourt, D. (1972). *Marxism and Epistemology: Bachelard, Canguilhem, Foucault*. London, 1975

Lévi-Strauss, Claude (1949). 'History and anthropology', in *Structural Anthropology*. New York, 1963, 1 - 27

Maclntyre, Alasdair. *A Short History of Ethics*. London, 1966, 1 - 4

Marx, Karl, Friedrich Engels (1932). *The German Ideology*. New York, 1947. 3 - 78

Popper, K. R. *Objective Knowledge*. Oxford, 1972

Quillet, P. *Bachelard: présentation, choix de textes, bibliographie*. Paris, 1970

Runciman, W. G. *Social Science and Political Theory*. Cambridge, 1963

* Skinner, Quentin. 'Understanding and explanation in the history of ideas', *History and Theory*, 8(1969), 3 - 53

Strawson, P. F. 'Intention and convention in speech acts', *Philosophical Review*, 73(1964), 439 - 460

Taylor, Charles. 'Interpretation and the sciences of man', *Review of*

Metaphysics，25(1971)，3 - 51

Toulmin，Stephen. *Human Understanding*. Vol. 1. Oxford，1972

Wolin，Sheldon S. *Politics and Vision*. Boston，1960

第一章　启蒙与怀疑

D'Alembert，Jean le Rond（1750）. *Preliminary Discourse to the Encyclopedia*. Indianapolis，1963

Annales de la société Jean-Jacques Rousseau，*passim*

Becker，Carl. *The Heavenly City of the Eighteenth-Century Philosophers*. New Haven，Conn. ，1932

Berlin，Isaiah. '*Montesquieu*'，*Proceedings of the British Academy*，41(1956)，267 - 296

Berlin，Isaiah（ed. ）. *The Age of Enlightenment*. New York，1956

Buchdahl，Gerd. *The Image of Newton and Locke in the Age of Reason*. London，1961

Bury，J. B. *The Idea of Progress*. London，1920

Cassirer，Ernst（1932）. *The Question of Jean-Jacques Rousseau*. Bloomington，Ind. ，1954

＊ Cassirer，Ernst（1932）. *The Philosophy of the Enlightenment*. Boston，1951

Cassirer，Ernst. ＊'Kant and Rousseau'，in Rousseau，*Kant，Goethe. Princeton*，1945，1 - 60

Charvet，J. *The Social Problem in the Philosophy of Rousseau*. Cambridge，1974

Crocker，Lester G. *The Age of Crisis*. Baltimore，1959

Diderot，Denis（1762，1769）. *Rameau's Nephew and D'Alembert's Dream*. Harmondsworth，1966

Diderot，Denis（1772）. *Supplement to the Voyage of Bougainville*. Baltimore，1935

Diderot，Denis. *Selected Philosophical Writings*. J. Lough（ed. ）. Cambridge，1953

Foucault，Michel（1966）. *The Order of Things*. London，1970

Frankel，Charles. *The Faith of Reason*. New York，1948

Gay，Peter. *The Party of Humanity*. London，1954

Gay，Peter. *The Enlightenment：an interpretation*，2 vols. London，1967，1970

Guyenot，Emile. *Les Sciences de la vie aux XVIIe et XVIIIe siècles*. Paris，1941

Helvétius，Claude Adrien. *A treatise on Man，his intellectual faculties and his education*. London，1777

Holbach，P. H. d'.（1770）. *The System of Nature*. London，1796 - 1797

Hubert, René. *Les Sciences sociales dans VEncyclopedie*. Lille and Paris, 1923

Hubert, René. *Rousseau et l'Encyclopédie*. Paris, 1928

Lough, J. (ed.). *The Encyclopédie of Diderot and D'Alembert*. Cambridge, 1954

Lough, J. *The Encyclopédie*. London, 1971

Lovejoy, Arthur O. (1923). 'The supposed primitivism of Rousseau's Discourse on Inequality', *in Essayson the History of Ideas*. Baltimore, 1948, 14 – 37

Lovejoy, Arthur O. *The Great Chain of Being*. Cambridge, Mass. , 1936

Maclntyre, Alasdair. *A Short History of Ethics*. London, 1966, 121 – 189

Manuel, Frank E. *The Eighteenth Century Confronts the Gods*. Cambridge, Mass. , 1959

Montesquieu, Charles Louis (1721). *Persian Letters*. C. J. Betts (ed. and intro.). Harmondsworth, 1973

Montesquieu, Charles Louis (1748). *The Spirit of Laws*. New York, 1949

Montesquieu, Charles Louis. *Complete Works*. London, 1777

Mornet, Daniel. *Les Origines intellectuelles de la Révolution Françoise*: 1715 – 1787. Paris, 1933

Naville, Pierre (1943). *Paul Thiery d'Holbach etla philosophie scientifique au 18e siècle*. Paris, 1967

Roche, K. F. *Rousseau: stoic and romantic*. London, 1974

Rockwood, R. O. (ed.). *Carl Becker's Heavenly City Revisited*. Ithaca, N. Y. , 1958

Rousseau, Jean-Jacques (1755). *Discours sur l'origine et les fondements de l'inégalité parmi les hommes*. F. C. Green (ed. and intro.). Cambridge, 1941

Rousseau, Jean-Jacques (1762). *The Social Contract*. Maurice Cranston (intro.). Harmondsworth, 1968

Rousseau, Jean-Jacques (1762). *Emile, ou de I' éducation*. F. and P. Richard (intro.). Paris, 1951

Rousseau, Jean-Jacques (1782). *Confessions*. London, 1938

Rousseau, Jean-Jacques. *Oeuvres complètes*. Paris, 1967

Schochet, G. J. *Patriarchialism in Political Thought*. Oxford, 1975

* Shackleton, R. M. *Montesquieu: a critical biography*. Oxford, 1961

* Shklar, Judith. *Men and Citizens: a study of Rousseau's social theory*. Cambridge, 1969

Smith, D. W. *Helvé tius*. Oxford, 1965

Starobinski, Jean. *Jean-Jacques Rousseau*. Paris, 1957

Trevor-Roper, Hugh. 'The historical philosophy of the Enlightenment', *Studies on Voltaire and the Eighteenth Century*, 27(1963),1668 - 1676

Vartanian, Aram. *Diderot and Descartes*. Princeton, 1953

Vyverberg, Henry. *Historical Pessimism in the French Enlightenment*. Cambridge, Mass. , 1958

Wagar, Warren. 'Modern views of the origin of the Idea of Progress', *Journal of the History of Ideas*, 28(1967),55 - 70

Wahl, Jean. 'La bipolarité de Rousseau', *Annales*, 33(1953 - 1955),49 - 55

第二章 心智决定的历史

Avineri, Shlomo. *Hegel's Theory of the Modern State*. Cambridge, 1972

Barnard, F. M. *Herder's Social and Political Thought*. Oxford, 1965

Beck, Louis W. *Early German Philosophy*. Cambridge, Mass. , 1969

Berlin, Isaiah. *Two Concepts of Liberty*. Oxford, 1958

Berlin, Isaiah. 'Herder and the Enlightenment', in Earl R. Wasserman (ed.), *Aspects of the Eighteenth Century*. Baltimore, 1965,47 - 104

Bruford, W. H. *Germany in the Eighteenth Century*. Cambridge, 1935

Bruford, W. H. *Culture and Society in Classical Weimar*, 1775 - 1806. Cambridge, 1962

Bryson, Gladys. *Man and Society: the Scottish Inquiry of the Eighteenth Century*. Princeton, 1945

Butler, E. M. *The Tyranny of Greece over Germany*. Cambridge, 1935

Clark, Robert T. *Herder*. Berkeley and Los Angeles, 1955

Fackenheim, Emil L. 'Kant's concept of history', *Kant-Studien*, 48(1957), 381 - 398

Fackenheim, Emil L. *The Religious Dimension of Hegel's Thought*. Bloomington, Ind. , 1967

Ferguson, Adam (1767). *An Essay on the History of Civil Society*. Duncan Forbes (ed. and intro.). Edinburgh, 1966

Harris, H. S. *Hegel's Development*. Oxford, 1972

Hegel, Georg Wilhelm Friedrich (1807). *The Phenomenology of Mind*. London, 1931

Hegel, Georg Wilhelm Friedrich (1812 - 1816). *Science of Logic*. London, 1969

Hegel, Georg Wilhelm Friedrich (1817). *Philosophy of Mind*. London, 1971

Hegel, Georg Wilhelm Friedrich (1817). *The Philosophy of Right*. Oxford, 1942

Hegel, Georg Wilhelm Friedrich. *Political Writings*. T. M. Knox (ed.). Oxford, 1964

Hegel, Georg Wilhelm Friedrich (1923 - 1955). *Lectures on the Philosophy of History*. New York, 1956

Hegel, Georg Wilhelm Friedrich. *Aesthetics*. Oxford, 1975. [I relied for this chapter on translations made for classes at Essex University by Stanley Mitchell]

Herder, Johann Gottfried von (1784 - 1791). *Reflections on the Philosophy of History of Mankind*. Frank E. Manuel (ed. and intro.). Chicago, 1968

Herder, Johann Gottfried von. *Herder on Social and Political Culture*. F. M. Barnard (ed. and intro.). Cambridge, 1969

Hont, Istvan, Michael Ignatieff. " Needs and justice in ' The Wealth of Nations'", in Istvan Hont, Michael Ignatieff (eds.), *Wealth and Virtue: the shaping of political economy in the Scottish Enlightenment*. Cambridge, 1983, 1 - 44

Hume, David (1739 - 1740). *A Treatise on Human Nature*. Oxford, 1896

Hume, David. *Essays, moral, political and literary*. Oxford, 1963

Kant, Immanuel (1781). *Critique of Pure Reason*. London, 1929

Kant, Immanuel (1799). *Anthropology from a Pragmatic Point of View*. M. J. Gregor (intro.). The Hague, 1974

Kant, Immanuel. *On History*. Louis W. Beck (ed. and intro.). Indianapolis, 1963

Kant, Immanuel. *Kant's Political Writings*. H. Reiss (ed. and intro.). Cambridge, 1970

Kaufmann, Walter. *Hegel: a re-interpretation*. Garden City, N. Y. , 1965

Kaufmann, Walter (ed.). *Hegel: texts and commentary*. Garden City, N. Y. , 1966

Kaufmann, Walter (ed.). *Hegel's Political Philosophy*. New York, 1970

* Kelly, George A. *Idealism, Politics and History: Sources of Hegelian Thought*. Cambridge, 1969.

Kettler, David. *The Social and Political Thought of Adam Ferguson*. Columbus, Ohio, 1965

Knox, T. M. 'Hegel's attitude to Kant's ethics', *Kant-Studien*, 49(1957),70 - 81

Kojeve, Alexandre (1947). *Introduction to the Reading of Hegel*. New York, 1963

Lovejoy, Arthur O. (1916). 'The meaning of "romantic" in early German Romanticism', in *Essays on theHistory of Ideas*. Baltimore, 1948, 183 - 206.

Lovejoy, Arthur O. (1920). 'Schiller and thegenesis of German romanticism', in *Essays on the History of Ideas*. Batimore, 1948, 207 - 227

Lovejoy, Arthur O. ' Herder and the enlightenment philosophy of history', in

Essays on the History of Ideas. Baltimore, 1948, 166 – 182

Lowith, Karl (1941). *From Hegel to Nietzsche*. London, 1965

Lukács, Georg (1954). *The Young Hegel*. London, 1975

Maclntyre, Alasdair. *A Short History of Ethics*. London, 1966, 190 – 214

Maclntyre, Alasdair (ed.). *Hegel*. New York, 1972

Mainland, W. F. *Schiller and the Changing Past*. London, 1957

Manuel, Frank E. *Shapes of Philosophical History*. Stanford, Calif., 1965

Millar, John. *The Origin of the Distinction of Ranks*. London, 1779

Miller, R. D. *Schiller and the Idea of Freedom*. Oxford, 1970

Mure, G. R. G. *A Study of Hegel's Logic*. Oxford, 1950

Pascal, Roy. *The German Sturm und Drang*. Manchester, 1953

Pelczynski, Z. (ed.). *Hegel's Political Philosophy*. Cambridge, 1971

Pelczynski, Z. A. (ed.). *The State and Civil Society: studies in Hegel's political philosophy*. Cambridge, 1984

Popper, K. R. (1954). 'Kant's critique and cosmology', in *Conjectures and Refutations*. London, 1963, 175 – 183

Rabel, G. (ed.). *Kant*. Oxford, 1963

Regin, D. *Freedom and Dignity: the historical and philosophical thought of Schiller*. The Hague, 1965

Rosen, Michael. *Dialectic and its Criticism*. Cambridge, 1982

Schiller, Johann Cristoph Friedrich von. *The Philosophical and Aesthetic Letters and Essays*. London, 1845

Schneider, Louis (ed.). *The Scottish Moralists on Human Nature and Society*. Chicago, 1967

Simon, Walter M. *Friedrich Schiller: 1759 – 1805*. Keele, 1966

Solomon, Robert C. *In the Spirit of Hegel: a study of G. W. F. Hegel's 'Phenomenology of Spirit'*. New York, 1983

* Taylor, Charles. *Hegel*. Cambridge, 1975

Taylor, Charles. *Hegel and Modern Society*. Cambridge, 1979

Ward, K. *The Development of Kant's View of Ethics*. Oxford, 1972

Wells, G. A. *Herder and After*. The Hague, 1959

Williams, T. C. *The Concept of the Categorical Imperative*. Oxford, 1968

第三章　人决定的历史

Acton, H. B. *The Illusion of the Epoch*. London, 1955

Althusser, Louis. (1966). *For Marx*. London, 1969

Althusser, Louis, Etienne Balibar (1967). *Reading Capital*. London, 1971

* Avineri, Shlomo. *The Social and Political Thought of Karl Marx*. Cambridge, 1968

Berlin, Isaiah (1939). *Karl Marx*. London, 1963

Blumenberg, Werner (1962). *Karl Marx*. London, 1972

Bober, Mandell M. *Karl Marx's Interpretation of History*. Cambridge, Mass. , 1948

Cohen, Gerald A. 'Bourgeois and Proletarians', in Shlomo Avineri (ed.). *Marx's Socialism*. New York, 1973,101 - 125

Cohen, G. A. *Karl Marx's Theory of History:a defence*, Oxford, 1978

Elster, Jon. *Making Sense of Marx*. Cambridge, 1985

Feuerbach, Ludwig (1843). *The Essence of Christianity*. New York, 1957

Freedman, Robert (ed.). *Marx on Economics*. Harmondsworth, 1962

Kamenka, Eugene. *Tlie Ethical Foundations of Marxism*. London, 1962

Kamenka, Eugene. *The Philosophy of Ludwig Feuerbach*. London, 1970

Kolakowski, Leszek. *Marxism and Beyond*. London, 1969

* Kolakowski, Leszek. *Main Currents of Marxism*. Three volumes. Oxford, 1978

Korsch, Karl (1923). *Marxism and Philosophy*. London, 1970

Korsch, Karl. *Karl Marx*. London, 1938

Lange, Oscar. *On the Economic Theory of Socialism*. Minneapolis, 1938

Lichtheim, George. *Marxism*. London, 1961

Lichtheim, George. 'The origins of Marxism', *Journal of the History of Philosophy*, 3(1965),96 - 105

Löwith, Karl. 'Max Weber und Karl Marx', *Archiv für Sozialwissenschaft und Sozialpolitik*, 67(1932),53 - 99,175 - 214 [translation forthcoming]

Lukács, Georg (1923). *History and Class Consciousness*. London, 1971

Maclntyre, Alasdair (1953). *Marxism and Christianity*. New York, 1968

Maclntyre, Alasdair. *A Short History of Ethics*. London, 1966,227 - 248

McLellan, David. *The Young Hegelians and Karl Marx*. London, 1969

Marx, Karl (1927 - 1932). *Early Writings*. Lucio Coletti (ed.). Harmondsworth, 1975

Marx, Karl (1927). *Critique of Hegel's Philosophy of Right*. Joseph O'Malley (ed. and intro.). Cambridge, 1970

Marx, Karl (1932). *The German Ideology*. New York, 1947

Marx, Karl (1847). *The Poverty of Philosophy*. London, n. d.

Marx, Karl. *The Revolutions of* 1848:*Political Writings vol.* 1. David Fernbach (ed.). Harmondsworth, 1973

Marx, Karl (1848). 'Wage labour and capital', in *Karl Marx and Frederick Engels: selected works.* London, 1968, 72 - 94

Marx, Karl (1850). 'The class struggles in France, 1848 - 1850', in *Karl Marx and Frederick Engeb: selected works*, vol. 1. London, 1962, 139 - 227

Marx, Karl (1852). 'The eighteenth Brumaire of Louis Bonaparte', in *Karl Marx and Frederick Engels: selected works.* London, 1968, 95 - 180

Marx, Karl (1939). *The Grundrisse.* Martin Nicolaus (intro.). Harmondsworth, 1973

Marx, Karl (1898). 'Wages, price and profit', in *Karl Marx and Frederick Engels: selected works.* London, 1968, 186 - 229

Marx, Karl (1867). *Capital.* Vol. 1. London, 1961

Marx, Karl. *Surveys from Exile: Political Writings vol.* 2. David Fernbach (ed.). Harmondsworth, 1973

Marx, Karl. *The Civil War in France.* London, 1871

Marx, Karl (1885). *Capital.* Vol. 2. London, 1907

Marx, Karl (1893 - 1894). *Capital.* Vol. 3. London, 1962

Marx, Karl. *The First International and After: Political Writings vol.* 3. David Fernbach (ed.). Harmondsworth, 1974

Marx, Karl, Friedrich Engels (1927 - 1932). *Selected Correspondence.* Dona Torr (ed.). London, 1934

Marx, Karl, Friedrich Engels (1848). 'Manifesto of the Communist Party', in *Karl Marx and Frederick Engels: selected works.* London, 1968, 31 - 63

Oilman, Bertell. *Alienation: Marx's conception of man in capitalist society.* Cambridge, 1971

Rubel, Maximilien. *Bibliographie des oeuvres de Karl Marx.* Paris, 1956

Rubel, Maximilien. *Karl Marx.* Paris, 1957

Schumpeter, Joseph. *Capitalism, Socialism and Democracy.* New York, 1942

Stein, Lorenz von (1850). *History of the Social Movement in France.* Totowa, N. J. , 1964

Sweezy, Paul. *The Theory of Capitalist Development.* New York, 1942

Tucker, Robert C. *Philosophy and Myth in Karl Marx.* Cambridge, 1961

第四章　规律决定的历史　I

Anschutz, Richard P. (1953). *The Philosophy of J. S. Mill.* Oxford, 1963

Bryson, Gladys. 'Early English positivists and the Religion of Humanity', *American Sociological Review*, 1(1936), 343 - 362

Charlton, Donald G. *Positivist Thought in France during the Second Empire,*

1852 - *jo*. Oxford，1959

* Collini, Stefan, Donald Winch, John Burrow. *That Noble Science of Politics: a study in nineteenth-century intellectual history*. Cambridge, 1983

Comte, Auguste. *The Crisis of IndustrialCivilisation: the early essays of Auguste Comte*. Ronald Fletcher (ed.). London, 1974

Comte, Auguste. *Cours de Phihsophie Positive*. Paris, 1830 - 1842

Comte, Auguste (1851 - 1854). *System of Positive Polity*. London, 1875 - 1877

Cowling, Maurice. *Mill and Liberalism*. Cambridge, 1963

Evans-Pritchard, E. E. *The Sociology of Comte*. Manchester, 1970

Holthoon, F. L. van. *The Road to Utopia: a study of John Stuart Mill's social thought*. Assen, 1971

Hubert, René. 'Comte', *Encyclopedia of the Social Sciences*. Vol. 3. New York, 1930,151 - 153

Iggers, George S. *The Cult of Authority*. The Hague, 1958

Lévy-Bruhl, Lucien. *La Philosophie d'Auguste Comte*. Paris, 1900

* Manuel, Frank E. *The New World of Henri Saint-Simon*. Cambridge, Mass. , 1956

Manuel, Frank E. *The Prophets of Paris*. Cambridge, Mass. , 1962

Martineau, Harriet. *Autobiography*. Boston, 1877

Mill, John Stuart (1843). *A System of Logic*. London, 1875

Mill, John Stuart (1848). *Principles of Political Economy*. Donald Winch (ed. and intro.). Harmondsworth, 1970

Mill, John Stuart (1859). *On Liberty*. G. Himmelfarb (ed. and intro.). Harmondsworth, 1974

* Mill, John Stuart (1865). *Auguste Comteand Positivism*. Ann Arbor, Mich. , 1961

Mill, John Stuart (1869). *The Subjection of Women*. Cambridge, Mass. , 1970

Mill, John Stuart. *Autobiography*. London, 1873

Mueller, Iris. *John Stuart Mill and French Thought*. Urbana, 111. ,1956

Packe, Michael St. J. *The Life of John Stuart Mill*. London, 1954

Robson, J. M. *The Improvement of Mankind: the social and political philosophy of John Stuart Mill*. Toronto, 1968

* Ryan, Alan. *The Philosophy of John Stuart Mill*. London, 1970

Saint-Simon, Henri. *Oeuvres completes*. Paris, 1966

Simon, Walter M. *European Positivism in the Nineteenth Century*. Ithaca, N. Y. , 1963

Stephen, Leslie. *The English Utilitarians*. London, 1900

Whewell, W. (1837). *History of the Inductive Sciences*. London, 1967

Whittaker, T. *Comte and Mill*. London, 1908

第五章 规律决定的历史 II

* Abrams, Philip. *The Origins of British Sociology*, 1834 - 1914. Chicago, 1968

Annan, Noel. *The Curious Strength of Positivism in English Thought*. London, 1959

Booth, Charles. 'The inhabitants of Tower Hamlets (School Board Division), their condition and occupations', *Journal of the Royal Statistical Society*, 50 (1887), 326 - 391

* Burrow, J. W. *Evolution and Society*. Cambridge, 1966

* Collini, Stefan. *Liberalism and Sociology: L. T. Hobhouse and political argument in England 1880 - 1914*. Cambridge, 1980

Duncan, David. *The Life and Letters of Herbert Spencer*. London, 1908

Galton, Francis. *Natural Inheritance*. London, 1881

Galton, Francis. *Essays in Eugenics*. London, 1909

Green, T. H. *Lectures on the Principles of Political Obligation*. London, 1907

Hobhouse, L. T. *Mind in Evolution*. London, 1901

Hobhouse, L. T. *Morals and Evolution*. London, 1906

Hobhouse, L. T. *Social Evolution and Political Theory*. New York, 1911

Hobhouse, L. T. *Development and Purpose*. London, 1913

Hobhouse, L. T. *Social Development*. London, 1924

Hobson, J. A. , Morris Ginsberg. *L. T. Hobhouse, his life and work*. London, 1931

Huxley, T. H. *Evolution and Ethics*. London, 1893

* Medawar, P. B. (1963). 'Herbert Spencer and the Law of General Evolution', in *The Art of the Soluble*. Harmondsworth, 1969, 45 - 67

Moore, G. E. *Principia Ethica*. Cambridge, 1903

Pearson, Karl. *The Groundwork of Eugenics*. London, 1909

* Peel, J. D. Y. *Herbert Spencer*. London, 1971

Richter, Melvin. *The Politics of Conscience: T. H. Green and his age*. London, 1964

Rowntree, B. S. *Poverty: a study of town life*. London, 1901

Schlipp, P. A. (ed.). *The Philosophy of G. E. Moore*. New York, 1942

Sidgwick, Henry. 'Economic science and statistics', *Journal of the Royal Statistical Society*, 48(1885), 595 - 616

Simey, T. S. and M. B. *Charles Booth*. Oxford, 1960

Spencer, Herbert. *Social Statics*. London, 1851

Spencer, Herbert. *The Principles of Psychology*. London, 1855

Spencer, Herbert (1862). *First Principles*. London, 1910

Spencer, Herbert (1862). *Reasons for Dissenting from the Philosophy of M. Comte, and other essays*. Berkeley, 1968

Spencer, Herbert (1873). *The Study of Sociology*. London, 1894

Spencer, Herbert. *Descriptive Sociology*. David Duncan et al. (compiled and abstracted). London, 1873 – 1934

Spencer, Herbert. *The Data of Ethics*. London, 1879

Spencer, Herbert (1884). *Man versus the State*. Donald MacRae (ed. and intro.). Harmondsworth, 1969

Spencer, Herbert. *Autobiography*. London, 1904

Webb, Beatrice. *My Apprenticeship*. London, 1936

White, Alan (1958). G. E. *Moore: a critical exposition*. Oxford, 1969

Warnock, Geoffrey. *Contemporary Moral Philosophy*. London, 1967

第六章　规律决定的历史　Ⅲ

[This bibliography owes much to the excellent one in Lukes, *op. cit.*, 561 – 615]

Barnes, J. A. 'Durkheim's Division of Labour in Society', *Man* (N. S.), 1 (1966),158 – 175

Besnard, Philippe (ed.). *The Sociological Domain: the Durkheimians and the founding of French sociology*. Cambridge and Paris, 1983

Bougié, Célestin (1896). *Les Sciences sociales en Allemagne*. Paris, 1912

Bourgin, H. *De Jaurès à Léon Blum: l'Ecole Normale et la politique*. Paris, 1938

Clark, Terry N. 'Emile Durkheim and the institutionalisation of sociology in the French university system', *Archives Européennes de Sociologie*, 9(1968),37 – 71. See also Anthony Oberschall (ed.). *The Establishment of Empirical Sociology*. New York, 1972,152 – 186

Clark, Terry N. 'The structure and functions of a research institute: the Année sociologique', *Archives Européennes de Sociologie*, 9(1968),72 – 91

Cuvillier, Armand. 'E. Durkheim et le socialisme', *Revue socialiste*, 122 (1959),33 – 43

Davy, Georges. 'Emile Durkheim: l'homme', *Revue de métaphysique et de morale*, 26(1919),181 – 198

Durkheim, Emile. 'La science positive dela morale en Allemagne', *Revue*

philosophique, 24(1887),33 – 58,113 – 142,275 – 284. Pp. 40 – 43,138 –
140 and 276 – 275 are translated in Anthony Giddens, (ed. and intro.). *Emile
Durkheim: Selected writings*. Cambridge, 1972,94 – 95,92 – 94,90 – 92

Durkheim, Emile. ' F. Tönnies: Gemeinschaft und Gesellschaft ', *Revue
philosophique*, 27(1889),416 – 422. Pp. 421 – 422 are translated in Anthony
Giddens (ed. and intro.), op. cit, 146 – 147.

Durkheim, Emile (1893). *De la division dela travail social*. Paris, 1902.

Durkheim, Emile (1892). ' Montesquieu's contribution to the rise of social
science', in *Montesquieu and Rousseau*. Ann Arbor, Mich. , 1960,1 – 64

Durkheim, Emile (1895). *The Rules of Sociological Method*. Glencoe, I
11. ,1950

Durkheim, Emile (1897). *Suicide*. London, 1952

Durkheim, Emile. ' Antonio Labriola: Essais sur la conception matérialiste de
l'histoire', *Revue philosophique*, 44 (1897),645 – 651. Pp. 648 – 651 are
translated in Anthony Giddens (ed. and intro.), *op. cit.* , 159 – 162

Durkheim, Emile (1898). ' Individualism and the intellectuals', Steven Lukes
(intro.), *Political Studies*, 17(1969),14 – 30.

Durkheim, Emile (1900). 'Sociology and its scientific field', in Kurt H. Wolff
(ed.), *op. cit.* , 354 – 375

Durkheim, Emile (1903). *Primitive Classification*. Rodney Needham (intro.).
London, 1963

Durkheim, Emile (1912). *The Elementary Forms of the Religious Life*.
London, 1915

Durkheim, Emile (1914). ' The dualism of human nature and its social
conditions', in Kurt H. Wolff (ed.), *op. cit.* , 325 – 340

Durkheim, Emile (1918). ' Rousseau's Social Contract', in *Montesquieu and
Rousseau*. Ann Arbor, Mich. , 1960,65 – 138

Durkheim, Emile. 'Introduction à la morale', *Revue phibsophique*, 89(1920),
79 – 97

Durkheim, Emile (1922). *Education and Sociology*. Glencoe, I 11. ,1956

Durkheim, Emile (1924). *Sociology and Philosophy*. London, 1953

Durkheim, Emile (1925). *Moral Education*. New York, 1953

Durkheim, Emile (1928). *Socialism and Saint-Simon*. A. W. Gouldner (ed.
and intro.), London, 1959

Durkheim, Emile (1950). *Professional Ethics and Civic Morals*. London, 1957

Durkheim, Emile (1955). *Pragmatism and Sociology*. J. B. Allcock, A.
Cuvillier (eds. and intro.)- Cambridge, 1983

Giddens, Anthony. 'The suicide problem in French sociology', *British Journal of Sociology*, 16(1965),1 - 18

Giddens, Anthony. 'The "individual" in the writings of Durkheim', *Archives Européennes de Sociologie*, 12(1971),210 - 228

LaCapra, Dominic. *Emile Durkheim*. Ithaca, N. Y. , 1972

Lacombe, Roger. *La Méthode sociobgique de Durkheim*. Paris, 1926

Lourau, René. 'La société institutrice, Durkheim etles origines de la science de l' éducation', *Les Temps modernes*, 24(1969),1648 - 1664

* Lukes, Steven. *EmileDurkheim: his life and work*. London, 1973

Neyer, Joseph. 'Individualism and socialism in Durkheim', in Kurt H. Wolff (ed.), *op. cit.* 32 - 76

Poggi, Gianfranco. *Images of Society: essays on the sociological theories of Tocqueville, Marx and Durkheim*. Stanford, 1972

Richter, Melvin. 'Durkheim's politics and political theory', in Kurt H. Wolff (ed.), *op. cit.* , 170 - 210

Seger, Imogen. *Durkheim and his Critics on the Sociology of Religion*. New York, 1957

Smith, W. Robertson (1889). *The Religion of the Semites*. London, 1956

Tarde, Gabriel. 'Questions sociales', *Revue phibsophique*, 35(1893),618 - 638

Tarde, Gabriel. 'La realité sociale', *Revue phibsophique*, 52(1901),457 - 479

Wolff, Kurt H. (ed.) (1960). *Emile Durkheim et ed. : essays on sociology and social philosophy*. New York, 1964

Wolin, Sheldon S. *Politics and Vision*. Boston, 1960,352 - 434

Worms, René. 'Emile Durkheim', *Revue international de sociologie*, 25 (1917),561 - 568

Worms, René. *La sociologie, sa nature, soncontenu, ses attaches*. Paris, 1921

Worsley, Peter. 'Emile Durkheim's theory of knowledge', *Sociological Review* (N. S.), 4(1956),47 - 62

第七章　意志决定的历史

Antoni, Carlo (1940). *From History to Sociology*. London, 1962

Aron, Raymond, 'Max Weber', in *Main Currents of Sociological Thought*. Vol. 2. London, 1968,177 - 252

Baumgarten, Eduard (ed.). *Max Weber: Werk und Person*. Tübingen, 1964

* Beetham, David. *Max Weber and the Theory of Modern Politics*. London, 1974

Bendix, Reinhard. *Max Weber: an intellectual portrait*. London, 1966

Bendix, Reinhard, Gunther Roth. *Scholarship and Partisanship: essays on Max Weber*. London, 1971

Dilthey, Wilhelm (1883ff.). *Meaning in History*. H. P. Rickman (ed. and intro.). London, 1961

Dilthey, Wilhelm (1907). *The Essence of Philosophy*. New York, 1969

Falk, Werner. 'Democracy and capitalism in Max Weber's sociology', *Sociological Review*, 27(1935), 373 – 393

Giddens, Anthony. *Politics and Sociology in the Thought of Max Weber*. London, 1972

Hodges, H. A. *Wilhelm Dilthey: an introduction*. London, 1944

Hodges, H. A. *The Philosophy of Wilhelm Dilthey*. London, 1952

Kluback, William. *Wilhelm Dilthey's Philosophy of History*. New York, 1956

Löwith, Karl. 'Max Weber und Karl Marx', *Archiv für Sozialwissenschaft und Sozialpolitik*, 67(1932), 53 – 99, 175 – 214 [translation forthcoming]

Lindenlaub, Dieter. *Richtungskämpfe im Verein für Sozialpolitik*. Wiesbaden, 1967

Marx, Karl (1891). 'Critique of the Gotha Programme', in *Karl Marx and Frederick Engels: selected works*. London, 1968, 315 – 341

Mayer, J. P. *Max Weber and German Politics*. London, 1944

Mitzman, Arthur. *The Iron Cage: an historical interpretation of Max Weber*. New York, 1970

Mommsen, Wolfgang J. (1959). *Max Weber und die Deutsche Politik*, 18go – 1920. Tübingen, 1974

Mommsen, Wolfgang J. 'Max Weber's political sociology and his philosophy of world history', *International Social Science Journal*, 17(1965), 23 – 45

Mommsen, Wolfgang J. *The Age of Bureaucracy: perspectives on the political sociology of Max Weber*. Oxford, 1974

Palmer, R. E. *Hermeneutics*. Evanston, Ill., 1968

Rickert, Heinrich (1899). *Science and History: a critique of positivist epistemology*. Princeton, 1962

* Ringer, Fritz K. *The Decline of the German Mandarins: the German academic community*, 1890 – 1933. Cambridge, Mass., 1969

Runciman, W. G. *A Critique of Max Weber's Philosophy of Social Science*. Cambridge, 1972

Samuelson, Kurt (1957). *Religion and Economic Action*. London, 1961

Schelting, Alexander von. *Max Weber's Wissenschaftslehre*. Tübingen, 1934

Schluchter, Wolfgang. *Aspekte bürokratischer Herrschaft: Studien zur*

Interpretation der fortschreitenden Industriegesellschaft. Munich, 1972

Schmitt, Gustav. *Deutscher Historismus und der Ubergang zurparliamentarischen Demokratie.* Lübeck and Hamburg, 1964

Schmoller, Gustav. *Die Soziale Frage.* Munich, 1918

Sombart, Werner (1902). *A History of the Economic Institutions of Modern Europe.* F. L. Nussbaum (ed.). New York, 1933

Sombart, Werner (1911). *The Jews and Modern Capitalism.* London, 1913

Sombart, Werner (1913). *The Quintessence of Capitalism.* London, 1915

Stammer, Otto (ed.) (1965). *Max Weber and Sociology Today.* Oxford, 1971

Tenbruck, Friedrich H. 'Die Genesis der Methodologie Max Webers', *KölnerZeitschrift für Soziologie und Sozialpsychologie*, 11(1959),573 – 630

Turner, Bryan S. *Weber on Islam.* London, 1974

Weber, Marianne (1926). *Max Weber: a biography.* Harry Zohn (ed.). New York, 1975

Weber, Max (1893). 'Die ländliche Arbeitsverfassung', in *Gesammelte Aufsätze zur Sozial — und Wirtschaftsgeschichte.* Tübingen, 1924,444 – 469

Weber, Max (1894). 'Entwickelungstendenzen in der Lage der ostelbischen Landarbeiter', in *Gesammelte Aufsdtze zur Sozial — und Wirtschaftsgeschichte.* Tübingen, 1924,470 – 507

Weber, Max (1895). 'Der Nationalstaat und die Volkwirtschaftspolitik', in *Gesammelte Politischen Schriften.* Tübingen, 1958,1 – 25

Weber, Max (1904). '"Objectivity" in sociology and social policy', in Edward Shils, Henry A. Finch (eds.). *The Methodology of the Social Sciences.* Glencoe, 111. ,1949,49 – 112

Weber, Max (1905). *The Protestant Ethic and the Spirit of Capitalism.* London, 1930

Weber, Max (1906). 'Zur Lage der bürgerlichen Demokratie in Russland', in *Gesammelte Politische Schriften.* Tübingen, 1958,30 – 65

Weber, Max (1906). 'Russlands Ubergang zum Scheinkonstitutionalismus', in *Gesammelte Politische Schriften.* Tübingen, 1958,66 – 108

Weber, Max (1906). The Protestant sects and the spirit of capitalism', in H. H. Gerth, C. W. Mills (eds.). *From Max Weber.* London, 1948,302 – 322

Weber, Max (1916). *The Religion of China: Confucianism and Taoism.* New York, 1964

Weber, Max (1916 - 1917). *The Religion of India: the sociology of Hinduism and Buddhism.* Glencoe, 111. ,1958

Weber, Max (1917). 'Russlands Ubergang zur Scheindemokratie', in

Gesammelte Politische Schriften. Tübingen, 1958,192 - 210

Weber, Max (1917). ' Wahlrecht und Demokratie in Deutschland ', in *Gesammelte Politische Schriften.* Tübingen, 1958,233 - 279

Weber, Max (1917). ' Parliament und Regierung im neugeordneten Deutschland', in *Gesammelte Politische Schriften.* Tübingen, 1958,294 - 431

Weber, Max (1917). 'National character and the Junkers', in H. H. Gerth, C. W. Mills (eds.), *op. cit.* 386 - 395

Weber, Max (1917). ' The meaning of " ethical neutrality" in sociology and economies', in Edward Shils, Henry A. Finch (eds.), *op. cit.* , 1 - 47

Weber, Max (1917 - 1919). *Ancient Judaism.* New York, 1952

Weber, Max (1918). ' Der Sozialismus', in *Gesammelte Politische Schriften.* Tübingen, 1958,492 - 518

Weber, Max (1919). 'Politics as a vocation', in H. H. Gerth, C. W. Mills (eds.), *op. cit.* , 77 - 128

Weber, Max (1919). 'Science [Wissenschaft] as a vocation', in H. H. Gerth, C. W. Mills (eds.), *op. cit.* , 129 - 156

Weber, Max (1920). 'Author's introduction' [written for *Gesammelte Aufsätze zurReligionssoziologie.* Tübingen, 1920 - 1921], in *The Protestant Ethicand the Spirit of Capitalism.* London, 1930,13 - 31

Weber, Max (1922). ' The economy and the arena of normative and de facto powers', in Gunther Roth, Claus Wittich (eds. and intro.). *Economy and Society.* New York, 1968,311 - 461

Weber, Max (1922). 'Conceptual exposition', in Gunther Roth, Claus Wittich (eds. andintro.) *op. cit.* , 3 - 307

Weber, Max (1923). *General Economic History.* London, 1927

第八章　让人困惑的历史

Abel, Theodor. *Systematic Sociology in Germany: acritical analysis of some attempts to establish sociology as an independent science.* New York, 1929

*Aron, Raymond (1935). *German Sociology.* Glencoe, 111. ,1964

Bayet, A. *Le suicide et la morale.* Paris, 1923

* Benoît-Smullyan, E. *The Development of French Sociobgism and its Critics in France.* Thesis deposited in the Widener Library, Harvard University, Cambridge, Mass. , 1937

Benoît-Smullyan, E. 'Sociology in the French language', in H. E. Barnes and H. Becker (eds.). *Social Thought from Lore to Science.* Boston, 1938,815 - 877

Benoît-Smullyan, E. ' The sociologism of Emile Durkheim and his school', in H.

启蒙与绝望：一部社会理论史

E. Barnes (ed.), *An Introduction to the History of Sociology*. Chicago, 1948,499 - 537

Blondel, C. *Le Suicide*. Strasbourg, 1933

Bougié, Célestin. *Humanisme, Sociologie, Philosophie: remarques sur la conception francaise de la Culture géneralé*. Travaux de l'Ecole Normale Supérieure (Lettres). Paris, 1938

Bowley, A. L. *The Nature and Purpose of the Measurement of Social Phenomena*. London, 1915

Bowley, A. L. , A. R. Bennet-Hurst. *Livelihood and Poverty*. London, 1915

Branford, V. V. , Patrick Geddes. *The Coming Polity*. London, 1921

Branford, V. V. , Patrick Geddes. *On Social Inheritance*. London, 1923

Caine, S. *The History of the Founding of the London School of Economics*. London, 1963

Caradog-Jones, D. 'Evolution of the social survey in England since Booth', *American Journal of Sociology*, 46(1940 - 1941),818 - 825

Cassirer, Ernst. 'Neo-Kantianism', *Encyclopaedia Britannica*, 14th ed. (1930),215 - 216

Collingwood, R. G. 'Oswald Spengler and the theory of historical cycles', *Antiquity*, 1(1927),311 - 325,435 - 446

Coser, Lewis A. 'Georg Simmel 1858 - 1918', in *Masters of Sociological Thought*. New York, 1971,177 - 215

Davy, Georges (1931). *Sociologues d'hier ed'aujourd'hui*. Paris, 1950

Davy, Georges, A. Moret. *Des Clans aux empires*. Paris, 1923

Duprat, Guillaume L. 'La psycho-sociologie en France', *Archiv für Geschichte der Philosophie undSoziologie*, 37(1926),133 - 160

Fletcher, Ronald (ed.). *The Science of Society and the Unity of Mankind : a memorial volume for Morris Ginsberg*. London, 1974

Freyer, Hans. *Soziologie als Wirklichkeitwissenschaft*. Leipzig, 1930

Geddes, Patrick. *Cities in Evolution*. London, 1915

Ginsberg, Morris. *Studies in Sociology*. London, 1932

Ginsberg, Morris. 'Recent tendencies in sociology', *Economica*, 13(1933),22 - 39

Ginsberg, Morris. *Sociology*. London, 1934

Ginsberg, Morris. *Reason and Unreason in Society*. London, 1948

Ginsberg, Morris. *On Justice in Society*. London, 1965

Griinwald, Ernst. *Das Problem der Soziologie des Wissens*. Vienna and Leipzig, 1934

Halbwachs, Maurice. *Les Causes dusuicide*. Paris, 1930

Hobson, J. A. *Free Thought in the Social Sciences*. London, 1926

Holborn, Hajo. 'Der Deutsche Idealismus in sozialgeschichtlicher Beleuchtung', *Historische Zeitschrift*, 174(1952),359 – 384

Hubert, René. 'Essai sur les origines et des progrès de la sociologie en France', *Revue de l'histoire de la philosophie et d'histoire générate de la civilisation* (N. S.), 6(1938),111 – 155,281 – 310

Hughes, H. Stuart. *Oswald Spengler*. New York, 1952

Husserl, Edmund (1907). *The Idea of Phenomenology*. The Hague, 1964

Husserl, Edmund (1910). 'Philosophy as a rigorous science', in *Phenomenology and the Crisis of Philosophy*. New York, 1965

Husserl, Edmund. 'Phenomenology', *Encyclopaedia Britannica*, 14th ed. (1927),699 – 702

Institute of Sociology, *The Social Sciences: their relations in theory and in teaching*. London, 1936

Institute of Sociology. Fürther Papers on the Social Sciences. London, 1937

Jay, Martin. *The Dialectical Imagination: a history of the Frankfürt School and the Institute of Social Research*, 1923 – 1950. Boston, 1973

Jay, Martin. *Adorno*. Cambridge, Mass. , 1984

Korsch, Karl (1923). *Marxism and Philosophy*. London, 1970

Landheer, Barth. 'Othmar Spann's social theories', *Journal of Political Economy*, 39(1931),239 – 248

Lenk, K. 'Das tragische Bewusstsein in derdeutschen Soziologieder zwanziger Jahre', *Frankfürter Hefte*, 18(1963),313 – 320

Leroy, Maxime. *Histoire des idées sociales en France*. Paris, 1946 – 1954

Lévi-Strauss, Claude. 'French sociology', in Georges Gurvitch, W. E. Moore (eds.). *Twentieth-Century Sociology*. New York, 1945,503 – 537

Lichtheim, George. *Lukács*. London, 1970

Lukács, Georg (1923). *History and Class Consciousness*. London, 1971

Lukács, Georg (1953). *Die Zerstörung der Vernunft*. Berlin, 1954

Mannheim, Karl (1929). *Ideology and Utopia*. London, 1936

Mannheim, Karl. *Rational and Irrational Elements in Contemporary Society*. London, 1934

Mannheim, Karl. *Essays on the Sociology of Knowledge*. P. Kecskemeti (ed.). London, 1952

Mauss, Marcel. 'Division et proportions des divisions de la sociologie', *Année sociologique* (N. S.), 2(1927),95 – 176

Mauss, Marcel. 'Fragment d'un plan de sociologie générate descriptive', *Année sociologique*, sér. A. fasc. 1(1934),1 - 56

Neumann, S. 'Alfred Weber's conception of a historico-cultural sociology', in H. E. Barnes (ed.). *An Introduction to the History of Sociology*. Chicago, 1948,353 - 361

Oppenheimer, Franz. 'Tendencies in recent German sociology', *Sociological Review*, 24(1932),1 - 13,125 - 137,249 - 260

Remmling, G. W. *The Sociology of Karl Mannheim*. London, 1975

* Ringer, Fritz K. *The Decline of the German Mandarins*; *the German academic community*, 1890 - 1933. Cambridge, Mass. , 1969

Rumney, Jay. 'British Sociology', in Georges Gurvitch, W. E. Moore (eds.). *Twentieth-Century Sociology*. New York, 1945,562 - 585

Scheler, Max (1912). *Ressentiment*. Lewis A. Coser (ed.). New York, 1961

Scheler, Max (1913). *The Nature of Sympathy*. London, 1954

Scheler, Max (1921). *On the Eternal in Man*. London, 1960

Scheler, Max. 'Weltanschauungslehre, Soziologie und Weltanschauungssetzung', in *Schriften zur Soziologie und Weltanschauungslehre*. Leipzig, 1923,1 - 25

Scheler, Max. *Philosophical Perspectives*. Boston, 1958

Schelting, Alexander von. 'Karl Mannheim: Ideology and Utopia', *American Sociological Review*, 1(1936),666 - 673

Schmitt, Richard. 'Phenomenology', *Encyclopedia of Philosophy*. New York, 1967

Sidgwick, Henry (1874). *The Method of Ethics*. London, 1962

Simey, T. S. 'The contribution of Sidney and Beatrice Webb to sociology', *British Journal of Sociology*, 12,(1961),106 - 123

Simmel, Georg (1908). *Sociology*. Kurt H. Wolff (ed.). Glencoe, Ill. ,1950

Simmel, Georg. *Phihsophische Kultur: gesammelte Essays*. Leipzig, 1911

Simmel, Georg. *Brücke und Tür: Essays des Philosophen zur Geschichte, Religion, Kunst und Gesellschaft*. M. Landmann, M. Susman (eds.). Stuttgart, 1957

Sociological Review, 13 - 25 (1921 to 1933), *passim*

Spann, Othmar. *Gesellschaftslehre*. Leipzig, 1923

Spann, Othmar. *Gesellschaftsphihsophie*. Munich and Berlin, 1928

Spengler, Oswald (1918). *The Decline of the West*. London, 1923

Spiegelberg, Herbert (1960). *The Phenomenohgical Movement*. The Hague, 1965

Spykman, Nicholas J. (1925). *The Social Theory of Georg Simmel*. New York,

1966

* Staude, John R. *Max Scheler*. New York, 1967

Tönnies, Ferdinand (1887). *Community and Association*. East Lansing, Mich. , 1957

Tönnies, Ferdinand (1909). *Custom*. New York, 1961

Tönnies, Ferdinand. *Geist der Neuzeit*. Leipzig, 1935

Tönnies, Ferdinand. 'The concept and law of human progress', *Social Forces*, 19(1940),23 - 29

Vierkandt, A. (ed.). *Handwörterbuch der Soziologie*. Stuttgart, 1931

Vierkandt, A. (1931 - 1937). *Sociology*. New York, 1941

Vörlander, K. *Kant und Marx*. Tübingen, 1926

Watnick, Morris. 'Relativism and classconsciousness: Georg Lukács', in Leopold Labedz (ed.). *Revisionism*. London, 1962,142 - 165

Webb, Beatrice and Sidney (1932). *Methods of Social Study*. T. H. Marshall (intro.). Cambridge, 1975

Weber, Alfred (1920). *Fundamentals of Culture-Sociology*. New York, 1939

Weber, Alfred. *Deutschland und die europäische Kulturkrise*. Jena, 1924

Weber, Alfred (1943). *Farewell to European History*. London, 1948

Weingartner, Rudolph H. *Experience and Culture: the philosophy of Georg Simmel*. Middletown, Conn. , 1962

Wells, A. F. *The Local Social Survey in Great Britain*. London, 1935

Wiese, Leopold von (1924 - 1929). *Systematic Sociology*. Howard Becker (ed.). New York, 1932

Wiese, Leopold von (1931 - 1937). *Sociology*. Franz Mueller (ed.). New York, 1941

Wiese, Leopold von. 'The social, spiritual and cultural elements of the inter-human life', *Sociological Review*, 24(1932),125 - 137,249 - 260

Wolff, Kurt H. (ed.). *Georg Simmel*, 1858 - 1918. Columbus, Ohio, 1959

Wolin, Sheldon S. *Politics and Vision*. Boston, 1960,352 - 434

第九章 为人忽视的历史

Allen, G. W. *William James*. London, 1967

Arieli, Yehoshua. *Individualism and Nationalism in American Ideology*. Cambridge, Mass. , 1964

Bernstein, Richard J. *Praxis and Action*. Philadelphia, 1971,165 - 229

Bramson, Leon. *The Political Context of Sociology*. Princeton, 1961

Bridgman, P. W. *The Logic of Modern Physics*. New York, 1927

Borkenau, Franz. *Pareto*. New York, 1936

Broom, Leonard, Philip Selznick. *Sociology*. New York, 1955

Calhoun, John. *Life, and selections from speeches*. New York, 1843

Chugerman, Samuel. *Lester F. Ward: The American Aristotle*. New York, 1965

Cooley, Charles Horton. *Human Nature and the Social Order*. New York, 1902

Cooley, Charles Horton. *Social Organisation*. New York, 1909

Cooley, Charles Horton. *Social Process*. New York, 1918

Cooley, Charles Horton. 'Reflections on the sociology of Herbert Spencer', *American Journal of Sociology*, 26(1920 - 1921),129 - 145

Coser, Lewis A. 'Robert Ezra Park, 1864 - 1944', in *Masters of Sociological Thought*. New York, 1971,357 - 384

Dunn, John. 'The politics of Locke in England and America in the eighteenth century', in J. W. Yolton (ed.). *John Locke: problems and perspectives*. Cambridge, 1969,45 - 80

Faris, Robert E. *Chicago Sociology*, 1920 - 1932. San Francisco, 1967

Fitzhugh, George (1854). *Sociology for the South, or The Failure of Free Society*. New York, 1965

Fitzhugh, George (1857). *Cannibals All! or Slaves without Masters*. C. Vann Woodward (ed. and intro.). Cambridge, Mass. , 1960

Giddings, Franklin. *The Principles of Sociology*. New York, 1896

Giddings, Franklin. *Inductive Sociology*. New York, 1901

Giddings, Franklin. *The Responsible State*. Boston, 1918

* Hartz, Louis. *The Liberal Tradition in America*. New York, 1955

Henderson, L. J. *Pareto's General Sociology*. Cambridge, Mass. , 1935

Heyl, Barbara. 'The Harvard Pareto Circle', *Journal of the History of the Behavioural Sciences*, 4(1968),316 - 334

* Hofstadter, Richard. *Social Darwinism in American Thought*, 1860 - 1915. Philadelphia, 1945

Hofstadter, Richard. *The Age of Reform*. London, 1956

Hofstadter, Richard. *The Progressive Historians*. New York, 1969,437 - 466

Homans, George. *Sentiments and Activities*. London, 1962

Homans, George, Charles P. Curtis. *An Introduction to Pareto*. New York, 1934

James, William. *Pragmatism*. New York, 1907

Jandy, E. C. *Charles Horton Cooley*. New York, 1942

Johnson, Harry M. *Sociology*. New York, 1960

Kolakowski, Leszek. *Positivist Philosophy*. New York, 1968

Lundberg, George A. *Trends in American Sociology*. New York, 1929

Mayo, Elton. *The Human Problems of an Industrial Civilisation*. New York, 1933

Merton, Robert K. , L. Broom, L. C. Cottrell (eds.). *Sociology Today*. New York, 1959

Mills, C. Wright. *The Sociological Imagination*. New York, 1959

Mills, C. Wright. *Power, Politics and People*. I. L. Horowitz (ed. and intro.). New York, 1963

Mills, C. Wright. *Pragmatism and Sociology*. I. L. Horowitz (intro.). New York, 1964

* Oberschall, Anthony. ' The institutionalisation of American sociology', in Anthony Oberschall (ed.). *The Establishment of Empirical Sociology*. New York, 1972,187 - 251

Odum, Howard. *American Sociology*. New York, 1951

Ogburn, W. F. 'The folkways of a scientific sociology', *Papers and Proceedings of the American Sociological Society*, 24(1930)

Ogburn, W. F. *William F. Ogburn on Culture and Social Change*. Otis Dudley Duncan (ed. and intro.). Chicago, 1964

Papers and Proceedings of the American Sociological Society, 1(1906), and subsequent volumes, *passim*

Park, Robert E. , E. W. Burgess (eds.). *Introduction to the Science of Sociology*. Chicago, 1921

Park, Robert E. , et al. *The City*. Chicago, 1925

Parsons, Talcott. '" Capitalism" in recent German literature: I, Werner Sombart', *Journal of Political Economy*, 36(1928),641 - 661

Parsons, Talcott. *The Structure of Social Action*. New York, 1937

Parsons, Talcott. *The Social System*. Glencoe, 111. ,1951

* Parsons, Talcott. 'On building social system theory', *Daedalus* [*Proceedings of the American Academy of Arts and Sciences*, 99] (1970),826 - 881

Parsons, Talcott, Edward Shils (eds.). *Toward a General Theory of Action*. Cambridge, Mass. , 1951,47 - 243

Perry, Ralph Barton. *The Thought and Character of William James*. Boston, 1936

Quine, W. V. O. 'Two dogmas of empiricism', in *From a Logical Point of View*. Cambridge, Mass. , 1961,20 - 46

Ross, Edward A. *Foundations of Sociology*. New York, 1905

Ross, Edward A. *Sin and Society*. New York, 1907

Ross, Edward A. *Seventy Years of It : an autobiography*. New York, 1936

Schwendinger, Herman, and Julia R. *Sociologists of the Chair : a radical analysis of the formative years of North American sociology, 1883 - 1922*. New York, 1974

Small, Albion W. 'Fifty years of sociology in the United States', *American Journal of Sociology*, 21(1915 - 1916), 721 - 864. See also other papers by Small in the *Journal*, 1 - 30(1895 - 1896 to 1924 - 1925)

Sumner, William Graham. *What Social Classes Owe to Each Other*. New York, 1883

Sumner, William Graham. *Folkways*. Boston, 1906

Sumner, William Graham. *Essays*. New Haven, Conn. , 1934

Thomas, William I. , Florian Znaniecki. *The Polish Peasant in Europe and America*. Chicago, 1918

* Tocqueville, Alexis de (1836). *Democracy in America*, Vol. 2. New York, 1945

Ward, Lester F. *Young Ward's Diary*. Bernhard J. Stern (ed. and intro.). New York, 1935

Ward, Lester F. *Dynamic Sociology*. New York, 1883

Ward, Lester F. *Outlines of Sociology*. New York, 1898

Ward, Lester F. *Pure Sociology*. New York, 1903

White, Morton. *Social Thought in America*. New York, 1952

Wirth, Louis (1947). 'American sociology, 1915 - 1947', *American Journal of Sociology*, Index to Vols. 1 - 52

第十章　未决的历史

Albert, Hans. *Theorie und Reolität*. Tübingen, 1964

Althusser, Louis (1966). *For Marx*. London, 1969

Althusser, Louis. *Lenin and Philosophy*. London, 1971

Anderson, Perry. *Passages from Antiquity to Feudalism*. London, 1974

Anderson, Perry. *Lineages of the Absolutist State*. London, 1974

Anderson, Perry. *In the Tracks of Historical Materialism*. London, 1983

Aron, Raymond. *Introduction à la philosophie de l'histoire : essai sur les limites de l'objectivité historique*. Paris, 1938

Aron, Raymond (1955). *The Opium of the Intellectuals*. Garden City, N. Y. , 1957

Aron, Raymond (1963). 18 *Lectures on Industrial Society*. London, 1969

Aron, Raymond. *La Lutte des classes*. Paris, 1964

Aron, Raymond. *Democratie et totcditarianisme*. Paris, 1965

Aron, Raymond (1965). 'The end of ideology and the renaissance of ideas', in *Industrial Society*. London, 1967, 92 – 183

Aron, Raymond. *Progressand Disillusion: the dialectics of modern society*. New York, 1968

Aron, Raymond. *La Révolution introuvable*. Paris, 1968

* Aron, Raymond. *Histoire et dialectique de la violence*. Paris, 1973

Attewell, Paul. 'Ethnomethodology since Garfinkel', *Theory and Society*, 1 (1974), 179 – 210

Barnes, J. A. 'Time flies like an arrow', *Man* (N. S.), 6(1971), 537 – 552

Barry, Brian. *Sociologists, Economists and Democracy*. London, 1970

Beauvoir, Simone de. *Force of Circumstance*. New York, 1964

Bell, Daniel, *et al*. *The End of Ideology*. New York, 1960

Belleville, Pierre. *Une nouvelle classe ouvriere*. Paris, 1963

Birnbaum, Norman. 'The Sociological study of ideology, 1940 – 1960', *Current Sociology*, 9(1960)

Birnbaum, Norman. *The Crisis of Industrial Society*. New York, 1969

Blum, Alan F. *Theorising*. London, 1974

Blumer, Herbert. 'Society as symbolic interaction', in Arnold Rose (ed.). *Human Behaviour and Social Process*, London, 1962, 179 – 192

Bras, Gabriel le, *et al*. *Aspects de la sociologie française*. Paris, 1966

Caute, David. *Communism and the French Intellectuals*, 1914 – 1960. London, 1964

Cicourel, Aaron V. *The Social Organisation of Juvenile Justice*. New York, 1968

Cicourel, Aaron V. *Cognitive Sociology*. Harmondsworth, 1973

Connerton, Paul. *The Tragedy of Enlightenment: an essay on the Frankfürt School*. Cambridge, 1980

Crosland, Anthony. *The Future of Socialism*. London, 1955

Crosland, Anthony. *The Conservative Enemy*. London, 1962

Crosland, Anthony. 'Socialism now', in *Socialism Now*. London, 1974, 15 – 58

Dahrendorf, Ralf (1958). 'Out of Utopia', in *Essays in the Theory of Society*. London, 1968, 107 – 128

Dahrendorf, Ralf (1958). 'Homo sociologicus', in *Essays in the Theory of Society*. London, 1968, 19 – 87

Dahrendorf, Ralf (1959). *Class and Class Conflict in Industrial Society*. London, 1963

Dahrendorf, Ralf (1965). *Society and Democracy in Germany*. London, 1968

Dahrendorf, Ralf. *Conflict after Class*. London, 1967

Desan, Wilfred. *The Marxism of Jean-Paul Sartre*. New York, 1965

Deutsch, Karl W. 'Social mobilisation and political development', *American Political Science Review*, 55(1961),493 – 515

Douglas, Jack D. (ed.). *Understanding Everyday Life*. London, 1971

Feyerabend, P. K. 'Consolations for the specialist', in Imre Lakatos, Alan Musgrave (eds.). *Criticism and the Growth of Knowledge*. Cambridge, 1970,197 – 230

Floud, J. E. , A. H. Halsey, F. M. Martin. *Social Class and Educational Opportunity*. London, 1956

Frankenberg, Ronald. *Communities in Britain*. Harmondsworth, 1966

Gadamer, Hans-Georg (1960). *Truth and Method*. London, 1975

Gehlen, Arnold, Helmut Schelsky. *Soziohgie*. Dusseldorf and Cologne, 1955

* Geuss, Raymond. *The Idea of a Critical Theory*. Cambridge, 1981

Giddens, Anthony. *The Class Structure of the Advanced Societies*. London, 1973

Giddens, Anthony (ed.). *Positivism and Sociology*. London, 1974

Glass, D. V. (ed.). *Social Mobility in Britain*. London, 1954

Godelier, Maurice (1966). 'System, structure and contradiction in "Capital"', in Michael Lane (ed.). *Structuralism*. London, 1970,340 – 358

Goldthorpe, John H. , David Lockwood, Frank Bechhofer, Jennifer Platt. The *Affluent Worker*. Vol. 3. Cambridge, 1969

Gorz, Andre (1964). *Strategy for Labor*. Boston, 1967

Gorz, Andre. *La Socialisme difficile*. Paris, 1967

Gramsci, Antonio. 'The modern prince', in *The Modern Prince and other writings*. New York, 1957

Habermas, Jürgen (1965 – 1968). *Knowledge and Human Interests*. London, 1972

Habermas, Jürgen (1963 – 1971). *Theory and Practice*. Boston, 1973

Habermas, Jürgen (1967). *Zur Logik der Sozialwissenschaften*. Tübingen, 1970

Habermas, Jürgen (1968 – 1969). *Toward a Rational Society*. London, 1971

Habermas, Jürgen. 'A postscript to "Knowledge and Human Interests"', *Philosophy of Social Science*, 3(1973). 157 – 189

Habermas, Jürgen. *Zur Rekonstruktion des Historischen Materialismus*. Frankfürt, 1976

Habermas, Jürgen. 'Towards a reconstruction of historical materialism', *Theory and Society*, 2(1975),287 – 300

Habermas, Jürgen, Niklas Luhmann. *Theorie der Gesellschaft oder Sozialtechnologie*. Frankfürt, 1971

Habermas, Jürgen (1973). *Legitimation Crisis*. London, 1976

Hauser, Philip M. 'On actionism in the craft of sociology', *Sociological Inquiry*, 2 (1969), 139 - 147. Also in J. David Colfax, Jack L. Roach (eds.). *Radical Sociology*. New York, 1971, 425 - 429

Heath, Anthony. *Rational Choice and Social Exchange*. Cambridge, 1976

Hirst, Paul Q. 'The uniqueness of the West' [review of Anderson, 1974], *Economy and Society*, 4(1975), 446 - 475

Horkheimer, Max. *The Eclipse of Reason*. New York, 1947

Horkheimer, Max, Theodor Adorno (1947). *Dialectic of the Enlightenment*, New York, 1972

Horowitz, Irving L. (ed.). *The Rise and Fall of Project Cameht*. Cambridge, Mass. , 1971

Horowitz, Irving L. *Professing Sociology*. Chicago, 1968

Inkeles, Alex. 'Industrial man', *American Journal of Sociology*, 66 (1960 - 1961), 1 - 31

Inkeles, Alex. 'The modernisation of man', in Myron Weiner (ed.). *Modernisation*. New York, 1966, 138 - 150

Jackson, Brian, Dennis Marsden. *Education and the Working Class*. London, 1962

Jeanson, F. *Le Probleme moral et la pensee de Sartre*. Paris, 1947

Johnson, Chalmers. *Peasant Nationalism and Communist Power*. London, 1963

Johnson, R. *The French Communist Party versus the Students*. New Haven, Conn. , 1972

Kerr, Clark, *etal. Industrialism and Industrial Man*. New York, 1964

Kerr, Clark. *Marshall, Marx and Modern Times*. Cambridge, 1969

Klein, Josephine. *Samples from English Cultures*. Vol. 1. London, 1965

Kojève, Alexandre. *Introduction to the Reading of Hegel*. New York, 1963

Kolakowski, Leszek. 'Althusser's Marx', in *The Socialist Register* 1971. London, 1971, 111 - 128

Kornhauser, William. *The Politics of Mass Society*. London, 1960

Krausz, Ernest. *Sociology in Britain: a survey of research*. London, 1969

Lefebvre, Henri. *La Vie quotidienne dans lemonde moderne*. Paris, 1968

Lévi-Strauss, Claude. *Tristes Tropiques*. Paris, 1955

Lévi-Strauss, Claude. *La Pensée sauvage*. Paris, 1962, 324 - 357

Lichtheim, George. *Marxism in Modern France*. New York, 1966

Lichtheim, George. *From Marx to Hegel*, *and other essays*. London, 1971

Lipset, Seymour Martin. *Political Man*. London, 1960,45 - 76

Lipset, Seymour Martin. *The First New Nation*. London, 1963

Lipset, Seymour Martin, Neil J. Smelser (eds.). *Sociology: progress of a decade*. New York, 1962

Lockwood, David. 'For T. H. Marshall', *Sociology*, 8(1974),363 - 367

Lourau, René. 'Sociology and politics in 1968', in Charles Posner (ed.). *Reflections on the Revolution in France*: 1968. Harmondsworth, 1970,225 - 238

Macciochi, M. A. *Letters from Inside the Italian Communist Party to Louis Althusser*. London, 1973

MacIntyre, Alasdair. *Marcuse*. London, 1970

Macintyre, Stuart, Keith Tribe. *Althusser and Marxist Theory*. Cambridge, 1975

Mallet, Serge. *La Nouvelle Classe ouvrière*. Paris, 1963

Mann, Michael. *Consciousness and Action in the Western Working Class*. London, 1973

Marcuse, Herbert (1932 - 1969). *Studies in Critical Philosophy*. London, 1972

Marcuse, Herbert (1941). *Reason and Revolution*. London, 1954

Marcuse, Herbert. *Eros and Civilisation*. Boston, 1955

Marcuse, Herbert. *One-Dimensional Man*. London, 1964

Marcuse, Herbert. *Negations*. London, 1968

Marcuse, Herbert. *An Essay on Liberation*. Boston, 1969

Marshall, T. H. 'Social class: a preliminary analysis', *Sociological Review*, 26 (1934),55 - 76

Marshall, T. H. *Citizenship and Social Class*. Cambridge, 1950. Also in T. H. Marshall, 1964,71 - 134

Marshall, T. H. *Class, Citizenship and Social Development*. Garden City, N. Y. 1964

Mendès-France, Pierre. *La République moderne*. Paris, 1962

Merleau-Ponty, Maurice. *Humanisme et terreur*. Paris, 1947

Merleau-Ponty, Maurice (1955). *Adventures of the Dialectic*. Evanston, 111. , 1973

Mills, C. Wright. *The Power Elite*. New York, 1956

Naville, Pierre. *Le Nouveau Leviathan I: De l'alienation à la jouissance*. Paris, 1957

Naville, Pierre, Georges Friedmann. *Traité de sociologie de travail*. Paris, 1961 -1962

New Left Review, 1(1960), and subsequent volumes, *passim*

Nicolaus, Martin. 'The professional organisation of sociology: a view from below', in J. David Colfax, Jack L. Roach (eds.). *Radical Sociology*. New York, 1971,45 - 60

Offe, Claus. 'The abolition of market control and the problem of legitimacy', *Kapitalstate*, 1 and 2(1973),109 - 116,73 - 75

Parkin, Frank. *Class Inequality and Political Order*. London, 1971

Parsons, Talcott. 'The distribution of power in American society', *World Politics*, 10(1957),123 - 143

Poster, Mark. *Existential Marxism in Post-War France: from Sartre to Althusser*. Princeton, 1975

Pouillon, J. 'Sartre et Lévi-Strauss', *L'Arc*, 26(1965),55 - 60

Poulantzas, Nicos. *Political Power and Social Classes*. London, 1973

Poulantzas, Nicos. *Classes in Contemporary Capitalism*. London, 1975

* Rabil, Albert. *Merleau-Ponty*. New York, 1967

Reynaud, J. -D. (ed. for the French Sociological Society). *Tendances et volontés de la société française*. Paris, 1966

Rosen, Lawrence. 'Language, history and the logic of inquiry in LeviStrauss and Sartre', *History and Theory*, 10(1971),269 - 274

Rostow, W. W. *The Stages of Economic Growth*. Cambridge, 1960

Sartre, Jean-Paul (1943). *Being and Nothingness*. London, 1957

Sartre, Jean-Paul. *Critique de la raison dialectique: I, théorie des ensembles practiques*. Paris, 1960

Sartre, Jean-Paul (1964). *Situations IV: Merleau-Ponty*. London, 1965

Schelsky, Helmut. *Ortsbestimmung der DeutschenSoziobgie*. Dusseldorf and Cologne, 1959

Shils, Edward A. *The Intellectuals and the Powers*. Chicago, 1972

Smelser, Neil J. 'Mechanisms of change and adjustments to change', in Bert F. Hoselitz, W. E. Moore (eds.). *Industrialisation and Society*. Paris, 1963, 32 - 54

Touraine, Alain. *La Conscience ouvrière*. Paris, 1966

Touraine, Alain. *Le Mouvement de mai ou lecommunisme utopique*. Paris, 1968

Touraine, Alain (1969). *The Post-Industrial Society*. New York, 1971

Townsend, Peter (1968 - 1974). *Sociology and Social Policy*. London, 1975

Turner, Roy (ed.). *Ethnomethodology*. Harmondsworth, 1974

Warnock, Mary. *The Philosophy of Sartre*. London, 1965

Weinberg, Ian. 'The problem of the convergence of industrial societies',

Comparative Studies in Society and History, 12(1969),1 - 15

Wellmer, Albert. *Critical Theory of Society*. New York, 1971

Wolff, Robert Paul, *et al*. *A Critique of Pure Tolerance*. Boston, 1965

结论

Anderson, Benedict. *Imagined Communities : reflections on the origin and spread of nationalism*. London, 1983

Aron, Raymond. 'Preface', in *Main Currents of Sociological Thought*, Vol. 2. London, 1968, v - viii

Bann, Stephen. *The Clothing of Clio : a study of the representation of history in nineteenth-century Britain and France*. Cambridge, 1984

Blumenberg, Hans (1966). *The Legitimacy of the Modern Age*. Cambridge, Mass. , 1983

Brown, Peter. *Augustine of Hippo : a biography*. Berkeley and Los Angeles, 1967

Brown, Peter. *Religion and Society in the Age of St Augustine*. London, 1972

Burrow, J. W. *A Liberal Descent : Victorian historians and the English past*. Cambridge, 1981

Castro, Luis. *La Gran Colombia : una ilusion ilustrada*. Caracas, 1984

Chabal, Patrick. *Amilcar Cabral : revolutionary leadership and people's war*. Cambridge, 1983

Davidson, Donald. 'On the very idea of a conceptual scheme', *Proceedings and Addresses of the American Philosophical Association*, 67(1974),5 - 20

Dunn, John. *Western Political Theory in the Face of the Future*. Cambridge, 1979

Evans, Peter B. , Dietrich Rueschemeyer, Theda Skocpol (eds.). *Bringing the State Back In*. Cambridge, 1985

Finley, M. I. 'Myth, memory and history', *History and Theory*, 4(1964 - 1965),279 - 302.

Franklin, Julian H. *Jean Bodin and the Sixteenth-Century Revolution in the Methodology of Law and History*. New York, 1963

Gellner, Ernest. *Nations and Nationalism*. Oxford, 1983

Gilbert, Felix. 'European and American historiography', in John Higham et al. (eds.). *History. Englewood Cliffs*, N. J. , 1965,317 - 387

Gilbert, Felix. 'Machiavelli's "Istorie Fiorentine"', 'The historian as guardian of the national consciousness; Italy between Guicciardini and Muratori ', in *History : choice and commitment*. Cambridge, Mass. , 1977, 135 - 153, 387 -409

Gramsci, Antonio. *Selections from the Prison Notebooks*. Quentin Hoare, Geoffrey Nowell-Smith (eds.). London, 1971

Hegel, G. W. F. (1952 – 1981). *The Letters*. Clark Butler (ed.). Bloomington, Ind. , 1984

Hirschman, Albert O. *The Passions and the Interests: political arguments for capitalism before its triumph*. Princeton, 1977

Hirschman, Albert O. 'The rise and decline of development economies', 'The turn to authoritarianism in Latin America and the search for its economic determinants', in *Essays in Trespassing: economics to politics and beyond*. Cambridge, 1981, 1 – 24, 98 – 135

Hughes, H. Stuart (1958). *Consciousness and Society: the reorientation of European social thought*, 1890 – 1930. New York, 1963

James, Susan. *The Content of Social Explanation*. Cambridge, 1984

Keats, John. *The Complete Poems*. John Barnard (ed.). London, 1973

Kelley, Donald R. *Foundations of Modern Historical Scholarship; language, law and history in the French Renaissance*, New York, 1970

Lakatos, Imre, Alan Musgrave (eds.). *Criticism and the Growth of Knowledge*. Cambridge, 1970

Maclntyre, Alasdair. *A Short History of Ethics*. London, 1966

Meier, G. M. , Seers, D. (eds.). *Pioneers in Development*. NewYork, 1984.

Momigliano, Arnaldo. 'Time in ancient historiography', *History and Theory*, Beiheft 6(1966), 1 – 23

Momigliano, Arnaldo. 'Tradition and the classical historian', *History and Theory*, 11(1972), 279 – 293

Momigliano, Arnaldo. 'Greek historiography', *History and Theory*, 17 (1978), 1 – 28

Nadel, George H. 'Philosophy of history before historicism', *History and Theory*, 3(1963 – 1964), 291 – 315

Nisbet, Robert A. *The Sociological Tradition*. London, 1967

Pelczynski, Z. A. (ed.). *The State and Civil Society: studies in Hegel's political philosophy*. Cambridge, 1984

Pocock, J. G. A. 'The origins of the study of the past', Comparative studies in *Society and History*, 4(1962), 209 – 246

Pocock, J. G. A. *The Machiavellian Moment: Florentine political thought and the Atlantic Republican tradition*. Princeton, 1975

Rawls, John. *A Theory of Justice*. Cambridge, Mass. , 1971

Rawls, John. 'A well ordered society', in Peter Laslett, James Fishkin (eds.).

Philosophy, Politics and Society. Fifth series. Oxford, 1979

Rawls, John. 'Kantian constructivism in moral theory', *Journal of Philosophy*, 77(1980), 515 – 572

Rawls, John. 'Social unity and primary goods', in Amartya Sen, Bernard Williams (eds.). *Utilitarianism and Beyond*. Cambridge, 1982, 159 – 185

Rorty, Richard. *Philosophy and the Mirror of Nature*. Princeton, 1979

Rorty, Richard. *Consequences of Pragmatism : essays 1972 – 1980*. Minneapolis, 1982

Scanlon, T. M. 'Contractualism and utilitarianism', in Amartya Sen, Bernard Williams (eds.). *Utilitarianism and Beyond*. Cambridge, 1982, 103 – 128

Shklar, Judith. *After Utopia : the decline of political faith*. Princeton, 1957

Skinner, Quentin. *Machiavelli*. Oxford, 1981

Skinner, Quentin. *The Foundations of Modern Political Thought*. Two volumes. Cambridge, 1978

Walzer, Michael. *Spheres of Justice*. Oxford, 1983

* Williams, Bernard. *Ethics and the Limits of Philosophy*. London, 1985

Zeitlin, Irving M. *Ideology and the Development of Sociological Theory*. Englewood Cliffs, N. J. , 1968

索 引 *

---

* 本索引所注页码为原书页码, 即中译本边页码。——译注

译者说明

社会理论是 19 世纪欧洲社会转型的产物。

1. 从社会结构的视角说,以教会、庄园为核心的古老社会系统向自由市镇为核心新社会系统的转型已经完成,一种以契约规则为基础的新社会系统已经生成,市场与城市有成为社会秩序发源地的态势,商人(资本家),一个曾为人所不齿的下层群体变成了社会的领航者,他们的行为模式与精神状态弥漫到各个群体之中。与此同时,如火如荼的国家政权建设,也有力削弱了领主、教会、同业公会等传统中间政治势力,尽管国家政权与经济势力的关系在英、法、德展现不同的面貌,但社会总体的组织性与紧凑性都大大削弱。

2. 从传统结构中获得解放的个体面临着无限的机遇与自我实现的可能,同时人也日益从社会结构中脱离,成为一个无根基的抽象个人,成为一个囿于财产的私人,道德虚无的危机逐渐迫近。

为新社会描绘合适的均衡系统、为新时代的人指明行动的可能性及其限度,成了 19 世纪思想家的共同主题(同时也是社会理论的核心问题),但理论家们的切入点与处理方法却大相径庭。何故? 一个重要原因是各国的历史传统不同。

到 19 世纪中后期,英法的贵族都已经以各自的方式进入了历史的坟墓,而德国的容克地主却依然主导着德国社会的政治、经济与思想观念;至于新生势力的价值理念、政治主张与社会影响力也各有不同。由此,英、法、德三国的社会理论也展现出各自的面目。作为一部社会理论的入门著作,霍松这部著作的最大特点正是根据各国社会结构的差异来考察它们的理论特性。

＊　　　＊　　　＊　　　＊

2006年春夏之际,彼时尚在北大社会学系苦读的小子,不知轻重地承接了上海某著名出版集团的业务,翻译霍松的《启蒙与绝望》,并邀请王旭辉、向辉两位同窗一同完成。实事求是地说,初稿的完成质量不能令人满意,出版社也提出了较大的修改意见(望两位同窗不要介意)。我们三人对各自负责部分进行了修改,大约2006年末交付了二稿。不料,译稿竟与鄙人先前翻译的《民众政府》译稿一起石沉大海。后得知,出版社的人事纷争致使先前的总体出版计划搁置,我等穷酸书生也只好甘认倒霉。

2008年,经渠敬东老师的推荐与上海三联书店黄韬先生的不弃,我有幸参与了上海三联书店"思想与社会"系列书籍的翻译工作,先后出版了译著《论俄国革命》(2010)与《民众政府》(2012)。其间(约2012年春夏之交),我与黄韬先生提起《启蒙与绝望》的事,他表示愿意出版,并与剑桥大学出版谈妥了购买版权的事宜,这让我喜出望外。为不辜负黄韬先生的一番美意,我用了一年时间从头到尾重新逐字逐句翻译了《启蒙与绝望》,又让王雪辉、余永峰两位硕士生订正了一些文字的错误,并把若干章节作为专业英语的材料,进行了润色打磨。此稿译文较之"二稿"竟削减1万余字;句有可削,非虚言也。回首以往,不胜感慨。这本书能在十年之后出版,也算是鄙人对两位同窗与自己辛苦劳动的一点交代。译文错误在所难免,望方家指正。

上海三联人文经典书库

已出书目

1. 《世界文化史》(上、下)　[美]林恩·桑戴克　著　陈廷璠
译

2. 《希腊帝国主义》　[美]威廉·弗格森　著　晏绍祥　译

3. 《古代埃及宗教》　[美]亨利·富兰克弗特　著　郭子林　李
凤伟　译

4. 《进步的观念》　[英]约翰·伯瑞　著　范祥涛　译

5. 《文明的冲突:战争与欧洲国家体制的形成》　[美]维克多·
李·伯克　著　王晋新　译

6. 《君士坦丁大帝时代》　[瑞士]雅各布·布克哈特　著　宋立
宏　熊　莹　卢彦名　译

7. 《语言与心智》　[俄]科列索夫　著　杨明天　译

8. 《修昔底德:神话与历史之间》　[英]弗朗西斯·康福德　著
孙艳萍　译

9. 《舍勒的心灵》　[美]曼弗雷德·弗林斯　著　张志平　张任
之　译

10. 《诺斯替宗教:异乡神的信息与基督教的开端》　[美]汉斯·
约纳斯　著　张新樟　译

11. 《来临中的上帝:基督教的终末论》　[德]于尔根·莫尔特曼
著　曾念粤　译

12. 《基督教神学原理》　[英]约翰·麦奎利　著　何光沪　译

13. 《亚洲问题及其对国际政治的影响》　[美]阿尔弗雷德·马汉
著　范祥涛　译

14. 《王权与神祇:作为自然与社会结合体的古代近东宗教研究》

（上、下）　［美］亨利·富兰克弗特　著　郭子林　李岩
李凤伟　译

15.《大学的兴起》　［美］查尔斯·哈斯金斯　著　梅义征　译

16.《阅读纸草，书写历史》　［美］罗杰·巴格诺尔　著　宋立宏
郑阳　译

17.《秘史》　［东罗马］普罗柯比　著　吴舒屏　吕丽蓉　译

18.《论神性》　［古罗马］西塞罗　著　石敏敏　译

19.《护教篇》　［古罗马］德尔图良　著　涂世华　译

20.《宇宙与创造主：创造神学引论》　［英］大卫·弗格森　著
刘光耀　译

21.《世界主义与民族国家》　［德］弗里德里希·梅尼克　著　孟
钟捷　译

22.《古代世界的终结》　［法］菲迪南·罗特　著　王春侠　曹明
玉　译

23.《近代欧洲的生活与劳作（从 15—18 世纪）》　［法］G.勒纳尔
G.乌勒西　著　杨军　译

24.《十二世纪文艺复兴》　［美］查尔斯·哈斯金斯　著　张澜
刘疆　译

25.《五十年伤痕：美国的冷战历史观与世界》（上、下）　［美］德瑞
克·李波厄特　著　郭学堂　潘忠岐　孙小林　译

26.《欧洲文明的曙光》　［英］戈登·柴尔德　著　陈淳　陈洪
波　译

27.《考古学导论》　［英］戈登·柴尔德　著　安志敏　安家
瑗　译

28.《历史发生了什么》　［英］戈登·柴尔德　著　李宁利　译

29.《人类创造了自身》　［英］戈登·柴尔德　著　安家瑗　余敬
东　译

30.《历史的重建：考古材料的阐释》　［英］戈登·柴尔德　著
方辉　方堃杨　译

31.《中国与大战：寻求新的国家认同与国际化》　［美］徐国琦
著　马建标　译

32.《罗马帝国主义》　［美］腾尼·弗兰克　著　宫秀华　译

33.《追寻人类的过去》 ［美］路易斯·宾福德 著 陈胜前 译

34.《古代哲学史》 ［德］文德尔班 著 詹文杰 译

35.《自由精神哲学》 ［俄］尼古拉·别尔嘉耶夫 著 石衡潭 译

36.《波斯帝国史》 ［美］A. T. 奥姆斯特德 著 李铁匠等 译

37.《战争的技艺》 ［意］尼科洛·马基雅维里 著 崔树义 译 冯克利 校

38.《民族主义:走向现代的五条道路》 ［美］里亚·格林菲尔德 著 王春华等 译 刘北成 校

39.《性格与文化:论东方与西方》 ［美］欧文·白璧德 著 孙宜学 译

40.《骑士制度》 ［英］埃德加·普雷斯蒂奇 编 林中泽 等译

41.《光荣属于希腊》 ［英］J. C. 斯托巴特 著 史国荣 译

42.《伟大属于罗马》 ［英］J. C. 斯托巴特 著 王三义 译

43.《图像学研究》 ［美］欧文·潘诺夫斯基 著 戚印平 范景中 译

44.《霍布斯与共和主义自由》 ［英］昆廷·斯金纳 著 管可秾 译

45.《爱之道与爱之力:道德转变的类型、因素与技术》 ［美］皮蒂里姆·A.索罗金 著 陈雪飞 译

46.《法国革命的思想起源》 ［法］达尼埃尔·莫尔内 著 黄艳红 译

47.《穆罕默德和查理曼》 ［比］亨利·皮朗 著 王晋新 译

48.《16 世纪的不信教问题:拉伯雷的宗教》 ［法］吕西安·费弗尔 著 赖国栋 译

49.《大地与人类演进:地理学视野下的史学引论》 ［法］吕西安·费弗尔 著 高福进 等译 ［即出］

50.《法国文艺复兴时期的生活》 ［法］吕西安·费弗尔 著 施诚 译

51.《希腊化文明与犹太人》 ［以］维克多·切利科夫 著 石敏敏 译

52.《古代东方的艺术与建筑》 ［美］亨利·富兰克弗特 著 郝

海迪　袁指挥　译

53.《欧洲的宗教与虔诚：1215—1515》　［英］罗伯特·诺布尔·斯旺森　著　龙秀清　张日元　译

54.《中世纪的思维：思想情感发展史》　［美］亨利·奥斯本·泰勒　著　赵立行　周光发　译

55.《论成为人：神学人类学专论》　［美］雷·S.安德森　著　叶汀　译

56.《自律的发明：近代道德哲学史》　［美］J.B.施尼温德　著　张志平　译

57.《城市人：环境及其影响》　［美］爱德华·克鲁帕特　著　陆伟芳　译

58.《历史与信仰：个人的探询》　［英］科林·布朗　著　查常平　译

59.《以色列的先知及其历史地位》　［英］威廉·史密斯　著　孙增霖　译

60.《欧洲民族思想变迁：一部文化史》　［荷］叶普·列尔森普　著　周明圣　骆海辉　译

61.《有限性的悲剧：狄尔泰的生命释义学》　［荷］约斯·德·穆尔　著　吕和应　译

62.《希腊史》　［古希腊］色诺芬　著　徐松岩　译注

63.《罗马经济史》　［美］腾尼·弗兰克　著　王桂玲　杨金龙　译

64.《修辞学与文学讲义》　［英］亚当·斯密　著　朱卫红　译

65.《从宗教到哲学：西方思想起源研究》　［英］康福德　著　曾琼　王涛　译

66.《中世纪的人们》　［英］艾琳·帕瓦　著　苏圣捷　译

67.《世界戏剧史》　［美］G.布罗凯特　J.希尔蒂　著　周靖波　译

68.《20世纪文化百科词典》　［俄］瓦季姆·鲁德涅夫　著　杨明天　陈瑞静　译

69.《英语文学与圣经传统大词典》　［美］戴维·莱尔·杰弗里（谢大卫）主编　刘光耀　章智源等　译

70.《刘松龄——旧耶稣会在京最后一位伟大的天文学家》〔美〕斯坦尼斯拉夫·叶茨尼克 著 周萍萍 译

71.《地理学》〔古希腊〕斯特拉博 著 李铁匠 译

72.《马丁·路德的时运》〔法〕吕西安·费弗尔 著 王永环 肖华峰 译

73.《希腊化文明》〔英〕威廉·塔恩 著 陈恒 倪华强 李月 译

74.《优西比乌:生平、作品及声誉》〔美〕麦克吉佛特 著 林中泽 龚伟英 译

75.《马可·波罗与世界的发现》〔英〕约翰·拉纳 著 姬庆红 译

76.《犹太人与现代资本主义》〔德〕维尔纳·桑巴特 著 艾仁贵 译

77.《早期基督教与希腊教化》〔德〕瓦纳尔·耶格尔 著 吴晓群 译

78.《希腊艺术史》〔美〕F·B·塔贝尔 著 殷亚平 译

79.《比较文明研究的理论方法与个案》〔日〕伊东俊太郎 梅棹忠夫 江上波夫 著 周颂伦 李小白 吴玲 译

80.《古典学术史:从公元前6世纪到中古末期》〔英〕约翰·埃德温·桑兹 著 赫海迪 译

81.《本笃会规评注》〔奥〕米歇尔·普契卡 评注 杜海龙 译

82.《伯里克利:伟人考验下的雅典民主》〔法〕樊尚·阿祖莱 著 方颂华 译

83.《旧世界的相遇:近代之前的跨文化联系与交流》〔美〕杰里·H.本特利 著 李大伟 陈冠堃 译 施诚 校

84.《词与物:人文科学的考古学》修订译本〔法〕米歇尔·福柯 著 莫伟民 译

85.《古希腊历史学家》〔英〕约翰·伯里 著 张继华 译

86.《自我与历史的戏剧》〔美〕莱因霍尔德·尼布尔 著 方永 译

87.《马基雅维里与文艺复兴》〔意〕费代里科·沙博 著 陈玉聃 译

88.《追寻事实:历史解释的艺术》 〔美〕詹姆士 W.戴维森 著 〔美〕马克 H. 利特尔著 刘子奎 译

89.《法西斯主义大众心理学》 〔奥〕威尔海姆·赖希 著 张峰 译

90.《视觉艺术的历史语法》 〔奥〕阿洛瓦·里格尔 著 刘景联 译

91.《基督教伦理学导论》 〔德〕弗里德里希·施莱尔马赫 著 刘平 译

92.《九章集》〔古罗马〕普罗提诺 著 应明 崔峰 译

93.《文艺复兴时期的历史意识》 〔英〕彼得·伯克 著 杨贤宗 高细媛 译

94.《启蒙与绝望:一部社会理论史》 〔英〕杰弗里·霍松 著 潘建雷 王旭辉 向辉 译

欢迎广大读者垂询,垂询电话:021－22895557

图书在版编目（CIP）数据

启蒙与绝望：一部社会理论史/［英］杰弗里·霍松著；潘建雷，王旭辉，向辉译. —上海：上海三联书店，2018.1
（上海三联人文经典书库）
ISBN 978 - 7 - 5426 - 6131 - 9

Ⅰ.①启… Ⅱ.①杰…②潘…③王…④向… Ⅲ.①社会学—研究—西方国家—近现代 Ⅳ.①C91

中国版本图书馆 CIP 数据核字（2017）第 290203 号

启蒙与绝望：一部社会理论史（第二版）

著　　者／［英］杰弗里·霍松
译　　者／潘建雷　王旭辉　向　辉

责任编辑／黄　韬
装帧设计／夏艺堂
监　　制／姚　军
责任校对／张大伟

出版发行／上海三联书店
　　　　（201199）中国上海市都市路 4855 号 2 座 10 楼
邮购电话／021 - 22895557
印　　刷／上海盛通时代印刷有限公司

版　　次／2018 年 1 月第 1 版
印　　次／2018 年 1 月第 1 次印刷
开　　本／640×960　1/16
字　　数／300 千字
印　　张／20.75
书　　号／ISBN 978 - 7 - 5426 - 6131 - 9/C·567
定　　价／68.00 元

敬启读者，如发现本书有印装质量问题，请与印刷厂联系 021 - 37910000